Moderação de Conteúdo

Desafios Jurídicos e Sociais

Coordenadores: Alexandre Pacheco da Silva • Tatiane Guimarães • João Pedro F. Salvador

Alexandre Pacheco da Silva
Alice de Perdigão Lana
Andréa Lasevicius Moutinho
Chiara Spadaccini de Teffé
Daniele Kleiner Fontes
Diogo Rais
Fernanda dos Santos Rodrigues Silva
Iná Jost
Isabella Pereira de Moura Lima
João Pedro Favaretto Salvador
José Garcez Ghirardi
Júlia Maria Caldeira Gertrudes
Laurianne-Marie Schippers
Leonardo Feltrin Foletto
Lucas Henrique Muniz da Conceição
Luiza Correa de Magalhães Dutra
Marcelo Alves dos Santos Junior
Rafaela Ferreira
Ramênia Vieira da Cunha Gallas
Rodrigo Ruf Martins
Tatiane Guimarães
Walter Britto Gaspar
Yasmin Curzi de Mendonça

ALMEDINA
BRASIL

Rio de Janeiro, 2025

Moderação de Conteúdo

ISBN: 978-85-8493-772-1

Impresso no Brasil — 1ª Edição, 2025 — Edição revisada conforme o Acordo Ortográfico da Língua Portuguesa de 2009.

Dados Internacionais de Catalogação na Publicação (CIP)
(BENITEZ Catalogação Ass. Editorial, MS, Brasil)

M691
1.ed. Moderação de Conteúdo : desafios jurídicos e sociais / coordenadores Alexandre Pacheco da Silva, Tatiana Guimarães, João Pedro Favaretto Salvador. – 1.ed. – Rio de Janeiro : Almedina Brasil, 2025
256 p.; 15,7 x 23 cm. – (Coleção obras coletivas)

Vários autores.
Bibliografia.
ISBN 978-85-8493-772-1

1. Direito – Miscelânea – Brasil. 2. Legislação – Direito. 3. Jurisdição (Direito). 4. Sociedade – Aspectos jurídicos. I. Silva, Alexandre Pacheco da. II. Guimarães, Tatiana. III. Salvador, João Pedro Favaretto. IV. Série.

02-2025/119 CDD 340

Índice para catálogo sistemático:
1. Brasil : Direito : Miscelânea 340
Aline Graziele Benitez – Bibliotecária – CRB-1/3129

Grupo Editorial Alta Books

Produção Editorial: Grupo Editorial Alta Books
Diretor Editorial: Anderson Vieira
Editora-Chefe: Manuella Santos de Castro
Editor Pleno: Aurélio Nogueira
Vendas Governamentais: Cristiane Mutüs
Gerência Comercial: Claudio Lima

Assistente Editorial: Andreza Moraes
Revisão: Thaís Cotts
Diagramação: Aurélio Corrêa

ALTA BOOKS
GRUPO EDITORIAL

Rua Viúva Cláudio, 291 — Bairro Industrial do Jacaré
CEP: 20.970-031 — Rio de Janeiro (RJ)
Tels.: (21) 3278-8069 / 3278-8419
www.altabooks.com.br — altabooks@altabooks.com.br
Ouvidoria: ouvidoria@altabooks.com.br

Editora **afiliada à:**
ASSOCIADO

Sobre os Coordenadores

João Pedro Favaretto Salvador

Mestre em Direito Penal pela Universidade de São Paulo. Líder de Projetos no Centro de Ensino e Pesquisa em Inovação da FGV Direito SP (CEPI FGV Direito SP).

Tatiane Guimarães

Mestra em Direito e Desenvolvimento pela FGV Direito SP, com bolsa Mario Henrique Simonsen de Ensino e Pesquisa. Pesquisadora no Centro de Ensino e Pesquisa em Inovação (CEPI) da FGV Direito SP e colíder do Hub de Inovação Pedagógica (HIP) da FGV.

Alexandre Pacheco da Silva

Doutor em política científica e tecnológica pelo Instituto de Geociências da Universidade Estadual de Campinas (Unicamp). Mestre e Bacharel em Direito pela Escola de Direito de São Paulo da Fundação Getulio Vargas (FGV Direito SP). Professor dos cursos de graduação e pós-graduação da FGV Direito SP. Coordenador do Centro de Ensino e Pesquisa em Inovação (CEPI) da FGV Direito SP.

Sobre os Autores

Alexandre Pacheco da Silva

Doutor em política científica e tecnológica pelo Instituto de Geociências da Universidade Estadual de Campinas (Unicamp). Mestre e Bacharel em Direito pela Escola de Direito de São Paulo da Fundação Getulio Vargas (FGV Direito SP). Professor dos cursos de graduação e pós-graduação da FGV Direito SP. Coordenador do Centro de Ensino e Pesquisa em Inovação (CEPI) da FGV Direito SP.

Alice de Perdigão Lana

Mestre em Direito das Relações Sociais pela Universidade Federal do Paraná. Coordenadora de pesquisa da área Cultura e Conhecimento e Encarregada de Dados do InternetLab. Pesquisadora do GEDAI/UFPR.

Andréa Lasevicius Moutinho

Mestranda em Direito pela Faculdade de Direito da Universidade de São Paulo. Pesquisadora no Núcleo de Pesquisa em Concorrência, Políticas Públicas, Inovação e Tecnologia, da FGV Direito SP. Pesquisadora no Grupo de Pesquisa Direitos Humanos, Centralidade do Trabalho e Marxismo.

Chiara Spadaccini de Teffé

Doutora e mestre em Direito Civil pela Universidade do Estado do Rio de Janeiro (UERJ). Graduada em Direito pela UFRJ. Atualmente, é coordenadora de pesquisa e publicações da pós-graduação em Direito Digital do Instituto de Tecnologia e Sociedade do Rio (ITS) em parceria com a UERJ/CEPED. É professora de Direito Civil na Faculdade de Direito do IBMEC Rio. Leciona como convidada em cursos específicos de pós-graduação e extensão do CEPED-UERJ, da PUC-Rio, da EMERJ e do ITS Rio. Advogada.

Daniele Kleiner Fontes

Sócia-fundadora da Alandar consultoria em políticas públicas. Graduada em Direito pela Universidade de São Paulo com mestrado pela Universidade de Brasília e L.L.M pela Harvard Law School.

Diogo Rais

Advogado, Professor de Direito Eleitoral e Direito Digital da Graduação, possui Mestrado e Doutorado da Universidade Presbiteriana Mackenzie e é cofundador do think tank Instituto Liberdade Digital. Colunista exclusivo na área eleitoral para o jornal Valor Econômico durante as eleições de 2016 e de 2020. Membro da Academia Brasileira de Direito Eleitoral e Político – ABRADEP.

Fernanda dos Santos Rodrigues Silva

Coordenadora de Pesquisa e Pesquisadora do Instituto de Referência em Internet e Sociedade (IRIS). Doutoranda em Direito pela UFMG. Mestre e graduada em Direito pela UFSM.

Júlia Maria Caldeira Gertrudes

Pesquisadora nos projetos de moderação de conteúdo e inclusão digital (IRIS). Mestranda em Direito Internacional Privado e graduada em Direito pela UFMG.

Iná Jost

Advogada e mestre em Relações Internacionais pela Sciences Po, Paris. Coordenadora de pesquisa da área de Liberdade de Expressão do InternetLab.

Isabella Pereira de Moura Lima

Graduanda em Direito pela Universidade São Judas Tadeu. Membra do Grupo de Estudos "Violência em Tempos Sombrios" vinculado ao Núcleo de Estudos da Violência (NEV-USP). Aluna-pesquisadora da Escola de Formação Pública da Sociedade Brasileira de Direito Público (EFp-SBDP) de 2023.

João Pedro Favaretto Salvador

Mestre em Direito Penal pela Universidade de São Paulo. Líder de Projetos no Centro de Ensino e Pesquisa em Inovação da FGV Direito SP (CEPI FGV Direito SP).

José Garcez Ghirardi

Professor associado da FGV Direito SP. Coordenador do Projeto Capes--Print "O Direito na Era Digital".

Laurianne-Marie Schippers

Mestranda em Relações Internacionais no Instituto de Relações Internacionais da Universidade de São Paulo (IRI-USP). Pesquisadora no Centro de Ensino e Pesquisa em Inovação da FGV Direito SP (CEPI-FGV Direito SP). Advogada.

Leonardo Feltrin Foletto

Jornalista (FSM), doutor em comunicação (UFRGS), com pós-doutorado na FAU-USP, é editor do BaixaCultura (https://baixacultura.org) e pesquisador, professor e coordenador da Pós-Graduação da Escola de Comunicação, Mídia e Informação da FGV (FGV ECMI).

Lucas Henrique Muniz da Conceição

Doutorando pela Universitá Bocconi, Milão. Pesquisador-visitante do Max Planck Institute for Comparative Public Law and International Law. Mestre em Direito e Política Constitucional pela Birkbeck College, University of London.

Luiza Correa de Magalhães Dutra

Pesquisadora do IRIS. Doutoranda e mestra em Ciências Criminais pela PUC-RS. Bacharela em Ciências Sociais pela UFRGS, com período sanduíche realizado no Science-Po Rennes, França, e Bacharela em Direito pela PUC-RS.

Marcelo Alves dos Santos Junior

Professor do Programa de Pós-Graduação em Comunicação e da Graduação de Estudos de Mídia da PUC-Rio. Pesquisador associado do INCT em Disputas e Soberanias Informacionais (INCT-DSI).

Rafaela Ferreira

Lider de projeto e estagiária de pesquisa (IRIS). Graduanda em Direito pela Universidade Federal da Bahia.

Ramênia Vieira da Cunha Gallas

Formada em Jornalismo, especialista em Gestão de Políticas Públicas. É associada do Intervozes - Coletivo Brasil de Comunicação Social, entidade em que atua na coordenação de incidência política.

Rodrigo Ruf Martins

Bacharel em Direito pela Faculdade de Direito de São Bernardo do Campo. Pós-graduado em Direito Processual Civil pela Pontifícia Universidade Católica de São Paulo e E-LLM em Direito Digital pela Universidade Presbiteriana Mackenzie. Advogado atuante nas áreas do Contencioso Cível e Eleitoral.

Tatiane Guimarães

Mestra em Direito e Desenvolvimento pela FGV Direito SP, com Bolsa Mario Henrique Simonsen de Ensino e Pesquisa. Pesquisadora no Centro de Ensino e Pesquisa em Inovação (CEPI) da FGV Direito SP e colíder do Hub de Inovação Pedagógica (HIP) da FGV.

Walter Britto Gaspar

Pesquisador do Centro de Tecnologia e Sociedade da FGV Direito Rio. Doutorando em Políticas Públicas, Estratégias e Desenvolvimento no IE-UFRJ.

Yasmin Curzi de Mendonça

Professora da FGV Direito Rio, coordenadora de seu Programa Diversidade e do Projeto "Mídia e Democracia". Doutoranda pelo IESP-UERJ.

Apresentação

Este livro é resultado do esforço do Centro de Ensino e Pesquisa em Inovação, da FGV Direito SP (CEPI FGV Direito SP), de mapear e organizar os debates contemporâneos sobre um tema complexo: a moderação de conteúdo em plataformas digitais. Ele contém uma série de ensinamentos e posicionamentos de estudiosas e estudiosos da área, escolhidos a dedo pela equipe de organização do livro, que permitem que qualquer um inicie e aprofunde seus estudos sobre a temática.

A coletânea está dividida em duas partes, cada uma com um objetivo principal. A primeira parte traz três artigos, produzidos por três diferentes centros de pesquisa, que apresentam temas relacionados a moderação de conteúdo de forma aprofundada, para introduzir o público ao contexto do debate e aos principais conceitos em discussão. Esses artigos apresentam de forma detalhada o estado da arte da temática e têm como objetivo preparar o leitor para participar do diálogo com os outros autores.

O primeiro artigo *(cap. 1 - noções fundamentais para o estudo da moderação de conteúdo)*, elaborado pela equipe de organização do livro, busca responder a algumas perguntas basilares para introduzir o leitor à temática. Ele trata do que é moderação de conteúdo, das razões pelas quais as plataformas moderam conteúdo e das principais formas de moderação.

O segundo artigo *(cap. 2 - moderação de conteúdo automatizada e inteligência artificial: fronteiras e desafios)*, elaborado por pesquisadoras do InternetLab, trata da transformação da moderação de conteúdo para sua versão automatizada, resultado da adoção de ferramentas de Inteligência Artificial pelas plataformas, discutindo os principais riscos dessa transformação e sugerindo caminhos para a salvaguarda de direitos fundamentais.

O terceiro artigo *(cap 3 - do constitucionalismo digital ao devido processo na regulação da moderação de conteúdo online: uma análise do caso brasileiro)*, elaborado por pesquisadoras do Instituto de Referência em Internet e Sociedade (IRIS), trata do surgimento e evolução de uma vertente teórica denominada "constitucionalismo digital", relevante para a construção de procedimentos que garantam o devido processo legal de quem é afetado pela moderação de conteúdo.

A segunda parte do livro traz quatorze ensaios, produzidos por especialistas, contendo reflexões de fronteira sobre o passado, o presente e o futuro da moderação de conteúdo. Esses ensaios interpretam acontecimentos e fenômenos sociais de grande impacto, identificam problemas relevantes e propõem soluções inovadoras, buscando contribuir para o debate público e acadêmico sobre a atividade de moderação de conteúdo das plataformas e sobre sua regulação. Nesta segunda parte do livro, o objetivo não é introduzir o público no tema, mas, sim, convidá-lo a participar de um diálogo com os autores e autoras e a propor suas próprias ideias.

Os ensaios tratam de uma grande variedade de aspectos da moderação de conteúdo e estão organizados em blocos temáticos. O primeiro bloco *(caps. 4 e 5)* aprofunda discussões sobre o constitucionalismo digital e sobre o devido processo, tratando dos sistemas de recurso disponíveis aos usuários e de revisão de decisões pelas plataformas. O segundo bloco *(caps. 6 a 10)* tem como enfoque questões relacionadas a regulação jurídica da atividade das plataformas. Em particular, o tema da responsabilidade das plataformas por conteúdo problemático publicado por seus usuários é discutido por diferentes lentes e perspectivas. O terceiro bloco *(caps. 11 e 12)* trata da transparência das plataformas sobre suas regras e sobre a elaboração dessas regras.

O último bloco trata da relação da moderação de conteúdo com diversos outros temas, como os desafios de se garantir boas condições de trabalho aos empregados responsáveis pela moderação manual *(cap. 13)*, as dificuldades de se construir um sistema de moderação frente à diversidade cultural dos usuários *(cap. 14)*, o trabalho de atualização da legislação brasileira sobre direito autoral em face do surgimento da moderação de conteúdo *(cap. 15)* e, por fim, as possibilidades de regulação das plataformas para combater a proliferação de desinformação *(caps. 16 e 17)*.

Nós, do CEPI FGV Direito SP, agradecemos profundamente a todas e todos que aceitaram nosso convite para participar dessa obra e contribuir para o avanço do debate brasileiro sobre moderação de conteúdo por plataformas digitais. Agradecemos, também, a você que lê esse livro, e esperamos poder contar com a sua contribuição em debates futuros sobre o tema.

Boa leitura!

São Paulo, 2024.

João Pedro Favaretto Salvador
Líder de Projetos no Centro de Ensino e Pesquisa em Inovação da FGV Direito SP (CEPI FGV Direito SP).
Mestre em Direito Penal pela Universidade de São Paulo.

Prefácio

A moderação de conteúdo tornou-se um tema central à discussão sobre as características e a regulação da esfera pública no mundo contemporâneo. Aqueles que estão sintonizados com os eventos cotidianos, tanto no Brasil quanto no cenário internacional (sejam juristas, cientistas sociais ou entusiastas), inevitavelmente se deparam com as diversas questões enfrentadas nesta coletânea. Organizada por membros do Centro de Ensino e Pesquisa em Inovação da Escola de Direito de São Paulo da FGV (CEPI FGV Direito SP), a coletânea objetiva trazer e inspirar novas reflexões sobre uma variedade de tópicos relacionados à questão da moderação de conteúdo, isto é, sobre como as plataformas digitais estabelecem regras e tomam decisões sobre o que é publicado por seus usuários.

O tema da moderação de conteúdos está intrinsecamente ligado ao funcionamento da democracia contemporânea, com implicações para diversas outras esferas dos direitos fundamentais, o que ressalta ainda mais a necessidade de um olhar rigoroso e plural sobre essa questão. Os processos, técnicas e sistemas pelos quais as plataformas determinam o que pode ou não ser expresso por seus usuários têm um impacto fundamental no exercício da livre expressão, tanto por cidadãos quanto por representantes do governo. A influência desse poder de decisão e a falta de clareza sobre seus contornos foram particularmente evidenciados nos últimos 5 anos, durante períodos eleitorais, na pandemia da covid-19 e no processo mais amplo de polarização política, potencializadas pelas mídias sociais.

Atualmente, tanto o Poder Judiciário quanto o Legislativo brasileiros estão debatendo intensamente o papel das plataformas e a posição do Estado na regulação e eventual controle do conteúdo digital, em face da tensão entre valores de máxima importância constitucional, como liberdade de expressão dos usuários, autonomia das empresas e a proteção das instituições democráticas, da saúde pública e também dos direitos de grupos vulneráveis. Há ainda a questão da própria eficácia na regulação, qualquer que venha a ser o modelo adotado. Os debates têm sido acalorados e complexos, reforçando a necessidade de uma ampla participação de cidadãos, instituições de pesquisa e organizações da sociedade civil. É nesse ponto que reside o valor desta obra.

Diferentemente da abordagem tradicional de outras coletâneas, esta se destaca por sua proposta e formato. Ao invés da junção de trabalhos de autores diversos, dividindo-os por proximidade temática, os organizadores da obra optaram por uma separação inovadora. Na primeira parte do trabalho, instituições de pesquisa foram chamadas a introduzir os fundamentos da moderação de conteúdo, por meio de artigos aprofundados e didáticos, tornando a obra plenamente acessível aqueles que ainda não tiveram contato com a literatura acadêmica especializada nesse assunto. Na segunda parte, estudiosos de vanguarda foram convidados a ensaiar reflexões sobre o futuro da moderação de conteúdo e sobre possíveis soluções para os problemas que a sociedade brasileira enfrenta hoje. Trata-se, portanto, de uma obra muito versátil, que ao mesmo tempo introduz o tema e convida o leitor a dialogar com aqueles que há muito estudam seus desafios.

Destaca-se aqui o empenho do Centro de Ensino e Pesquisa em Inovação (CEPI) da FGV Direito SP de construir e se inserir em uma rede de pesquisa e debate com outras instituições que compartilham a linha de frente nos debates públicos e acadêmicos sobre as plataformas digitais. É essencial que as organizações dialoguem e troquem informação e pontos de vista para que a pauta avance de maneira bem-informada. Destaque-se, também, a participação do InternetLab de São Paulo, e do Instituto de Referência em Internet e Sociedade de Belo Horizonte. Os trabalhos dessas organizações merecem reconhecimento e uma leitura cuidadosa.

Chamo atenção especialmente para a segunda parte do livro, em face da pluralidade de autoras e autores e de tópicos que foram incluídos na obra. São mais de 20 convidados que partilham suas reflexões sobre os desafios da moderação de conteúdo.

Esta coletânea, devida a excelência das contribuições, representa um marco importante na discussão sobre a moderação de conteúdo nas plataformas digitais no Brasil. Trata-se não apenas de uma apresentação abrangente e atualizada do tema, mas, sobretudo, de um convite para um diálogo aprofundado sobre esse tema candente. A moderação de conteúdo é um desafio complexo que requer uma abordagem multifacetada e colaborativa. Esta coletânea é um passo significativo nessa direção. Parabenizo os organizadores e colaboradores pelo trabalho inovador aqui apresentado, ansioso para testemunhar os desdobramentos dos debates aqui plantados.

São Paulo, 11 de janeiro de 2024.

Oscar Vilhena Vieira
Diretor e Professor da FGV Direito SP

Sumário

1.

NOÇÕES FUNDAMENTAIS PARA O ESTUDO DA MODERAÇÃO DE CONTEÚDO

João Pedro Favaretto Salvador
Tatiane Guimarães
Alexandre Pacheco da Silva

Introdução

As autoras e autores dos artigos e ensaios publicados neste livro foram provocadas a discutir temas de fronteira sobre a atividade de moderação de conteúdo em plataformas digitais. Por essa razão, muitas vezes pressupõem o conhecimento de leitoras e leitores sobre questões basilares, o que pode tornar seus posicionamentos, reflexões e opiniões menos acessíveis a aqueles e àquelas que estão iniciando sua jornada acadêmica nessa temática.

Este capítulo de abertura, elaborado pela equipe de organização do livro, tem finalidade didática. Ele busca tornar o resto da obra mais acessível, respondendo brevemente a algumas questões fundamentais sobre a moderação de conteúdo a partir do ponto de vista de representantes influentes da literatura especializada. Espera-se que, com a correção de eventuais assimetrias de conhecimento, quem lê os textos possa participar mais ativamente do diálogo que eles compõem e, eventualmente, tornar públicas suas próprias ideias e reflexões, avançando as fronteiras da ciência.

Assim, o Item 1 discute o que é moderação de conteúdo, apresentando os dois principais pontos de vista sobre o conceito e como esses diferentes pontos de vista influenciam o debate acadêmico e regulatório sobre o tema. Isso porque, a depender do contexto, ela costuma ser apresentada como uma atividade mais restrita, limitada a fazer valer as regras de comportamento aplicadas nas plataformas digitais, ou como uma atividade mais ampla, que abrange quase todas as ferramentas de organização de conteúdo nessas plataformas.

O Item 2 trata do porquê as plataformas moderam conteúdo. Ele discute quais são e de onde vêm os incentivos que levam as plataformas a tomarem decisões que envolvem a restrição ou reorganização do conteúdo publicado por usuários e usuárias. Essa questão é particularmente interessante porque as plataformas construíram seus sistemas de moderação em um período em que não havia obrigação legal nesse sentido, indicando que a regulação da atividade pode passar por caminhos diferentes da mera criação de obrigações explícitas.

O Item 3, por fim, discute como as plataformas moderam. Ele descreve os desafios que levaram a moderação a migrar de uma postura reativa, baseada na resposta a denúncias de usuários, para uma postura proativa, baseada no monitoramento e no uso de ferramentas de detecção automática de conteúdo problemático.

Ao fim, como conclusão, o capítulo apresenta uma síntese dos tópicos discutidos e sugere algumas reflexões.

1. O que é Moderação de Conteúdo?

No debate público, a ideia de moderação de conteúdo costuma se referir à atividade exercida pelas plataformas digitais para garantir o cumprimento das regras de comportamento que elas estabeleceram nos contratos de uso que vinculam usuários e usuárias, como os Termos de Uso e as Políticas da Comunidade.[1] Sob essa perspectiva, a moderação de conteúdo compreenderia particularmente a aplicação de sanções previstas nos regulamentos das plataformas após a identificação de infrações. Fala-se aqui, por exemplo, da filtragem ou retirada de circulação de conteúdo considerado danoso, do banimento de usuários cuja atividade infratora é reiterada, da publicação de alertas a outros usuários quanto ao caráter sensível ou obsceno de uma determinada publicação ou, ainda, da restrição de acesso a

1 Ver, por exemplo, a definição trazida pelo IDEC (Instituto de Defesa do Consumidor), organização da sociedade civil bastante influente na tomada de decisões públicas sobre a regulação da internet: *"Sites, blogs, redes sociais, apps e outros tipos de plataformas de conteúdo são produtos digitais oferecidos e controlados por empresas, das quais todos nós, usuários, somos consumidores. Essas empresas estabelecem regras privadas que regulam, entre outras coisas,* **o que pode e o que não pode ser publicado** *e também qual conteúdo será visto primeiro e quais não serão"*. IDEC. *O que é moderação de conteúdo*. Disponível em: <https://idec.org.br/direitos-nas-midias>. Acesso em: 15 ago. 2023.

um determinado conteúdo por critérios de localização geográfica ou idade do usuário.

Parte da literatura especializada, porém, costuma tratar a moderação de conteúdo como um fenômeno mais amplo que a mera aplicação de sanções que restringem acesso a conteúdo infrator. Bastante citada é a definição trazida por James Grimmelmann, que considera parte da moderação todos "os mecanismos de governança que estruturam a participação em comunidade para facilitar a cooperação e prevenir abuso".[2] Partindo dessa visão, a moderação de conteúdo também incluiria mecanismos que não são necessariamente respostas explícitas ao descumprimento de regras de comportamento. Estariam inclusas nessa atividade, também, todas as outras ferramentas de que as plataformas dispõem para intervir nas interações entre usuários e para a construção de um espaço de comunicação alinhado aos seus valores.

A título de exemplo, quando um usuário ou usuária recebe uma recomendação de conteúdo que pode ser de seu interesse, essa interação, que é determinante para o sucesso de uma plataforma, ocorre mediada por ferramentas que, a partir de características de seu perfil, do perfil do criador ou criadora do conteúdo recomendado e do conteúdo em si, são capazes de, automaticamente, selecionar, filtrar e determinar o alcance e a audiência de publicações. Do ponto de vista de quem defende uma visão ampla sobre a moderação de conteúdo, as plataformas também estão moderando conteúdo quando se utilizam dessas ferramentas para ampliar o alcance de conteúdo que consideram positivo e limitar o alcance de conteúdo que consideram negativo, dando forma às interações dos usuários de acordo com um juízo de valor sobre sua qualidade. Nesse caso, a moderação pode ocorrer, por exemplo, com o objetivo de criar um espaço de comunicação em que os usuários ou usuárias se sentem protegidos e estimulados a participar de mais interações, o que amplia seu contato com anúncios e, consequentemente, traz maior retorno financeiro.

A adoção de uma perspectiva ampla costuma vir acompanhada de uma subclassificação para a moderação de conteúdo: *hard moderation* e *soft moderation*. *Hard moderation* compreenderia as sanções sobre conteúdo ou contas em decorrência da infração às regras da plataforma, enquanto *soft moderation* compreenderia decisões menos explícitas, também resultantes de uma avaliação da qualidade do conteúdo, que mesmo assim influenciam na interação entre usuários e usuárias, como aquelas que determinam seu alcance, sua priorização e seu ranqueamento.

---

2 GRIMMELMANN, J. The Virtues of Moderation. *Cornell Law Faculty Publications*, 1 abr. 2015, p. 47.

Dito isso, não é possível dizer que existe, necessariamente, uma perspectiva certa ou errada sobre a amplitude do fenômeno da moderação de conteúdo. Ambas as visões mencionadas enfocam mais ou menos características de um mesmo fenômeno: a intervenção da plataforma no fluxo da comunicação dos usuários e usuárias para ampliar a qualidade de suas interações, de acordo com seus valores. Por outro lado, é interessante saber que existem consequências potencialmente relevantes da adoção generalizada de uma dessas perspectivas sobre a outra. Isso porque a adoção de uma visão ampla ou restrita sobre a moderação de conteúdo pode influenciar uma percepção geral sobre o modelo de negócio das plataformas e, consequentemente, sobre qual deveria ser sua responsabilidade quanto aos riscos inerentes à sua atividade.

Um aspecto fundamental de discussões sobre a responsabilidade das plataformas são suas diferenças e semelhanças em relação a veículos de comunicação tradicionais, cujo regime de responsabilidade já está, há tempos, consolidado. Plataformas, não se pode negar, são intermediárias, no sentido de que mediam as comunicações dos usuários e usuárias. No entanto, elas não são intermediárias tradicionais, pois não são nem meras distribuidoras de informação, como operadoras de telefonia, nem exercem poder de editoração sobre o conteúdo, como jornais, revistas, emissoras de televisão e outros exemplos da imprensa tradicional.[3] Distribuidoras, por não terem poder editorial sobre o conteúdo que transmitem, costumam ser imunes à responsabilização por danos decorrentes desse conteúdo. Editoras de conteúdo, por outro lado, costumam ser responsabilizadas em decorrência do seu poder de decidir, previamente, o que será e o que não será divulgado.[4]

---

3 GILLESPIE, T. *Custodians of the internet: platforms, content moderation, and the hidden decisions that shape social media*. New Haven: Yale University Press, 2018, p. 41.

4 Nos anos 90, nos Estados Unidos, antes de haver regulação específica quanto ao regime de responsabilidade das plataformas, casos judiciais discutiam se as plataformas deveriam ser entendidas como distribuidoras de conteúdo ou editoras de conteúdo para fins de responsabilização. O caso *Cubby, Inc. v. CompuServe, Inc*, por exemplo, determinou que a Compuserve (empresa que oferecia conexão de internet e o acesso a fóruns de discussão) não poderia ser responsabilizada por conteúdo difamatório publicado em seus fóruns porque não estava ativamente monitorando o conteúdo e, portanto, não poderia ser considerada editora. Distribuidores, nesse sentido, só seriam considerados responsáveis se soubessem ou devessem saber sobre a existência do conteúdo difamatório. Por outro lado, o caso *Stratton Oakmont, Inc. v. Prodigy Services Co.* determinou que a Prodigy (empresa concorrente da Compuserve) era responsável como editora por todos os posts publicados no seu site, porque ela ativamente deletava algumas publicações. Naturalmente, o fato de que essas empresas agiam de forma semelhante, mas foram tratadas de forma diferente pelo judiciário, gerou críticas e insegurança, o que motivou a elaboração de um regime específico Cf. KLONICK, K. *The New Governors: The People, Rules, and Processes Governing Online Speech*. Rochester, NY: Social Science Research Network, 20 mar. 2017, p. 1604.

O que dificulta a classificação das plataformas entre esses tipos tradicionais de intermediários (e, portanto, torna difícil regulá-las por meio da analogia) é justamente o fato de que, além de transportarem o conteúdo de um usuário para o outro, elas se propõem a organizar, a fazer escolhas sobre como o conteúdo é transportado e disponibilizado aos usuários[5] de acordo com um juízo de valor, ainda que a publicação não precise passar por um filtro individualizado.

Assim, a adoção generalizada da visão de que a moderação é meramente o *enforcement* das regras de comportamento dos usuários e usuárias pode passar a impressão de que essa é uma atividade periférica, menor, que meramente apoia um objetivo principal das plataformas, que seria hospedar e distribuir informação, conectando que usa seus ambientes digitais. Essa perspectiva acaba sendo benéfica para as próprias plataformas, que por vezes minimizam a importância de seu poder de controle sobre o conteúdo para evitar a maior responsabilização pelos danos dele decorrentes.[6]

A visão ampla, porém, passa uma mensagem diferente, de que a moderação não é uma atividade secundária, mas sim o serviço central oferecido pelas plataformas: o que as plataformas prometem (e o que elas efetivamente trouxeram como inovação para o mercado de serviços digitais) seria precisamente um espaço de comunicação que é mais organizado e "limpo" que o resto da web, tradicionalmente caótica e "perigosa". Esse espaço organizado só poderia ser construído por meio da moderação,[7] considerada como o conjunto total de ferramentas de organização das interações entre usuários para promoção da cooperação e prevenção de abuso. Nesse sentido, gerir e controlar o fluxo de conteúdo a partir de um juízo de um juízo de valor sobre sua qualidade seria uma atividade inerente aos modelos de negócio das plataformas digitais, o que pode incluir, mesmo que de forma não intencional, a amplificação do alcance de conteúdo problemático.

2. Por que as plataformas moderam?

Um aspecto interessante da história da moderação de conteúdo é que, por um longo período (desde seu surgimento até o início dos anos 2020), as plataformas digitais existiram em um cenário jurídico em que elas não eram obrigadas por governos a criar regras de comportamento, remover e filtrar

5 GILLESPIE, T. *Custodians of the internet: platforms, content moderation, and the hidden decisions that shape social media*. New Haven: Yale University Press, 2018, p. 81.

6 GILLESPIE, T. *Custodians of the internet: platforms, content moderation, and the hidden decisions that shape social media*. New Haven: Yale University Press, 2018, pp. 47-49.

7 GILLESPIE, T. *Custodians of the internet: platforms, content moderation, and the hidden decisions that shape social media*. New Haven: Yale University Press, 2018, p. 13.

conteúdo ou banir usuários por infrações. Além disso, em diversos países, incluindo os Estados Unidos e o Brasil, a responsabilização das plataformas por danos causados por conteúdo publicado por terceiros é bastante limitada[8] (questão que será explorada profundamente por diversos autores e autoras neste livro).

Mesmo assim, apesar de não haver obrigação legal nesse sentido, sistemas de moderação de conteúdo foram desenvolvidos durante esse período pelas empresas controladoras das plataformas e se tornaram cada vez mais rigorosos e sofisticados. Uma questão importante que surge desse cenário de imunidade, em que as plataformas não são responsabilizadas nem por restringir acesso a conteúdo, nem por deixar de restringir, é "por que razão as plataformas se ocupam de criar e aplicar regras de conteúdo?"[9]

Essa é uma questão importante porque a criação dessas regras nesse cenário parece contraintuitiva, já que moderar conteúdo é muito difícil. A moderação é uma atividade difícil porque é intensa, demanda recursos, exige a tomada de decisões complexas, ao mesmo tempo em que um erro é capaz de criar uma reação forte do público.[10] A dificuldade está em ao mesmo tempo remover aquilo que é mais danoso ao mesmo tempo em que se protege o que é legítimo, mas questionável. Soma-se a isso o fato de que plataformas são instituições complexas, compostas por diversos indivíduos e não apenas guiadas por um único ponto de vista.[11]

Além disso, a moderação pode causar efeitos significativamente negativos aos seus alvos. Muitos usuários e usuárias lamentam a perda de capacidade de se comunicar com amigos e familiares, perdendo acesso inclusive a fotos e outros documentos de valor sentimental quando perdem acesso às plataformas. Diversas pessoas que dependem de formas digitais de remuneração (como propaganda) alegam dano à sua vida profissional quando são alvo da moderação. Quando usuários e usuárias perdem acesso

---

8 No Brasil, a responsabilidade dos intermediários de internet por conteúdo publicado por terceiros é condicionada à recusa em cumprir ordem judicial de remoção (artigo 19 do Marco Civil da Internet, Lei nº 12.965/2014). Nos EUA, a imunidade é incondicional, visto que a Seção 230(c)(1), introduzida no ordenamento jurídico dos EUA pelo *Communications Decency Act*, de 1996, afasta dos provedores de serviço a condição de serviço editorial, isentando-os de responsabilidade por conteúdo publicado por terceiros.

9 KLONICK, K. *The New Governors: The People, Rules, and Processes Governing Online Speech*. Rochester, NY: Social Science Research Network, 20 mar. 2017, p. 1618.

10 GILLESPIE, T. *Custodians of the internet: platforms, content moderation, and the hidden decisions that shape social media*. New Haven: Yale University Press, 2018, p. 9.

11 GILLESPIE, T. *Custodians of the internet: platforms, content moderation, and the hidden decisions that shape social media*. New Haven: Yale University Press, 2018, p. 11.

às plataformas, também podem perder acesso à sua comunidade, familiar, profissional, econômica e cultural.[12]

Mesmo assim, as plataformas decidiram por moderar conteúdo, restringindo o comportamento de seus usuários e usuárias e aplicando sanções que podem afetar suas vidas fora da internet. Estudiosos da temática costumam atribuir esse fenômeno a pelo menos três fatores diferentes da regulação explicita: (i) plataformas buscam proteger as pessoas de conteúdo perigoso por um senso ético de responsabilidade corporativa; (ii) existem vantagens econômicas em se reduzir a quantidade de conteúdo danoso nas plataformas e (iii) as plataformas estão sujeitas à pressão de grupos sociais organizados e até à pressão informal de governos.

2.1. Motivações éticas para a moderação

A partir de entrevistas com as pessoas responsáveis pela construção dos primeiros modelos de moderação de conteúdo de grandes plataformas como YouTube, Twitter e Facebook, Kate Klonick notou que, nessa fase inicial, as decisões sobre que conteúdo é ou não aceitável eram fundamentadas principalmente na doutrina americana da liberdade de expressão. Por essa razão, partia-se do pressuposto de que conteúdo algum seria removido se não desrespeitasse regras claras da plataforma, de forma a evitar censura da expressão dos usuários e usuárias.[13] Além disso, no início das práticas de moderação, as plataformas se preocupavam também em protegê-los da ameaça de censura de governos, reagindo a demandas de remoção.[14]

Esses fundamentos éticos foram estabelecidos dessa forma porque aqueles que foram chamados para supervisionar a criação dos modelos de moderação de conteúdo dessas plataformas eram advogados americanos estudiosos e acostumados com a doutrina americana da liberdade de expressão.[15] Ainda que priorizassem a livre expressão, contudo, esses advogados também prezavam por outros valores comumente protegidos pelo ordenamento jurídico americano e, por isso, buscavam também balancear a expressão com a segurança, a saúde dos usuários e usuárias, assim como

---

12 MYERS WEST, S. Censored, suspended, shadowbanned: User interpretations of content moderation on social media platforms. *New Media & Society*, v. 20, n. 11, p. 4366–4383, 1 nov. 2018, p. 10–11.

13 KLONICK, K. *The New Governors: The People, Rules, and Processes Governing Online Speech.* Rochester, NY: Social Science Research Network, 20 mar. 2017, p. 1620.

14 KLONICK, K. *The New Governors: The People, Rules, and Processes Governing Online Speech.* Rochester, NY: Social Science Research Network, 20 mar. 2017, p. 1622.

15 KLONICK, K. *The New Governors: The People, Rules, and Processes Governing Online Speech.* Rochester, NY: Social Science Research Network, 20 mar. 2017, p. 1621.

a proteção da percepção do público sobre a plataforma.[16] Como resultado, as primeiras regras de moderação das plataformas foram criadas de forma a tentar equilibrar a livre expressão e o controle de conteúdo problemático também por um senso de responsabilidade corporativa pela proteção a quem usa a plataforma.

2.2. Motivações econômicas para a moderação

Apesar de ser inegável que um senso de responsabilidade corporativa existe e foi responsável pelo estabelecimento das bases éticas para a moderação de conteúdo, é arguível que a principal razão pela qual empresas removem conteúdo problemático é a ameaça que a permanência desse material representa a seus ganhos com publicidade. As plataformas entendem que se o espaço de comunicação estiver dentro das expectativas normativas dos usuários e usuárias, é mais provável que passem mais tempo nesse espaço e que os ganhos com publicidade aumentem. Se retirarem conteúdo demais, elas perdem a confiança e a oportunidade de mais interação. Por outro lado, se mantiverem todo o conteúdo na plataforma, usuários e usuárias podem se sentir desconfortáveis e diminuir interações.[17]

Grimmelmann destaca que a moderação é uma ferramenta essencial para garantir a produtividade da comunidade, sua capacidade de produzir bens informacionais úteis, como discussões políticas, entretenimento e informação que criem interações. Ao mesmo tempo, porém, as sanções aplicadas na moderação tornam a comunidade menos acessível a determinados usuários, o que, em tese, poderia reduzir o número de interações e o número de pessoas em contato com publicidade[18]. Há, nesse sentido, um incentivo econômico para que um equilíbrio seja encontrado: por essa perspectiva, a moderação não deve prevenir todo o abuso — o que seria impossível —, mas sim mantê-lo em níveis toleráveis sem elevar excessivamente os custos (econômicos e sociais) da própria moderação.[19]

Para além de criar um ambiente propício para interações dos usuários e usuárias, as plataformas também precisam agradar seus anunciantes, sua maior fonte de renda. Seu modelo de negócio, que permite o uso de grande parte de seus serviços por usuários de forma gratuita, só é viável

---

16 KLONICK, K. *The New Governors: The People, Rules, and Processes Governing Online Speech.* Rochester, NY: Social Science Research Network, 20 mar. 2017, p. 1627.

17 *KLONICK, K. The New Governors: The People, Rules, and Processes Governing Online Speech. Rochester, NY: Social Science Research Network, 20 mar. 2017, p. 1627.*

18 GRIMMELMANN, J. The Virtues of Moderation. *Cornell Law Faculty Publications,* 1 abr. 2015, p. 51.

19 GRIMMELMANN, J. The Virtues of Moderation. *Cornell Law Faculty Publications,* 1 abr. 2015, p. 53.

por causa de sua remuneração por publicidade, o que depende de certa anuência dos anunciantes às políticas da plataforma. Essa anuência pode ser colocada em questão quando a moderação se apresenta como excessiva ou insuficiente.

Nesse sentido, diversas situações já demonstraram a pressão econômica exercida pelos anunciantes sobre os sistemas de moderação. Em junho de 2020, por exemplo, diversas empresas parceiras do Facebook ameaçaram deixar de utilizar as ferramentas de propaganda da plataforma, responsáveis pela maior parte de seus ganhos.[20] O retorno à normalidade estaria condicionado à adoção de uma postura mais proativa no combate ao discurso de ódio, já que as parceiras, importantes para o sucesso financeiro da plataforma, não queriam suas marcas associadas a esse tipo de manifestação.[21] Em 27 de outubro de 2022, o Twitter foi adquirido pelo fundador da Tesla, Elon Musk, que argumentava publicamente por uma moderação de conteúdo menos ativa e rigorosa. Os meses seguintes à aquisição foram marcados pela debandada de mais de metade dos principais anunciantes da plataforma em protesto ao posicionamento do novo CEO, resultando em uma queda considerável da receita da plataforma.[22] Assim, há um evidente incentivo econômico que parte dos anunciantes para que a moderação encontre um equilíbrio entre a livre expressão e a proteção dos usuários e da reputação das marcas.

2.3. Motivações sociopolíticas para a moderação

O fato de que as plataformas não eram sujeitas a uma obrigação direta de moderar conteúdo não significa que o governo e outros atores sociopolíticos não exerciam pressão de outras formas para que a moderação ocorresse de acordo com seus valores. Organizações de terceiro setor e da sociedade civil, em particular, tendem a influenciar as políticas e práticas das grandes plataformas, tanto exercendo pressão mediante ação coleti-

---

20 Em 2020, cerca de 98% da receita global do Facebook veio da publicidade de outras empresas. Cf. STATISTA. *Annual advertising revenue of Meta Platforms worldwide from 2009 to 2022 (in million U.S. dollars).* Fevereiro, 2023. Disponível em: <https://www.statista.com/statistics/271258/facebooks-advertising-revenue-worldwide/>. Acesso em 11 mar. 2023
Cf. HSU, T.; ISAAC, M. Advertiser Exodus Snowballs as Facebook Struggles to Ease Concerns. *The New York Times*, 30 jun. 2020. Disponível em: <https://www.nytimes.com/2020/06/30/technology/facebook-advertising-boycott.html>. Acesso em: 2 ago. 2023.

21 Cf. HSU, T.; ISAAC, M. Advertiser Exodus Snowballs as Facebook Struggles to Ease Concerns. *The New York Times*, 30 jun. 2020. Disponível em: <https://www.nytimes.com/2020/06/30/technology/facebook-advertising-boycott.html>. Acesso em: 2 ago. 2023.

22 PINTADO, A. P. *Half of Twitter's top advertisers have left the platform since Elon Musk's takeover, report says. USA TODAY*, 28 nov. 2022. Disponível em: <https://www.usatoday.com/story/tech/2022/11/28/twitter-loses-advertisers-after-elon-musk/10790189002/>. Acesso em: 25 jan. 2023.

va quanto participando de reuniões propostas pelas próprias plataformas para o aprimoramento das políticas de moderação.

A imprensa *per se* não tem um papel significativo em modificar as políticas das plataformas, mas quando sua cobertura é combinada com (a) a ação coletiva de usuários e usuárias ou (b) o envolvimento de uma figura pública, a tendência é que as plataformas respondam a esses estímulos externos.[23] Em 2017, por exemplo, logo após as passeatas extremistas na cidade norte-americana de Charlottesville,[24] organizadas predominantemente por meio da internet, diversos provedores de aplicações cederam às demandas da imprensa e de usuários e usuárias e atualizaram seus regulamentos ou agiram pontualmente contra conteúdo associado a movimentos extremistas.[25]

Assim, principalmente após a ocorrência de casos de grande repercussão, é comum que as plataformas sofram pressões de diversos ângulos da sociedade civil, da imprensa e de parceiros de negócios para agir de forma mais proativa.[26] Para além dos incentivos econômicos envolvidos, a vulnerabilidade das plataformas à ação coletiva do público via imprensa também é significativa para a percepção de sua legitimidade democrática: quando usuários sentem que as plataformas respondem a esses estímulos de indi-

---

23 KLONICK, K. *The New Governors: The People, Rules, and Processes Governing Online Speech*. Rochester, NY: Social Science Research Network, 20 mar. 2017, p. 1653.

24 Cf. FAUSSET, R.; FEUER, A. Far-Right Groups Surge Into National View in Charlottesville. *The New York Times*, 13 ago. 2017. Disponível em: <https://www.nytimes.com/2017/08/13/us/far-right-groups-blaze-into-national-view-in-charlottesville.html>. Acesso em: 3 mar. 2023.

25 Os exemplos são vários, incluindo a promessa de exclusão de motoristas racistas feita pelo aplicativo de caronas Uber (Cf. STATT, N. Uber says it will continue to ban white supremacists from its platform / Uber says 'there is simply no place' for bigotry or hate. *The Verge*, 17 ago. 2017. Disponível em: <https://www.theverge.com/2017/8/17/16164594/uber-charlottesville-white-supremacists-ban-statement>. Acesso em 5 jul. 2023), o banimento do organizador de movimentos supremacistas Chris Cantwell pelo site de relacionamentos OkCupid (Cf. KIRCHER, M. OkCupid Bravely Bans White Supremacist. *New York Magazine*, 17 ago. 2017. Disponível em: <https://nymag.com/intelligencer/2017/08/okcupid-bans-white-supremacist-chris-cantwell.html?utm_campaign=select-all&utm_source=fb&utm_medium=s1>. Acesso em 5 jul. 2020), e até a remoção de diversas bandas e músicas apontadas como discriminatórias pela plataforma de streaming Spotify (Cf. BILLBOARD STAFF. Spotify Removes Hate Music as Streaming Companies Struggle to Police Their Tunes. *Billboard*, 16 ago. 2017. Disponível em: <https://www.billboard.com/articles/business/7905175/spotify-removes-hate-band-music-streaming>. Acesso em: 5 mar. 2023).

26 Outros exemplos, de menor escala: TATSCH, C. Gordofobia: Instagram muda regras sobre exibição de seios após protesto. *Extra*. 26 jan. 2022. Disponível em: <https://extra.globo.com/noticias/gordofobia-instagram-mudaregras-sobre-exibicao-de-seios-apos-protesto-24713044.html>. Acesso em: 11 maio 2021; CARVALHO, C. Após acusações de racismo, Twitter promete atualizar algoritmo de corte de imagens. *Gizmodo Brasil*, 2 out. 2020. Disponível em: <https://gizmodo.uol.com.br/twitter-atualizar-algoritmo-corte-imagens-racismo/>. Acesso em: 12 mar. 2023.

víduos propulsionados pela mídia, sua confiança nas plataformas pode ser fortalecida.

Mais importante, porém, é que os governos possuem outras formas, para além da regulação explicita, de exercer pressão sobre as plataformas para condicionar a moderação aos seus interesses. A relação ente governos e plataformas foi construída em decorrência de diversos obstáculos que dificultam a aplicação de estratégias tradicionais de regulação de manifestações problemáticas. Como as autoridades não conseguem superar esses obstáculos sozinhas, elas instrumentalizam as plataformas, incentivando a sua moderação contra conteúdo que é considerado problemático de acordo com suas legislações nacionais.[27]

Nesse sentido, governos colaboram com ou cooptam plataformas com o objetivo de adequar sua atividade de moderação às finalidades dos ordenamentos jurídicos nacionais, principalmente estimulando a detecção e remoção de manifestações ilícitas.[28] Ao invés de obrigá-las diretamente a executar essa atividade, contudo, os governos utilizam estratégias diversas. Em particular, constroem acordos voluntários de colaboração ou ameaçam a regulação mais rígida.

No primeiro caso, o principal exemplo vem da Europa. Em maio de 2016, a Comissão Europeia anunciou um acordo firmado com as principais empresas de redes sociais chamado "Código de Conduta sobre o Combate ao Discurso de Ódio Ilegal Online" (*Code of Conduct on Countering Illegal Hate Speech Online*). O acordo determinava que as plataformas deveriam avaliar denúncias e remover conteúdo que violasse seus regulamentos em até 24 horas,[29] sublinhando tanto a importância de as empresas promoverem a livre expressão quanto seu compromisso de combate aos discursos de ódio

---

27 Os principais desses obstáculos, de forma bastante simplificada, são (i) o uso de pseudônimos por usuários, que adotam nomes e até aparências falsas, o que dificulta sua identificação e localização prima facie; (ii) o caráter internacional das comunicações em redes sociais, que pode colocar um infrator fora da jurisdição de um Estado ou contrapor diferentes jurisdições que regulam de forma conflitante uma mesma manifestação; e (iii) a quantidade massiva de usuários e de conteúdo ilícito que circulam simultaneamente pelos servidores dessas plataformas, que pode inviabilizar o tratamento cauteloso de todos os casos relevantes.

28 Cf.:
BALKIN, Jack M. *Old School/New School Speech Regulation*. Rochester, NY: Social Science Research Network, 2014.
BALKIN, Jack M. *Free Speech is a Triangle*. Rochester, NY: Social Science Research Network, 2018.

29 Desde a criação do Código de Conduta, outras empresas foram introduzidas nesse grupo, entre elas Intagram, Jouxvideo, Snapchat, DailyMotion e Tiktok. Cf. EU. The EU Code of conduct on countering illegal hate speech online. Text. Disponível em: https://ec.europa.eu/info/policies/justice-and-fundamental-rights/combatting-discrimination/racism-and-xenophobia/eu-code-conduct-countering-illegal-hate-speech-online_en. Acesso em: 8 mar. 2023.

através da moderação de conteúdo e educação de seus usuários e usuárias.[30] No Brasil, por outro lado, os acordos ocorreram em contextos específicos: em 2022, o Tribunal Superior Eleitoral firmou acordos de cooperação voluntária com algumas das plataformas de maior impacto no pleito eleitoral brasileiro, com o objetivo de limitar a propagação de conteúdo desinformativo durante as eleições.[31]

No segundo caso, como explica Danielle Citron, existem evidências de que diversas plataformas intensificaram sua atuação contra os discursos de ódio e outras formas de manifestação nociva por causa da ameaça constante de regulação mais onerosa advinda principalmente da União Europeia. Se por um lado os legisladores europeus alegam que grande parte dos avanços na cooperação entre governos e plataformas se deu de forma voluntária, a autora defende que a maioria dessas modificações resultou, na verdade de uma forma de coerção, pautada na ameaça de uma regulação que responsabilizaria as plataformas pelo conteúdo publicado por seus usuários.[32]

É essencial destacar, assim, que essa relação informal entre governos e plataformas, ainda que seja menos onerosa do que a criação de obrigações de moderar, traz riscos significativos. Seth Kreimer aponta particularmente para a possibilidade de governos utilizarem o poder das plataformas para restringirem a liberdade de expressão dos cidadãos de maneira que seria proibida por suas Constituições. A esse fenômeno ele atribui o nome de "censura por procuração" (*"censorship by proxy"*, no inglês original).[33] A essa preocupação, Citron também adiciona que a pressão exercida pelos governos europeus sobre as plataformas fez com que a expressão dos cidadãos acabasse restrita de forma incompatível com a Constituição dos Estados Unidos, historicamente mais permissiva que a legislação europeia sobre o tema.[34]

---

30 ALKIVIADOU, N. *Hate Speech on Social Media Networks: Towards a Regulatory Framework?* Rochester, NY: Social Science Research Network, 4 jul. 2018, p. 13.

31 Documentos foram assinados com Twitter, TikTok, Facebook, Kwai, Whatsapp e Google. Cf. TSE. Veja as novidades nos acordos de parceria do TSE com as plataformas digitais. Comunicação | Notícias, 18 fev. 2022. Disponível em: <https://www.tse.jus.br/imprensa/noticias-tse/2022/Fevereiro/veja-as-novidades-nos-acordos-de-parceria-do-tse-com-as-plataformas-digitais>. Acesso em: 11 mar. 2023.

32 CITRON, D. K. *Extremist Speech, Compelled Conformity, and Censorship Creep*. Rochester, NY: Social Science Research Network, 2018, p. 1046.

33 KREIMER, S. F. *Censorship by Proxy: The First Amendment, Internet Intermediaries, and the Problem of the Weakest Link*. Rochester, NY: Social Science Research Network, 30 nov. 2006, p. 68.

34 CITRON, D. K. *Extremist Speech, Compelled Conformity, and Censorship Creep*. Rochester, NY: Social Science Research Network, 2018, p. 1070.

De qualquer forma, é perceptível que as plataformas construíram seus sistemas de moderação em uma situação de imunidade jurídica porque estão sujeitas a diversas outras pressões internas e externas, éticas, econômicas, sociais e políticas, que vão além de obrigações legais. Suas regras e métodos acabam sendo sujeitos a constantes atualizações e adaptações, a fim de seus modelos de negócios permanecerem viáveis em meio a um turbilhão de interesses, incentivos e posicionamentos.

3. Como as plataformas moderam?

Quando as plataformas iniciaram suas atividades, o número de publicações de usuários não era tão grande, de forma que as plataformas evitavam o monitoramento proativo de publicações e atribuíam aos próprios usuários a identificação e denúncia de manifestações infratoras. As publicações denunciadas eram, então, encaminhadas para os pequenos times de moderação que, por sua vez, a partir de protocolos internos e discussões, decidiam se elas de fato deveriam ser removidas ou seus autores sancionados.[35] Em regra, portanto, a moderação era exercida em seus primórdios de forma *reativa*: o conteúdo era primeiro publicado e, apenas depois de denúncia, avaliado e sancionado.

Contudo, com o crescimento da base de usuários, barateamento da produção de conteúdo e aumento da pressão externa por tratamento mais rígido de publicações problemáticas, esse modelo *reativo* de moderação passou a ser considerado insuficiente. Isso porque as denúncias dos usuários e usuárias não mais cobriam a grande maioria do conteúdo infrator e os pequenos times de moderação já não eram capazes de suprir a demanda crescente.[36] Imperava nesse momento o "desafio da escala", a dificuldade de se moderar quantidades enormes de conteúdo publicado por usuários.

A primeira solução proposta para esse desafio foi a contratação e treinamento de grandes times de revisores de conteúdo, muitas vezes terceirizados.[37] Esses revisores tinham duas tarefas: para além de receber e analisar

35 . Cf. LLANSÓ, E. J. No amount of "AI" in content moderation will solve filtering's prior-restraint problem. *Big Data & Society*, v. 7, n. 1, 1 jan. 2020, p. 1.

36 ALKIVIADOU, N. *Hate Speech on Social Media Networks: Towards a Regulatory Framework?* Rochester, NY: Social Science Research Network, 4 jul. 2018, p. 15.; KLONICK, K. *The New Governors: The People, Rules, and Processes Governing Online Speech*. Rochester, NY: Social Science Research Network, 20 mar. 2017, p. 1633.)

37 Como explica Klonick, já em 2009 o Facebook contratou seu primeiro time de revisão externo na Índia, separando pela primeira vez a atividade de moderação de conteúdo da atividade de definição das regras. Cf. KLONICK, K. *The New Governors: The People, Rules, and Processes Governing Online Speech*. Rochester, NY: Social Science Research Network, 20 mar. 2017, p. 1634.

denúncias de usuários, agindo de forma reativa, eles passaram a monitorar a plataforma em busca de conteúdo potencialmente problemático, exercendo moderação proativa que só é possível quando os moderadores estão em maior número.

Essa solução foi vantajosa, na medida em que capturou mais conteúdo infrator mais rapidamente (evitando sua propagação e os danos decorrentes), mas tem limitações importantes. A contratação, o treinamento e a manutenção de grandes times de revisores, ainda que terceirizados, representa altos custos, tanto humanos quanto econômicos. Como resultado, o treinamento e a supervisão de grandes equipes para a identificação rápida e precisa de conteúdo problemático acabam sendo caros e, portanto, acessíveis apenas às plataformas mais populares e economicamente bem-sucedidas. Isso se deve, também, ao fato de que as plataformas são utilizadas por grupos culturalmente diversos, o que exige a contratação de equipes que entendem diversos idiomas e que são capazes de compreender contextos sociopolíticos variados. Ainda, pesquisas apontam que a atividade de moderação humana coloca os revisores em contato com conteúdo violento, pornográfico e malicioso que pode causar profundas feridas psicológicas no médio e longo prazo.[38] A garantia de condições de trabalho que preservem a saúde mental desses funcionários representa um custo ainda maior.

Além disso, quanto mais pessoas estão envolvidas na atividade de moderação, maior a chance de que as decisões tomadas se tornem inconsistentes por causa da percepção subjetiva dos revisores. Para garantir segurança e padronização, as plataformas precisam diminuir o uso de critérios subjetivos na análise do conteúdo infrator e treinar as equipes para o uso de critérios cada vez mais objetivos.[39] A análise de nuances linguísticas e de fatores contextuais acaba sendo substituída por critérios mais objetivos e limitados, como a presença de vocabulário chulo, combinações de palavras e expressões pré-determinadas. O resultado é um aumento nos erros de julgamento dos moderadores, que acabam por restringir conteúdo lícito ou por permitir a divulgação de conteúdo danoso.

Apesar desses problemas, a maior barreira para o sucesso da moderação proativa por grandes grupos de revisores humanos foi, novamente, o crescimento das plataformas. Assim como foi com a moderação reativa baseada em denúncias de usuários, a moderação por times de revisores se tornou

---

38 STEIGER, M. et al. *The Psychological Well-Being of Content Moderators: The Emotional Labor of Commercial Moderation and Avenues for Improving Support.* Proceedings of the 2021 CHI Conference on Human Factors in Computing Systems. Anais. Em: CHI '21: CHI CONFERENCE ON HUMAN FACTORS IN COMPUTING SYSTEMS. Yokohama Japan: ACM, 6 maio 2021, p. 2021.

39 KLONICK, K. *The New Governors: The People, Rules, and Processes Governing Online Speech.* Rochester, NY: Social Science Research Network, 20 mar. 2017, p. 1635.

insuficiente quando a quantidade de conteúdo passou a ser tão grande que se tornou impossível monitorá-la. A constatação de que não seria possível contratar e treinar ainda mais pessoas para monitoramento das plataformas levou a segunda solução para o desafio da escala: o uso de ferramentas de detecção e remoção automática de conteúdo.

Inicialmente, algumas plataformas desenvolveram ferramentas para conter publicações que violavam direitos autorais.[40] Essas ferramentas podiam comparar a mídia enviada pelos detentores de direitos autorais com as publicações já inseridas ou em processo de inserção nos servidores das plataformas.[41] Elas ajudavam os revisores humanos a identificarem publicações para análise mais profunda e reduzir a necessidade de monitoramento manual. Além disso, essas ferramentas serviam como filtros, impedindo a inserção de conteúdo potencialmente ilícito nas redes sociais sem a necessidade de intervenção humana.

Com o tempo, essas ferramentas foram aprimoradas e passaram a ser usadas para detectar outros tipos de conteúdo que violavam os regulamentos das plataformas, como nudez, conteúdo de exploração sexual de menores,[42] imagens divulgadas sem consentimento[43] e símbolos associados a grupos extremistas ou terroristas. Essa detecção era feita a partir de bases de dados de imagens e vídeos já capturados anteriormente, tanto pelas plataformas quanto por autoridades públicas. Em geral, esse tipo de conteúdo não exigia análise contextual complexa,[44] o que viabilizou o uso relativa-

---

40 KELLER, D. *Internet Platforms: Observations on Speech, Danger, and Money*. Rochester, NY: Social Science Research Network, 13 jun. 2018, p. 6.

41 A ferramenta mais conhecida com essa função é o Content ID, do YouTube, que extrai uma "*hash*" (uma "impressão digital única") dos vídeos enviados pelos detentores de direitos autorais e a utiliza como padrão de comparação para identificação e remoção rápida de violações. Para saber mais, Cf. Como funciona o Content ID - Ajuda do YouTube. Disponível em: <https://support.google.com/youtube/answer/2797370?hl=pt-BR>. Acesso em: 9 mar. 2023.

42 Cf. BBC. Google, Facebook and Twitter to block "hash lists" of child abuse. *BBC News*, 10 ago. 2015. Disponível em: <https://www.bbc.com/news/uk-33844124>. Acesso em: 9 mar. 2023.

43 Cf. SOLON, O. Facebook asks users for nude photos in project to combat "revenge porn". *The Guardian*, 7 nov. 2017. Disponível em: <https://www.theguardian.com/technology/2017/nov/07/facebook-revenge-porn-nude-photos>. Acesso em: 9 mar. 2023.

44 É importante destacar que quase toda identificação de conteúdo nocivo exige algum grau de análise contextual, ainda que em alguns casos falsos positivos sejam menos prováveis. No caso de nudez, por exemplo, são diversos os relatos de publicações artísticas ou que lidavam com temas não sexuais, como a amamentação e a população indígena, que foram removidas incorretamente. Mesmo remoções relacionadas à nudez infantil já foram alvo de polêmica, como quando o Facebook excluiu foto histórica famosa de uma menina, nua, fugindo de um bombardeio na guerra do Vietnam. Cf. KLEINMAN, Z. Fury over Facebook "Napalm girl" censorship. *BBC News*, 9 set. 2016. Disponível em: <https://www.bbc.com/news/technology-37318031>. Acesso em: 9 mar. 2023.

mente bem-sucedido de ferramentas automatizadas, já que, por mais que dificilmente compreendam sutilezas humanas, elas são eficientes quando a moderação se baseia em critérios objetivos.[45]

Em 2018, porém, o Facebook começou a usar sistemas para detectar proativamente discurso de ódio em texto e imagens publicados por seus usuários e usuárias. Esses eram casos que envolviam, em geral, análise muito mais complexa quando avaliados por moderadores. Esses sistemas assumiam o risco de errar muito, mas aumentavam o número de publicações sancionadas pela plataforma.[46] O risco era compensado pelo fato de que as publicações detectadas eram enviadas para as equipes de revisores, que tinham a palavra final sobre sua remoção. As ferramentas, nesse caso, serviam como auxiliares aos revisores humanos, indicando publicações com mais chances de serem problemáticas e reduzindo a necessidade de monitoramento.

A partir do segundo trimestre de 2019, as decisões dos sistemas de detecção automática ganharam mais peso no Facebook.[47] Segundo a empresa, os sistemas teriam evoluído o suficiente para que parte das publicações detectadas fossem removidas automaticamente, sem confirmação humana. Segundo a empresa, isso só aconteceria quando o conteúdo fosse "idêntico ou quase idêntico" a imagens ou texto já removidos pelos revisores, ou quando o conteúdo "correspondesse muito" a ataques comuns que violavam as regras da plataforma. Para evitar erros graves, os sistemas passariam por "revisões rotineiras", além de estarem sujeitos a apelações dos usuários afetados. No momento da redação deste capítulo, o uso de ferramentas como essas é comum em todas as grandes plataformas, mas o peso das decisões tomadas automaticamente não é claro em todos os casos.[48]

Esses sistemas de detecção automática de conteúdo são algoritmos computacionais, programas de computador que seguem passos pré-deter-

---

45 GRIMMELMANN, J. The Virtues of Moderation. *Cornell Law Faculty Publications*, 1 abr. 2015. p. 64

46 Cf. FACEBOOK. Relatório de Aplicação dos Padrões da Comunidade, edição de novembro de 2019. Sobre o Facebook, 13 nov. 2019. Disponível em: https://about.fb.com/br/news/2019/11/relatorio-de-aplicacao-dos-padroes-da-comunidade-edicao-de-novembro-de-2019/. Acesso em: 10 mar. 2023.

47 Idem.

48 Alguns autores afirmam que vivemos em uma sociedade da caixa preta ("Black Box Society"), em que não se sabe ou, ao menos, não se entende o que nos governa e quais os interesses que governam. Ver mais em: PASQUALE, Frank. *The Black Box Society – The Secret Algorithms That Control Money and Information*. EUA: Harvard University Press, 2015.

minados para chegarem a um resultado a partir de um comando inicial.[49] Esses algoritmos que tomam decisões sobre conteúdo, em geral, são desenvolvidos a partir de um processo denominado "aprendizado de máquina" (ou, em inglês, *machine learning*),[50] ou seja, a partir do processamento de um banco de dados de decisões anteriores, tomadas por seres humanos. Em outras palavras, o algoritmo "aprende a decidir" ao ler e identificar padrões em uma grande quantidade de decisões anteriores. No caso específico dos discursos de ódio, o algoritmo aprende a identificar discursos de ódio ao encontrar padrões no conteúdo e, em certos casos, em aspectos contextuais de publicações que já foram identificadas e avaliadas por revisores humanos. Se o banco de dados for composto por publicações que foram julgadas conforme os critérios de moderação previstos nos regulamentos das plataformas, espera-se que os algoritmos "aprendam a decidir" conforme esses mesmos critérios.

Quando confrontado com uma publicação nova, recém-inserida nos servidores da rede social, o algoritmo observa se os padrões que identificou nas publicações constantes no banco de dados estão presentes. Quanto mais a publicação se assemelhar aos padrões identificados pelo algoritmo, maior a chance de ela ser marcada como um discurso de ódio e removida automaticamente ou enviada para revisores. Ferramentas desse tipo podem, inclusive, identificar padrões que sequer são percebidos por seres humanos e, por isso, têm o potencial de tomar decisões com grande consistência se, e somente se, forem alimentadas por bancos de dados de qualidade.

Entre as poucas opções disponíveis, o uso de ferramentas automáticas de detecção de conteúdo, seja como suporte para grandes equipes de revisores, seja como sistema de decisão autônomo, parece ser a única solução eficaz para o desafio da escala. Isso porque é escalável, desde que haja processamento computacional disponível, ao contrário da contratação de revisores, cuja expansão é muito mais cara por razões econômicas e psicológicas. Além disso, essas ferramentas são capazes de identificar publicações problemáticas antes que atinjam um grande público, limitando seu alcance e, consequentemente, sua capacidade de causar prejuízos. No entanto, a tecnologia ainda é muito recente e precisa passar por um longo processo de

49 Para uma visão didática e aprofundada sobre o funcionamento de algoritmos de tomada de decisões e das técnicas de aprendizado de máquina, cf. DESAI, D. R.; KROLL, J. A. *Trust But Verify: A Guide to Algorithms and the Law*. Rochester, NY: Social Science Research Network, 27 abr. 2017.

50 Como lembra Gillespie, porém, alguns desses algoritmos não utilizam tecnologias tão sofisticadas, conservando apenas a capacidade de comparação de conteúdo novo com conteúdo previamente julgado. Cf. GILLESPIE, T. Content moderation, AI, and the question of scale. *Big Data & Society*, v. 7, n. 2, jul. 2020. p. 3.

aprimoramento para que as decisões resultantes de seu uso sejam confiáveis e sua taxa de erro seja tolerável.[51]

Conclusão

Como síntese dos tópicos discutidos neste capítulo, podem ser destacadas três reflexões importantes para a participação no debate sobre a moderação de conteúdo.

Em primeiro lugar, destaca-se que a discussão sobre a responsabilidade das plataformas pelos danos causados por conteúdo publicado por usuários e usuárias pode ser influenciada significativamente pelo que o público acredita ser, de fato, moderar conteúdo. Nesse sentido, as plataformas, em geral, se beneficiam da propagação de uma visão de que suas intervenções sobre a comunicação dos usuários são explícitas, pontuais e limitadas apenas a efetivar o que é contratualmente previsto, sendo sua função principal conectar usuários da forma mais neutra possível.

Ainda que seja verdade que as plataformas valorizam a livre expressão dos usuários e usuárias e que isso se reflete em suas decisões sobre seu conteúdo, essa perspectiva é limitada e pode minimizar sua responsabilidade em alguns casos. Isso porque ela não considera que outras modalidades de organização de conteúdo pelas plataformas, como a amplificação de visibilidade do conteúdo, podem potencializar os danos causados, atraindo maior audiência para usuários mal-intencionados. Assim, é importante entender que a atuação das plataformas sobre conteúdo pode ser tanto limitadora quanta potencializadora de danos causados por seus usuários, o que pode justificar hipóteses específicas de responsabilização.

Em segundo lugar, destaca-se que decisões das plataformas sobre o formato da moderação não são motivadas apenas por regulação jurídica. Mesmo que a criação de obrigações claras ou regimes de responsabilidade específicos possa direcionar e organizar de forma relevante o exercício dessa atividade, o regulador precisa entender que plataformas estão posicionadas em meio a um turbilhão de incentivos econômicos, éticos e sociopolíticos.

---

51 A convivência com falsos negativos e falsos positivos é tão inevitável quanto a convivência com erros humanos. Por essa razão, não se exige a perfeição na detecção automática de conteúdo, mas seu uso deve ser justificado por uma taxa de erros tolerável. Nota-se, porém, que existem autores, como Llansó, que acreditam que a detecção automática de conteúdo, por sua opacidade e velocidade, é uma forma de censura que restringe a liberdade de expressão de forma injustificável independentemente de sua qualidade ou acurácia Cf. LLANSÓ, E. J. No amount of "AI" in content moderation will solve filtering's prior-restraint problem. *Big Data &Society*, v. 7, n. 1, 1 jan. 2020, p. 5.

Por essa razão, as plataformas podem tomar frequentemente decisões que parecem contraditórias, de forma que qualquer proposta de regulação atuar no sentido de trazer mais segurança e coerência para a moderação de conteúdo, ao invés de criar ainda mais confusão (o que ocorre, por exemplo, quando diferentes governos exigem diferentes posicionamentos da plataforma quanto a um mesmo tipo de conteúdo, como discurso de ódio ou desinformação).

Por fim, destaca-se que um motor significativo para as mudanças nas práticas de moderação ao longo do tempo é o problema da escala. Ainda que seja intuitivo defender que casos potencialmente problemáticos sejam identificados e avaliados individualmente, de modo a privilegiar a liberdade de expressão e reduzir juízos errados, é necessário reconhecer que essa análise cuidadosa é inviável hoje em dia em razão da quantidade colossal de conteúdo que circula nas plataformas.

Nesse sentido, compreender as razões da contratação massiva de times de moderadores e do desenvolvimento e uso de ferramentas de detecção automática de conteúdo é importante. Isso porque, mesmo que essas abordagens sejam profundamente limitadas do ponto de vista do cuidado na avaliação do conteúdo, elas se apresentaram como as mais viáveis diante de um problema prático que, se não solucionado de alguma forma, inviabilizaria o modelo de negócio das plataformas. Uma moderação mais superficial, mas mais abrangente, parece ser uma consequência direta da expansão das plataformas e do seu potencial de conexão de pessoas e de organização e difusão de conteúdo. Mais do que meramente rejeitar essa abordagem, as pessoas que estudam o tema e participam do debate público devem propor alternativas ou sugerir pontos de melhoria.

Referências

ALKIVIADOU, N. *Hate Speech on Social Media Networks: Towards a Regulatory Framework?* Rochester, NY: Social Science Research Network, 4 jul. 2018. Disponível em: <https://papers.ssrn.com/abstract=3223318>. Acesso em: 8 mar. 2019.

BALKIN, Jack M. Old School/New School Speech Regulation. Rochester, NY: Social Science Research Network, 2014.

BALKIN, Jack M. Free Speech is a Triangle. Rochester, NY: Social Science Research Network, 2018.

BBC. Google, Facebook and Twitter to block "hash lists" of child abuse. *BBC News*, 10 ago. 2015. Disponível em: <https://www.bbc.com/news/uk-33844124>. Acesso em: 9 mar. 2023.

BILLBOARD STAFF. Spotify Removes Hate Music as Streaming Companies Struggle to Police Their Tunes. *Billboard*, 16 ago. 2017. Disponível em: <https://www.billboard.com/articles/business/7905175/spotify-removes-hate-band-music-streaming>. Acesso em: 5 mar. 2023.

CARVALHO, C. Após acusações de racismo, Twitter promete atualizar algoritmo de corte de imagens. *Gizmodo Brasil*, 2 out. 2020. Disponível em: <https://gizmodo.uol.com.br/twitter-atualizar-algoritmo-corte-imagens-racismo/>. Acesso em: 12 mar. 2023.

CITRON, D. K. *Extremist Speech, Compelled Conformity, and Censorship Creep.* Rochester, NY: Social Science Research Network, 2018. Disponível em: <https://papers.ssrn.com/abstract=2941880>. Acesso em: 15 out. 2018.

DESAI, D. R.; KROLL, J. A. *Trust But Verify: A Guide to Algorithms and the Law.* Rochester, NY: Social Science Research Network, 27 abr. 2017.

EU. The EU Code of conduct on countering illegal hate speech online. Text. Disponível em: https://ec.europa.eu/info/policies/justice-and-fundamental-rights/combatting-discrimination/racism-and-xenophobia/eu-code-conduct-countering-illegal-hate-speech-online_en. Acesso em: 8 mar. 2023.

FACEBOOK. Relatório de Aplicação dos Padrões da Comunidade, edição de novembro de 2019. Sobre o Facebook, 13 nov. 2019. Disponível em: <https://about.fb.com/br/news/2019/11/relatorio-de-aplicacao-dos-padroes-da-comunidade-edicao-de-novembro-de-2019/>. Acesso em: 10 mar. 2023.

FAUSSET, R.; FEUER, A. Far-Right Groups Surge Into National View in Charlottesville. *The New York Times*, 13 ago. 2017. Disponível em: <https://www.nytimes.com/2017/08/13/us/far-right-groups-blaze-into-national-view-in-charlottesville.html>. Acesso em: 3 mar. 2023.

GILLESPIE, T. *Custodians of the internet: platforms, content moderation, and the hidden decisions that shape social media*. New Haven: Yale University Press, 2018.

GILLESPIE, T. Content moderation, AI, and the question of scale. *Big Data & Society*, v. 7, n. 2, jul. 2020.

GOOGLE. Como funciona o Content ID - Ajuda do YouTube. Disponível em: <https://support.google.com/youtube/answer/2797370?hl=pt-BR>. Acesso em: 9 mar. 2023.

GRIMMELMANN, J. The Virtues of Moderation. *Cornell Law Faculty Publications*, 1 abr. 2015.

HSU, T.; ISAAC, M. Advertiser Exodus Snowballs as Facebook Struggles to Ease Concerns. *The New York Times*, 30 jun. 2020. Disponível em: <https://www.nytimes.com/2020/06/30/technology/facebook-advertising-boycott.html>. Acesso em: 2 ago. 2023.

IDEC. *O que é moderação de conteúdo.* Disponível em: <https://idec.org.br/direitos-nas-midias>. Acesso em: 15 ago. 2023.

KELLER, D. *Internet Platforms: Observations on Speech, Danger, and Money.* Rochester, NY: Social Science Research Network, 13 jun. 2018. Disponível em: <https://papers.ssrn.com/abstract=3262936>. Acesso em: 9 mar. 2022.

KIRCHER, M. OkCupid Bravely Bans White Supremacist. *New York Magazine,* 17 ago. 2017. Disponível em: <https://nymag.com/intelligencer/2017/08/okcupid-bans-white-supremacist-chris-cantwell.html?utm_campaign=select-all&utm_source=fb&utm_medium=s1>. Acesso em 5 jul. 2020.

KLEINMAN, Z. Fury over Facebook "Napalm girl" censorship. *BBC News,* 9 set. 2016. Disponível em: <https://www.bbc.com/news/technology-37318031>. Acesso em: 9 mar. 2023.

KLONICK, K. *The New Governors: The People, Rules, and Processes Governing Online Speech.* Rochester, NY: Social Science Research Network, 20 mar. 2017. Disponível em: <https://papers.ssrn.com/abstract=2937985>. Acesso em: 7 jun. 2020.

KREIMER, S. F. *Censorship by Proxy: The First Amendment, Internet Intermediaries, and the Problem of the Weakest Link.* Rochester, NY: Social Science Research Network, 30 nov. 2006. Disponível em: <https://papers.ssrn.com/abstract=948226>. Acesso em: 2 jan. 2019.

LLANSÓ, E. J. No amount of "AI" in content moderation will solve filtering's prior-restraint problem. *Big Data & Society,* v. 7, n. 1, 1 jan. 2020.

MYERS WEST, S. Censored, suspended, shadowbanned: User interpretations of content moderation on social media platforms. *New Media & Society,* v. 20, n. 11, p. 4366–4383, 1 nov. 2018.

PASQUALE, Frank. *The Black Box Society – The Secret Algorithms That Control Money and* Information. EUA: Harvard University Press, 2015.

PINTADO, A. P. Half of Twitter's top advertisers have left the platform since Elon Musk's takeover, report says. USA TODAY, 28 nov. 2022. Disponível em: <https://www.usatoday.com/story/tech/2022/11/28/twitter-loses-advertisers-after-elon-musk/10790189002/>. Acesso em: 25 jan. 2023.

SOLON, O. Facebook asks users for nude photos in project to combat "revenge porn". *The Guardian,* 7 nov. 2017. Disponível em: <https://www.theguardian.com/technology/2017/nov/07/facebook-revenge-porn-nude-photos>. Acesso em: 9 mar. 2023.

STATISTA. Annual advertising revenue of Meta Platforms worldwide from 2009 to 2022 (in million U.S. dollars). Fevereiro, 2023. Disponível em:

<https://www.statista.com/statistics/271258/facebooks-advertising-revenue-worldwide/>. Acesso em 11 mar. 2023.

STATT, N. Uber says it will continue to ban white supremacists from its platform / Uber says 'there is simply no place' for bigotry or hate. *The Verge*, 17 ago. 2017. Disponível em: <https://www.theverge.com/2017/8/17/16164594/uber-charlottesville-white-supremacists-ban-statement>. Acesso em 5 jul. 2023.

STEIGER, M. et al. *The Psychological Well-Being of Content Moderators: The Emotional Labor of Commercial Moderation and Avenues for Improving Support.* Proceedings of the 2021 CHI Conference on Human Factors in Computing Systems. Anais. Em: CHI '21: CHI CONFERENCE ON HUMAN FACTORS IN COMPUTING SYSTEMS. Yokohama Japan: ACM, 6 maio 2021. Disponível em: <https://dl.acm.org/doi/10.1145/3411764.3445092>. Acesso em: 15 fev. 2022.

TATSCH, C. Gordofobia: Instagram muda regras sobre exibição de seios após protesto. *Extra*. 26 jan. 2022. Disponível em: <https://extra.globo.com/noticias/gordofobia-instagram-mudaregras-sobre-exibicao-de-seios-apos-protesto-24713044.html>. Acesso em: 11 maio 2021.

TSE. Veja as novidades nos acordos de parceria do TSE com as plataformas digitais. Comunicação | Notícias, 18 fev. 2022. Disponível em: <https://www.tse.jus.br/imprensa/noticias-tse/2022/Fevereiro/veja-as-novidades-nos-acordos-de-parceria-do-tse-com-as-plataformas-digitais>. Acesso em: 11 mar. 2023.

2.

MODERAÇÃO DE CONTEÚDO AUTOMATIZADA E INTELIGÊNCIA ARTIFICIAL: FRONTEIRAS E DESAFIOS

Alice de Perdigão Lana
Iná Jost

Introdução

Em tempos de uma escala quase inimaginável de conteúdo sendo produzido e postado online cotidianamente, a moderação de conteúdo se coloca cada vez mais como um dos grandes desafios das plataformas de redes sociais[1]. Historicamente, sistemas automatizados parecem começar a fazer parte do ecossistema de moderação de conteúdo quando a quantidade de conteúdo torna inviável a moderação realizada unicamente por humanos.[2] Nesse contexto, a moderação de conteúdo automatizada — seja por inteligência artificial (IA) ou por outras tecnologias — apresentou-se inicialmente como a solução ideal para lidar com o cenário de hoje.[3] Existem melhorias reais na detecção e derrubada de conteúdos por meio do uso dessas ferramentas[4] — o YouTube, por exemplo, afirmou que 95% dos vídeos removidos

1 GILLESPIE, Tarleton. Content moderation, AI, and the question of scale. *Big Data & Society*, v. 5, n. 1, jul./dez. 2020. Disponível em: http://dx.doi.org/10.1177/2053951720943234.

2 GORWA, Robert; BINNS, Reuben; KATZENBACH, Christian. Algorithmic content moderation: Technical and political challenges in the automation of platform governance. *Big Data & Society*, v. 7, n. 1, jan./jun. 2020. Disponível em: https://doi.org/10.1177/2053951719897945.

3 GILLESPIE, Tarleton. Content moderation, AI, and the question of scale. *Big Data & Society*, v. 5, n. 1, p. 1, jul./dez. 2020. Disponível em: http://dx.doi.org/10.1177/2053951720943234.

4 GIFCT. *About the global internet forum to counter terrorism*. 30 abr. 2019, Disponível em: https://perma.cc/44V5-554U.

por extremismo violento entre abril e junho de 2022 foram identificados primeiramente por algoritmos de aprendizado de máquina.[5] Todavia, essa estratégia também é atravessada por uma série de contradições e dificuldades, como a dificuldade de leitura de contextos socio-histórico-culturais e o reforço de vieses discriminatórios, que podem ser ainda mais aprofundadas pela moderação de conteúdo realizada com inteligência artificial.[6]

Ferramentas de moderação muito diferentes tendem a ser agrupadas sob o guarda-chuva de inteligência artificial, mas sem grandes diferenciações entre o que seria uma moderação automatizada regular[7] e o que seria a moderação que efetivamente envolve inteligência artificial. Na esteira do léxico utilizado por Gorwa, Binns e Katzenbach,[8] usamos "moderação algorítmica" e "moderação automatizada" como termos guarda-chuva para "sistemas que classificam conteúdo gerado por usuário por meio de correspondência ou previsão, levando a uma decisão e resultado"[9] — como a remoção ou bloqueio geográfico de determinado conteúdo, por exemplo. Além disso, a análise aqui feita se foca na moderação de conteúdo "comercial",[10] analisando o papel da automação nas práticas de moderação de conteúdo de grandes plataformas baseadas em conteúdo gerado pelo usuário, como o Facebook, Instagram, Twitter/X, YouTube e outras. Vale salientar que também existem formas mais "artesanais" e contextuais,[11] que não serão objeto deste estudo.

Neste artigo, buscamos apresentar brevemente o tema da moderação de conteúdo e a ascensão da sua modalidade automatizada, trazendo também o que pode ser entendido como moderação de conteúdo via sistemas de inteligência artificial. Na sequência, voltamos nossa atenção aos riscos e

---

5 GOOGLE. *Cumprimento das diretrizes da comunidade do YouTube.* Disponível em: https://transparencyreport.google.com/youtube-policy/featured-policies/violent-extremism.

6 ANTONIALLI, Denys Marcelo; OLIVA, Thiago Dias; GOMES, Alessandra. *Fighting Hate Speech, Silencing Drag Queens? Artificial Intelligence in Content Moderation and Risks to LGBTQ Voices Online.* Sexuality & Culture, v. 25, p. 700-732, 2021. Disponível em: https://doi.org/10.1007/s12119-020-09790-w.

7 GORWA, Robert; BINNS, Reuben; KATZENBACH, Christian. Algorithmic content moderation: Technical and political challenges in the automation of platform governance. *Big Data & Society,* v. 7, n. 1, jan./jun. 2020. Disponível em: https://doi.org/10.1177/2053951719897945.

8 *Ibid.*

9 Tradução livre. No original: "[...] systems that classify user-generated content based on either matching or prediction, leading to a decision and governance outcome (e.g. removal, geoblocking, account takedown)."

10 ROBERTS, Sarah T. Digital detritus: 'Error' and the logic of opacity in social media content moderation. *First Monday,* v. 23, n. 3, 2018. Disponível em: https://doi.org/10.5210/fm.v23i3.8283.

11 CAPLAN, Robyn. Content or Context Moderation? *Data & Society Research Institute,* New York, 2018. Disponível em: https://datasociety.net/output/content-or-context-moderation/.

barreiras relacionados ao uso dessas tecnologias, como o reforço de vieses discriminatórios. Por fim, levantamos caminhos possíveis para a moderação de conteúdo automatizada, por IA e outras tecnologias, de forma a salvaguardar direitos fundamentais.

1. Formas de automatizar a moderação de conteúdo

1.1. Breve definição de moderação de conteúdo

A moderação de conteúdo atual é bastante diferente de alguns anos atrás: enquanto fóruns dos anos 2000 costumavam ser moderados por administradores que faziam parte da comunidade,[12] as grandes plataformas de hoje operam sua moderação em uma escala muito maior e mais comercial.[13] Vemos que a história da moderação de conteúdo é deveras recente: o próprio Facebook só passou a ter uma equipe responsável pelo tema em 2009[14] — cinco anos após sua criação. A equipe contava com apenas 12 pessoas e as regras de moderação eram apresentadas em uma única página.[15]

No entanto, a moderação de conteúdo não pode ser descrita como algo acessório à função desempenhada pelas plataformas — pelo contrário, ela é um aspecto fundamental de seu serviço e pode ser definida como a *commodity*, o atributo principal, que as plataformas oferecem.[16] É o que as faz serem interessantes para os usuários: esses sites diferenciam-se da internet "comum" justamente por oferecer uma experiência relativamente mediada do conteúdo disponível online, com "curadoria, organização, arquivamen-

---

12 LAMPE, Cliff; RESNICK, Paul. Slash(dot) and Burn: distributed moderation in a large online conversation space. *Association for Computing Machinery*, New York, p. 543-550, 2004. Disponível em: https://doi.org/10.1145/985692.985761.

13 ROBERTS, Sarah T. Digital detritus: 'Error' and the logic of opacity in social media content moderation. *First Monday*, v. 23, n. 3, 2018. Disponível em: https://doi.org/10.5210/fm.v23i3.8283.

14 KLONICK, Kate. The new governors: the people, rules, and processes governing online speech. *Harvard Law Review*, v. 131, p. 1620. Disponível em: https://harvardlawreview.org/wp-content/uploads/2018/04/1598-1670_Online.pdf.

15 ESTARQUE, Marina; ARCHEGAS, João Victor. *Redes sociais e moderação de conteúdo: criando regras para o debate público a partir da esfera privada*. Rio de Janeiro: Instituto de Tecnologia & Sociedade do Rio, p. 4, 2021. Disponível em: https://itsrio.org/wp-content/uploads/2021/04/Relatorio_RedesSociaisModeracaoDeConteudo.pdf.

16 GILLESPIE, Tarleton. *Custodians of the Internet: Platforms, Content Moderation, and the Hidden Decisions That Shape Social Media*. New Haven: Yale University Press, p. 13-14, 2018. Disponível em: https://doi.org/10.12987/9780300235029.

to e moderação do conteúdo".[17] Faz sentido que um site de receitas online, por exemplo, não permita que ali sejam compartilhados relatos de viagem — não porque relatos de viagem são ilegais ou ofensivos, mas sim porque quem entra no site de receitas está buscando receitas, e não relatos de viagem. Se o site de receitas fosse inundado por relatos de viagem, os usuários parariam de acessar o site, pois encontrar o que buscavam se tornou custoso. Consequentemente, anunciantes deixariam de achar economicamente interessante que seus anúncios continuassem veiculados naquele site. Nessa toada, é possível afirmar que as plataformas precisam moderar conteúdo para atrair anunciantes e usuários e, portanto, continuar existindo.[18] Além disso, os usuários estão cada vez menos ligados por laços de comunidade e cada vez mais por algoritmos de recomendação e grafos sociais.[19]

Em outras palavras, as plataformas moldam o ambiente online no qual a maioria das pessoas circula hoje. É a sofisticação algorítmica — isto é, o grau de precisão com que esses algoritmos preveem e mostram o que queremos ou não ver — que permite que o ambiente seja útil e navegável. A partir da ampla definição de Grimmelmann,[20] moderação de conteúdo pode ser entendida como "mecanismos de governança que estruturam a participação em uma comunidade para facilitar a cooperação e prevenir abuso". Isso inclui o que é conhecido como "*soft moderation*", como decisões de alcance de conteúdo e até mesmo de desenho da plataforma, que influem em como membros da comunidade interagem. Para os fins da moderação de conteúdo algorítmica, delimitamos a definição para investigar apenas o que é convencionalmente chamado de "*hard moderation*", ou seja, os sistemas que fazem decisões sobre conteúdos e contas.

1.2. O que é moderação de conteúdo automatizada?

Ferramentas automatizadas estão sendo cada vez mais utilizadas em diversas funções de moderação de conteúdo e são frequentemente apresentadas como a solução para as fronteiras atuais da moderação de con-

---

17 *Ibid*, p. 13.

18 DOUEK, Evelyn. *The Siren Call of Content Moderation Formalism* In BOLLINGER, Lee; STONE, Geoffrey (eds.). New technologies of communication and the first amendment: the social media and censorship, p. 4, 2022 Forthcoming. Disponível em: https://ssrn.com/abstract=4005314 ou http://dx.doi.org/10.2139/ssrn.4005314.

19 GILLESPIE, Tarleton. Content moderation, AI, and the question of scale. *Big Data & Society*, v. 5, n. 1, p. 1, jul./dez. 2020. Disponível em: http://dx.doi.org/10.1177/2053951720943234.

20 GRIMMELMANN, James. The virtues of moderation. *The Yale Journal of Law & Technology*, v. 17, n. 42, p. 42-109, 2015. Disponível em: https://scholarship.law.cornell.edu/facpub/1486/.

teúdo.[21] Entretanto, esses sistemas continuam sendo bastante criticados pela sociedade civil por serem pouco transparentes e terem um funcionamento de baixa explicabilidade.[22] Além disso, algumas de suas aplicações tem o potencial de exacerbar, não aliviar, alguns problemas que atualmente existem na moderação de conteúdo — como a falta de transparência e a despolitização de decisões que, ao fim e ao cabo, são políticas e bastante complexas.[23]

Hoje, a quantidade, a velocidade e a variedade de conteúdo postado nessas plataformas por minuto são estratosféricas.[24] A moderação de conteúdo automatizada foi vista de início como a "resposta perfeita" para o problema da escala, pois permitiria uma revisão praticamente imediata, a todo momento, "suficientemente" precisa, com escalabilidade, mantendo-se a possibilidade de revisão humana posterior.[25]

O uso de tecnologias agrupadas sob o termo "inteligência artificial" — que, em realidade, pode ser mais precisamente descrito como moderação automatizada ou moderação algorítmica[26] — é um recurso que vem ganhando proeminência. A expressão "inteligência artificial", embora tenha ganhado destaque recentemente, ainda se refere a tecnologias bastante heterogêneas entre si. A definição de Inteligência Artificial ainda é disputada; a falta de consenso, curiosamente, parece ser um consenso entre os autores da área.[27] Desde a definição clássica de McCarthy e seus colegas de 1955,[28] várias possíveis definições foram levantadas. A Google, por exemplo, defi-

21 GORWA, Robert; BINNS, Reuben; KATZENBACH, Christian. Algorithmic content moderation: Technical and political challenges in the automation of platform governance. *Big Data & Society*, v. 7, n. 1, jan./jun. 2020. Disponível em: https://doi.org/10.1177/2053951719897945.

22 GORWA, Robert; BINNS, Reuben; KATZENBACH, Christian. Algorithmic content moderation: Technical and political challenges in the automation of platform governance. *Big Data & Society*, v. 7, n. 1, jan./jun. 2020. Disponível em: https://doi.org/10.1177/2053951719897945.

23 GORWA, Robert; BINNS, Reuben; KATZENBACH, Christian. Algorithmic content moderation: Technical and political challenges in the automation of platform governance. Big Data & Society, v. 7, n. 1, jan./jun. 2020. Disponível em: https://doi.org/10.1177/2053951719897945.

24 GILLESPIE, Tarleton. Content moderation, AI, and the question of scale. *Big Data & Society*, v. 5, n. 1, p. 1, jul./dez. 2020. Disponível em: http://dx.doi.org/10.1177/2053951720943234.

25 *Ibid*, p. 1-2.

26 GORWA, Robert; BINNS, Reuben; KATZENBACH, Christian. Algorithmic content moderation: Technical and political challenges in the automation of platform governance. *Big Data & Society*, v. 7, n. 1, jan./jun. 2020. Disponível em: https://doi.org/10.1177/2053951719897945.

27 LANA, Pedro de Perdigão. *A autoridade das obras autonomamente geradas por inteligência artificial e o domínio público*. Coimbra: Edições Almedina, p. 128, 2023.

28 MCCARTHY, John; et al. *A proposal for the Dartmouth summer research project on artificial intelligence*. 31 ago. 1955. Disponível em: http://www-formal.stanford.edu/jmc/history/dartmouth/dartmouth.html.

ne IA como "programas de computador que aprendem e se adaptam".[29] A União Europeia apresentou a seguinte definição:

> Os sistemas de inteligência artificial (IA) são sistemas de software (e eventualmente também de hardware) concebidos por seres humanos que, tendo recebido um objetivo complexo, atuam na dimensão física ou digital percepcionando o seu ambiente mediante a aquisição de dados, interpretando os dados estruturados ou não estruturados recolhidos, raciocinando sobre o conhecimento ou processando as informações resultantes desses dados e decidindo as melhores ações a adotar para atingir o objetivo estabelecido. Os sistemas de IA podem utilizar regras simbólicas ou aprender um modelo numérico, bem como adaptar o seu comportamento mediante uma análise do modo como o ambiente foi afetado pelas suas ações anteriores. Enquanto disciplina científica, a IA inclui diversas abordagens e técnicas, tais como a aprendizagem automática (de que a aprendizagem profunda e a aprendizagem por reforço são exemplos específicos), o raciocínio automático (que inclui o planeamento, a programação, a representação do conhecimento e o raciocínio, a pesquisa e a otimização) e a robótica (que inclui o controle, a percepção, os sensores e atuadores, bem como a integração de todas as outras técnicas em sistemas ciberfísicos).[30]

Essa definição, mesmo que bastante ampla, é útil para entender as tecnologias que estão abarcadas dentro do termo. Ainda que seja sabido que existem variadas formas de inteligência artificial, como a IA generativa e o *deep learning*, ao analisarmos moderação de conteúdo, mais do que discutir a fundo a definição de inteligência artificial, nos interessa olhar com mais atenção para o que parece ser aplicado hoje pelas plataformas. Nesse sentido, vemos que o aprendizado de máquina[31] (*machine learning*) — em defini-

---

29 GOOGLE. *AI at Google: our principles*. 7 jun. 2018. Disponível em: https://www.blog.google/technology/ai/ai-principles/.

30 EUROPEAN COMISSION, DIRECTORATE-GENERAL FOR COMMUNICATIONS NETWORKS, CONTENT AND TECHNOLOGY. *Orientações éticas para uma IA de confiança. Publications Office*. 2019. Disponível em: https://data.europa.eu/doi/10.2759/2686.

31 GILLESPIE, Tarleton. Content moderation, AI, and the question of scale. *Big Data &Society*, v. 5, n. 1, p. 1-2, jul./dez. 2020. Disponível em: http://dx.doi.org/10.1177/2053951720943234.

ção bastante limitada, algoritmos cuja performance melhora à medida que são expostos a mais dados ao longo do tempo[32] — geralmente está incluído dentro do guarda-chuva da inteligência artificial e já é utilizado pelas plataformas.[33]

As diversas ferramentas enquadradas como IA, como sistemas de correspondência (geralmente através de *hashs*[34]) ou sistemas preditivos (que tentam prever determinado comportamento a partir de sinais anteriores e classificações), têm diferentes funcionamentos, diferentes impactos em direitos de usuários e necessitam ser tratados diferentemente em discussões regulatórias.

Os sistemas de correspondência ou *matching* geralmente envolvem o processo de "hashing", ou seja, transformar determinado conteúdo em um "hash", uma cadeia de dados cujo objetivo é identificar unicamente aquele conteúdo e remover conteúdos similares àquele no futuro. O problema é que, dependendo da sensitividade da função de hash, pequenas modificações (como o corte de parte da imagem, ou o acréscimo de uma marca d'água) podem fazer com que conteúdo que deveria ser removido não seja identificado pelo uso desse mecanismo. Uma das formas de lidar com isso é chamada de "*fuzzy hashing*"[35], em que não se buscam correspondências exatas, mas sim correspondências suficientemente próximas. Outra forma, bastante robusta, é o "*perceptual hashing*",[36] pelo qual o que é marcado são características mais perceptíveis do conteúdo, o que ajuda a garantir sua identificação mesmo que haja alguma alteração em seu formato.

Já os sistemas de classificação funcionam buscando classificar conteúdo novo dentre um número de categorias — ou seja, quando o conteúdo recém-carregado não encontra uma versão anterior correspondente no banco

32 WANG, Leijie; ZHU, Haiyi. How are ML-Based Online Content Moderation Systems Actually Used? Studying Community Size, Local Activity, and Disparate Treatment In Proceedings of the 2022 ACM Conference on Fairness, Accountability, and Transparency (FAccT '22). New York: *Association for Computing Machinery*, p. 824-838, 2022. Disponível em: https://doi.org/10.1145/3531146.3533147.

33 GILLESPIE, Tarleton. Do Not Recommend? Reduction as a Form of Content Moderation. *Social Media + Society*, v. 8, n. 3, 2022. Disponível em: https://doi.org/10.1177/20563051221117552.

34 Ainda que o uso do termo "hash" seja questionado, pois não se trata de um hash criptográfico.

35 DATAR, Mayur; IMMORLICA, Nicole; INDYK, Piotr; et al. Locality-sensitive hashing scheme based on p-stable distributions In: Proceedings of the twentieth annual symposium on computational geometry, New York: *ACM*, p. 253-262, 2004. Disponível em: https://www.cs.princeton.edu/courses/archive/spr05/cos598E/bib/p253-datar.pdf.

36 NIU, Xia-mu; JIAO, Yu-hua. An overview of perceptual hashing. *Acta Electronica Sinica*, v. 36, n. 7, 1405–1411, 2008. Disponível em: https://www.ejournal.org.cn/EN/Y2008/V36/I7/1405.

de dados.[37] Diferentemente da correspondência (que pode, por exemplo, identificar imagens terroristas específicas e impedir que elas sejam postadas novamente na plataforma), a classificação envolve a indução de generalizações sobre características de determinados conteúdos (por exemplo, imagens terroristas genéricas). As ferramentas de classificação atual geralmente envolvem aprendizado de máquina, ou seja, a indução automática de padrões a partir da análise de dados.[38]

Embora algumas plataformas estejam usando técnicas de aprendizado de máquina para classificar e remover condutas que não são permitidas em suas plataformas, como discurso de ódio, a maioria trabalha com uma versão sofisticada de correspondência de padrões,[39] no qual simplesmente comparam novos posts a uma lista proibida de exemplos já conhecidos.[40] Isso pode fazer com que novas formas de violência, por exemplo, não sejam identificadas e cresçam, pois o sistema sabe apenas reconhecer variações de padrões já existentes, tendo dificuldade em identificar novas expressões ou formatos de violência.

Existem problemas na automação de moderação de conteúdo que são comuns aos problemas do uso de IA para tomadas de decisões como um todo. Um deles é o fato de que essas ferramentas precisam ser treinadas com dados existentes — geralmente, dados das próprias plataformas a respeito do conteúdo postado e das decisões de moderação tomadas a partir deles.[41] Nesse sentido, uma ferramenta pode ser eficiente para tomar decisões de forma consistente, ou seja, aprender a fazer as mesmas distinções feitas anteriormente, conforme as políticas de moderação de conteúdo vi-

---

37 GORWA, Robert; BINNS, Reuben; KATZENBACH, Christian. Algorithmic content moderation: Technical and political challenges in the automation of platform governance. *Big Data & Society*, v. 7, n. 1, jan./jun. 2020. Disponível em: https://doi.org/10.1177/2053951719897945.

38 GORWA, Robert; BINNS, Reuben; KATZENBACH, Christian. Algorithmic content moderation: Technical and political challenges in the automation of platform governance. Big Data & Society, v. 7, n. 1, jan./jun. 2020. Disponível em: https://doi.org/10.1177/2053951719897945.

39 GILLESPIE, Tarleton. Content moderation, AI, and the question of scale. *Big Data & Society*, v. 5, n. 1, p. 3, jul./dez. 2020. Disponível em: http://dx.doi.org/10.1177/2053951720943234.

40 GORWA, Robert; BINNS, Reuben; KATZENBACH, Christian. Algorithmic content moderation: Technical and political challenges in the automation of platform governance. *Big Data & Society*, v. 7, n. 1, jan./jun. 2020. Disponível em: https://doi.org/10.1177/2053951719897945.

41 GILLESPIE, Tarleton. Content moderation, AI, and the question of scale. *Big Data & Society*, v. 5, n. 1, p. 3, jul./dez. 2020. Disponível em: http://dx.doi.org/10.1177/2053951720943234.

gentes, e repeti-las.[42] Todavia, essas políticas precisam ser adaptáveis aos novos desafios e às mudanças que ocorrem na sociedade.[43] A política de moderação de conteúdo do Facebook de 2009, por exemplo, não conseguiria dar conta das complexidades da moderação de conteúdo atual. Dessa forma, o uso de IA para tomar decisões de moderação de conteúdo pode engessar o sistema e evitar ou atrasar adaptações necessárias. Outro problema, abordado adiante, é que ferramentas de *machine learning* tem bastante dificuldade em compreender contexto,[44] sutilezas e sarcasmo.[45] Isso pode fazer com que materiais de denúncia de violências, por exemplo, sejam enquadrados como materiais violentos em si, e removidos da plataforma.

Há ainda mais uma questão deveras delicada: a moderação de conteúdo automatizada "datifica" nossa compreensão de um fenômeno social.[46] O que chamamos de conteúdo é, de fato, manifestações de expressão de pessoas na internet. A moderação de conteúdo é a gestão da liberdade de expressão online. Ao enquadrar uma tarefa tão marcadamente social como uma mera técnica centrada em dados, que funciona na lógica de reconhecer padrões e trabalhar com probabilidades, uma parte importante da moderação de conteúdo fica mascarada.[47] Em adição, os "erros estatísticos" e os problemas decorrentes deles frequentemente afetam sobremaneira pessoas de populações historicamente marginalizadas,[48] como pessoas ne-

---

42 BINNS, Reuben; VEALE, Michael; VAN KLEEK, Max; et al. *Like trainer, like bot? Inheritance of bias in algorithmic content moderation*. Social Informatics, 2017. Disponível em: https://doi.org/10.48550/arXiv.1707.01477; GEHL, Robert W.; MOYER-HORNER, Lucas; YEO, Sara K. Training Computers to See Internet Pornography: Gender and Sexual Discrimination in Computer Vision Science. *Television & New Media*, v. 18, n. 6, p. 529-547, 2017. Disponível em: https://journals.sagepub.com/doi/abs/10.1177/1527476416680453?journalCode=tvna.

43 SINNREICH, Aram. Four crises in algorithmic governance. *Annual Review of Law and Ethics*, v. 26, p. 181–190, 2018. Disponível em: https://ssrn.com/abstract=3650593.

44 ESTARQUE, Marina; ARCHEGAS, João Victor. *Redes sociais e moderação de conteúdo: criando regras para o debate público a partir da esfera privada*. Rio de Janeiro: Instituto de Tecnologia & Sociedade do Rio, 2021. Disponível em: https://itsrio.org/wp-content/uploads/2021/04/Relatorio_RedesSociaisModeracaoDeConteudo.pdf.

45 DUARTE, Natasha; LLANSÓ, Emma; LOUP, Anna. Mixed messages? The limits of automated social media content analysis. Center for Democracy and Technology. *Proceedings of Machine Learning Research*, v. 81, p. 106, 2018. Disponível em: https://proceedings.mlr.press/v81/duarte18a.html.

46 GILLESPIE, Tarleton. Content moderation, AI, and the question of scale. *Big Data & Society*, v. 5, n. 1, p. 3, jul./dez. 2020. Disponível em: http://dx.doi.org/10.1177/2053951720943234.

47 ANANNY, Mike. *Probably Speech, Maybe Free: Toward a Probabilistic Understanding of Online Expression and Platform Governance*. Knight First Amendment Institute, 21 ago. 2019. Disponível em: https://knightcolumbia.org/content/probably-speech-maybe-free-toward-a-probabilistic-understanding-of-online-expression-and-platform-governance.

48 GILLESPIE, Tarleton. Content moderation, AI, and the question of scale. *Big Data & Society*, v. 5, n. 1, p. 3, jul./dez. 2020. Disponível em: http://dx.doi.org/10.1177/2053951720943234.

gras. A margem de erro geralmente afeta os marginalizados e raramente é aleatória.[49]

A real utilidade de ferramentas automatizadas, por hora, parece justamente ser a identificação da maioria dos casos, especialmente aqueles facilmente identificáveis, como conteúdos explicitamente sexuais em plataformas que não os permitem. É nesse tipo de detecção e utilização que vemos essas ferramentas sendo mais utilizadas pelas plataformas;[50] é necessária uma certa homogeneidade, uma conexão bastante clara entre tipo de conteúdo postado e qual decisão de moderação deve ser tomada.

No entanto, é difícil definir que temas já estão homogêneos ou uniformes o suficiente para poderem ser objeto de moderação por ferramentas automatizadas.[51] Tomemos como exemplo o discurso de ódio: definir que algo é discurso de ódio não é uma simples tarefa binária de classificação entre sim ou não; é uma asserção social e performativa, e que sempre pode ser contestada ou problematizada.[52] Quais são, então, os riscos que corremos ao recorrer a essas ferramentas para moderar a expressão online?

2. Riscos e barreiras

2.1. Inteligência artificial e vieses discriminatórios

Quantas vezes por dia recorremos às plataformas da Google? Quantas perguntas fazemos por dia à sua caixa de pesquisa, quantas vezes utilizamos o seu dicionário e ferramenta de tradução, quantas rotas me indica o seu sistema de mapas? Esse primeiro grupo de perguntas nos leva a uma indagação seguinte: o quanto confiamos — ou desconfiamos — das respostas que o sistema da empresa me oferece? A quantidade de serviços oferecidos pelas plataformas, somada à credibilidade acrítica que depositamos em suas soluções e respostas trazem uma espécie de efeito oráculo, dando a impressão de que sua atuação é neutra.

Não existe, no entanto, tecnologia neutra. Como referido anteriormente, os sistemas de moderação de conteúdo são treinados por dados gerados

---

49 BOULAMWINI, Joy; GEBRU, Timnit. Gender Shades: Intersectional Accuracy Disparities in Commercial Gender Classification. *Proceedings of Machine Learning Research*, v. 81, p. 77-91, 2018. Disponível em: https://proceedings.mlr.press/v81/buolamwini18a.html.

50 GILLESPIE, Tarleton. Content moderation, AI, and the question of scale. *Big Data & Society*, v. 5, n. 1, p. 3, jul./dez. 2020. Disponível em: http://dx.doi.org/10.1177/2053951720943234.

51 *Ibid*.

52 *Ibid*; INTERNETLAB; REVISTA AZMINA; NÚCLEO JORNALISMO. *MonitorA 2022: Observatório sobre violência política contra candidatas(os) online*. Ed. 2022, São Paulo, 2023. Disponível em: https://monitora.org.br/relatorios/.

a partir da navegação dos usuários nas próprias plataformas.[53] As escolhas do que vemos, ou não, não são casuais; seguem métricas específicas de distribuição baseadas em diversos fatores, muitos deles ofuscados pelas políticas de moderação pouco transparentes das empresas que hospedam o conteúdo produzido por seus usuários. Em consequência, em caso de não existir um exercício refinado de ajustes de comportamento dos sistemas automatizados, a moderação de conteúdo reproduzirá, a partir desse processo de retroalimentação, padrões discriminatórios, impactando desproporcionalmente comunidades já marginalizadas no mundo offline. É necessário desfazer a ideia de que o que nos é oferecido na internet é universal e isento de intenção.

Vejamos um exemplo que se debruça sobre recomendações algorítmicas nas plataformas de streaming musical. A pesquisa "Algo_Ritmos",[54] lançada pelo InternetLab em 2023, começa com a pergunta: como algoritmos de recomendação podem produzir novas desigualdades ou reforçar aquelas que já existem? A partir de uma perspectiva interseccional, o estudo analisou dados coletados nas plataformas Deezer e Spotify para compreender como as dimensões de gênero, raça, etnia, sexualidade e território atravessam os sistemas de recomendação automatizados, a produção de gostos, além do consumo e produção de música.

A partir da utilização das APIs das duas plataformas, a pesquisa pode concluir que a probabilidade de recomendações de artistas masculinos é maior do que de outros gêneros, tanto isoladamente quanto em sequência. Apesar da ressalva, adequadamente feita pela investigação, de que a marcante desigualdade de gênero da indústria da música não foi criada por tal estrutura algorítmica, é possível afirmar que essas disparidades preexistentes são reforçadas e conservadas pela arquitetura dessas aplicações.

O exemplo trazido pela pesquisa Algo_Ritmos é apenas um, mas como um estudo empírico, funciona como uma imagem um filme mais longo: vieses discriminatórios existem fora do ambiente das plataformas, e são reproduzidos e prolongados por seus modelos de recomendações algorítmicas. Apesar de que não podemos afirmar que a moderação de conteúdo causa essa sorte de marginalização, é necessário atentar para a responsabilidade desses sistemas quando em cumprimento de uma tarefa tão fundamental como o manuseio da expressão nos dias de hoje. Quanto mais importância adquire o ambiente online para as interações sociais, mais po-

53 GILLESPIE, Tarleton. Content moderation, AI, and the question of scale. *Big Data & Society*, v. 5, n. 1, p. 3, jul./dez. 2020. Disponível em: http://dx.doi.org/10.1177/2053951720943234.
54 MARTINS, Fernanda K.; GOMES, Alessandra; LANA, Alice; et al. *Algo_Ritmos*. InternetLab, 2023. Disponível em: https://algoritmos.internetlab.org.br/.

deres ganham as plataformas, e, portanto, mais deveres de correção dessas deturpações em seus sistemas.

2.2. Questões de noção contextual

Diante do crescimento do uso das plataformas como espaços de circulação do discurso, as empresas de redes sociais são constantemente pressionadas por diversos atores — Estados, organizações internacionais, sociedade civil, academia — para aperfeiçoar seus sistemas de moderação de conteúdo. Essa atuação pode incluir, por exemplo, retirada de posts do ar, redução de alcance de determinado conteúdo ou o impulsionamento de outro. A título de exemplo, durante o período das eleições presidenciais de 2022 no Brasil, informações relativas ao pleito emitidas pelo Tribunal Superior Eleitoral tiveram ampliação de alcance em diversas plataformas, ao contrário de vídeos que foram retirados do ar, em razão de afirmações de fraudes no sistema eletrônico de votação.

Com o volume do que é produzido pelos usuários, ferramentas de inteligência artificial são empregadas para automatizar esses processos decisórios, já que seria impossível atribuir a uma equipe de pessoas — e também temerário, do ponto de vista da liberdade de expressão — a tarefa de avaliar a veracidade e legalidade do que é veiculado pelos milhões de consumidores desses serviços. Como já abordado anteriormente, as tecnologias desenvolvidas para dar conta dessa inesgotável atividade utilizam *machine learning*, sistemas que se debruçam sobre dados gerados pela navegação das próprias pessoas, e induzem padrões de comportamento a partir de sua coleta e análise.[55] Essas ferramentas são utilizadas para detecção, por exemplo, de discurso de ódio e conteúdos que gerem danos, de acordo com as políticas de moderação de cada plataforma. Baseiam-se no processamento da linguagem empregada pelos usuários, para aprender o que deve ser mantido ou retirado.[56]

Dentro desse exercício, é fundamental que nos perguntemos se esses sistemas são capazes de compreender o contexto no qual são realizados os discursos. Pesquisas indicam que as ferramentas de inteligência artificial ainda não são capazes de entender determinadas circunstâncias e condições da expressão, fazendo com que conteúdos empregados por membros

---

55 GORWA, Robert; BINNS, Reuben; KATZENBACH, Christian. Algorithmic content moderation: Technical and political challenges in the automation of platform governance. *Big Data &Society*, v. 7, n. 1, jan./jun. 2020. Disponível em: https://doi.org/10.1177/2053951719897945.

56 ANTONIALLI, Denys Marcelo; OLIVA, Thiago Dias; GOMES, Alessandra. Fighting Hate Speech, Silencing Drag Queens? Artificial Intelligence in Content Moderation and Risks to LGBTQ Voices Online. *Sexuality &Culture*, v. 25, p. 700-732, 2021. Disponível em: https://doi.org/10.1007/s12119-020-09790-w.

de comunidades marginalizadas sejam tomados como causadores de danos e retirados do ar. Sua incapacidade de reconhecer os contextos sociais e políticos de determinados discursos, acabam por gerar restrições inadequadas à fala.

Estudo realizado pelo InternetLab em 2019 chamou atenção para esses padrões, ao investigar o nível de toxicidade que é atribuído a conteúdos veiculados por *drag queens* no Twitter pela própria plataforma. Os resultados indicaram que número significativo de perfis foi considerado mais tóxico que a conta de supremacistas brancos e Donald Trump. A pesquisa detectou, ainda, que palavras frequentemente utilizadas pela comunidade como gírias, frutos de especificidades do emprego da linguagem pelo grupo, também foram consideradas tóxicas. Por exemplo, *bitch, fag, sissy, gay, lesbian, queer* e *transvestite*.[57] Termos esses que, quando utilizados por pessoas do grupo, adquirem um sentido, e desempenham papel relevante na afirmação de identidade e no tratamento diário com hostilidades externas ao grupo.

Em conclusão, a investigação permite mostrar que, independentemente do contexto no qual as palavras são empregadas, os mecanismos de inteligência artificial tendem a classificá-las como problemáticas, sem realizar avaliação de qual o seu significado na prática. Pontua-se, ainda, a dificuldade dessas ferramentas de lidar com certos idiomas e dialetos por duas razões. Primeiro porque quanto mais conteúdo houver em uma determinada língua, mais rico será o banco de dados que alimentam os sistemas de inteligência artificial, de maneira que é mais fácil aperfeiçoar seu funcionamento e melhorar a compreensão de nuances linguísticas. Depois, em razão dos vieses geográficos que impactam as equipes responsáveis por desenvolver os sistemas utilizados. A esmagadora maioria das maiores plataformas que utilizamos está baseada em países do norte, sobretudo nos Estados Unidos. Os sistemas são, portanto, majoritariamente desenvolvidos em inglês, e posteriormente adaptados a outras realidades. Apesar de que há cada vez mais atenção às diferenças linguísticas por parte das empresas, equipes contratadas em terreno, assim como tradução de políticas de moderação de conteúdo, ainda há muito que avançar no que tange ao conhecimento dos sistemas de inteligência artificial a contextos sociais, culturais e políticos de países que não fazem parte do seu eixo de origem.

57 ANTONIALLI, Denys Marcelo; OLIVA, Thiago Dias; GOMES, Alessandra. Fighting Hate Speech, Silencing Drag Queens? Artificial Intelligence in Content Moderation and Risks to LGBTQ Voices Online. Sexuality & Culture, v. 25, p. 700-732, 2021. Disponível em: https://doi.org/10.1007/s12119-020-09790-w.

3. A busca por soluções temporárias, permanentes e outras respostas

3.1 Contribuições para a construção de consensos

Começamos esse texto afirmando que a falta de consenso é um dos poucos consensos entre os autores que buscam aprofundar-se nos estudos da inteligência artificial.[58] Apesar de verificarmos agitação nas produções científico-acadêmicas e atividades legislativas de diversos países sobre ferramentas de IA e seus impactos na moderação de conteúdo, são poucas as certezas que os campos legal, tecnológico e sociológico produziram até agora. Essa tomada do texto pretende apresentar alguns exercícios pré-normativos, ou seja, consignação de princípios ou linhas gerais que eventuais regulações devem estar atentas no momento de pensar o funcionamento desses sistemas.

O mapeamento que apresentamos foi realizado pelo CEWEB,[59] o Centro de Estudos sobre Tecnologias WEB do Núcleo de Informação e Coordenação do Ponto BR (NIC.Br). Em 2019, o Centro publicou cartilha de princípios que ajudam a nortear as atividades investigativa e regulatória da inteligência artificial. Essa compilação, realizada a partir de fontes multissetoriais, não se propõe a esgotar o campo, senão que pontua temas frequentemente indicados por iniciativas da comunidade internacional, governos, setor privado e academia. Os princípios que aparecem no documento foram condensados e resumidos abaixo:

➤ Equidade (*Fairness*)

O desenvolvimento e a utilização de sistemas de inteligência artificial devem ser justos, de maneira a tratar todas as pessoas de maneira equitativa, reduzindo possíveis discriminações e preconceitos.

➤ Confiabilidade e Segurança (*Reliability and Safety*)

Os sistemas devem ser maduros, robustos, confiáveis e controláveis, de modo a garantir sua própria segurança, dos dados e do ambiente exter-

58 LANA, Pedro de Perdigão. *A autoridade das obras autonomamente geradas por inteligência artificial e o domínio público*. Coimbra: Edições Almedina, p. 128, 2023.

59 BURLE, Caroline; CORTIZ, Diogo. *Mapeamento de princípios de inteligência artificial*. São Paulo: Núcleo de Informação e Coordenação do Ponto BR, 2020. Disponível em: https://ceweb.br/media/docs/publicacoes/17/20200721143359/digital_mapeamento_principios_IA_portugues.pdf.

no no qual é implantado. Além disso, devem ser projetados para realizar a função pretendida, ao passo que gozem de capacidade de detectar danos intencionais ou não intencionais.

➤ Impacto Social

Tecnologias de IA devem considerar fatores sociais e econômicos, de maneira a socialmente benéficas para todas as pessoas, impulsionando crescimento inclusivo, desenvolvimento sustentável e o bem-estar, e complementando as capacidades e habilidades cognitivas, sociais e culturais.

➤ Responsabilidade (*Accountability*)

Pesquisadores e desenvolvedores dessas tecnologias devem poder ser responsabilizados pelo seu bom funcionamento, tomando ações concretas para evitar possíveis impactos e riscos éticos, legais e sociais trazidos por seus produtos, tomando providências concretas para evitá-los.

➤ Privacidade e Segurança

As ferramentas devem respeitar a privacidade e integridade dos dados dos seus usuários, empregando protocolos de governança adequados e incorporando princípios de proteção desde a concepção dos projetos.

➤ Transparência

Os processos devem ser transparentes, bem como as capacidades e o objetivo dos sistemas de IA. As decisões devem ser explicáveis e compreensíveis, além de comunicadas abertamente para as pessoas por elas afetadas.

3.2. A discussão regulatória da inteligência artificial no Brasil

Em maio de 2023, o senador Rodrigo Pacheco protocolou o Projeto de Lei nº 2338,[60] cujo objetivo é criar um marco legal da inteligência artificial no Brasil. A proposta não é a primeira a abordar o tema no âmbito do poder legislativo. Desde 2019, diferentes parlamentares botaram na mesa propostas de regulação dessas ferramentas. À diferença dos outros projetos, no entanto, as linhas do documento apresentado em maio são fruto do tra-

60 BRASIL. Senado Federal. *Projeto de Lei nº 2338, de 2023*, Disponível em: https://www25.senado.leg.br/web/atividade/materias/-/materia/157233.

balho de um grupo de juristas — CJSUBIA[61] — que, por meio de processo participativo que contou com colaboração multissetorial, se dedicaram a redigir um texto base para fundamentar a proposta regulatória.

O texto do projeto está baseado em um conjunto de direitos e deveres de segurança básicos que devem ser respeitados por todos os atores durante todo o ciclo de vida de suas ferramentas, desde sua criação até a descontinuação. Além disso, acrescenta ditames de regulação assimétrica, prevendo também obrigações distintas de acordo com o agente e o risco oferecido pela ferramenta regulada. O projeto ainda prevê a obrigação de avaliação prévia e classificação de riscos por parte dos fornecedores de IA, documentos que seriam regulados por autoridade fiscalizadora.

Estes são apenas alguns dispositivos trazidos pela proposta normativa. É fundamental pontuar, no entanto, que qualquer projeto que pretenda regular tal atividade deve fazer prevalecer o princípio do devido processo legal na moderação de conteúdo, assim como obrigações de transparência, de maneira a criar sistemas auditáveis.

3.3. Carência de dados para fiscalizar: acesso a dados por pesquisadores e moderação auditável

Em novembro de 2022, a União Europeia, por meio do artigo 40 do Digital Services Act (DSA)[62] — diploma normativo que regula a atuação das *big techs* na região — consignou essa previsão. A lei ainda é tida como um experimento, dado o curto período transcorrido desde sua promulgação e a grande quantidade de inovações legislativas trazidas. Sua publicação é fruto de demandas de diversos setores da sociedade — governos, sociedade civil e academia — por mais transparência nos serviços prestados.

61 BRASIL. Senado Federal. *Comissão de juristas responsável por subsidiar elaboração de substitutivo sobre inteligência artificial no Brasil, entre 18/02/2022 e 07/12/2022*, Disponível em: https://legis.senado.leg.br/comissoes/comissao?codcol=2504.

62 EUROPA. *Regulamento (UE) 2022/2065 do Parlamento Europeu e do Conselho de 19 de outubro de 2022 relativo a um mercado único para os serviços digitais e que altera a Diretiva 2000/31/CE (Regulamento dos Serviços Digitais)*, 2022. Disponível em: https://eur-lex.europa.eu/legal-content/PT/TXT/?uri=CELEX:32022R2065. Artigo 40.

No Brasil, o projeto de lei de regulação de plataformas que ganhou mais tração política nos últimos três anos traz, em seu artigo 25,[63] previsão de fornecimento de acesso a dados a pesquisadores por parte dos provedores. O dispositivo cita expressamente "o acesso a informações sobre os algoritmos usados na moderação de contas e de conteúdos, priorização, segmentação, recomendação e exibição de conteúdo, publicidade de plataforma e impulsionamentos, e dados suficientes sobre como esses algoritmos afetam o conteúdo visualizado pelos usuários".

A despeito das discussões acerca da regulação, até o momento, não existem obrigatoriedades de fornecimento de quaisquer informações relativas às práticas de moderação de conteúdo por parte de nenhum diploma legal no Brasil. Não temos, portanto, acesso ao interior dos sistemas utilizados para reger a circulação de expressão online e esse apagão faz com que não possamos avaliar seus comportamentos, tendências e disfunções. Existem percepções e estudos de caso, mas faltam estatísticas e dados manuseáveis e inteligíveis sobre os sistemas que regem a moderação de conteúdo.

Essa é uma discussão inadiável. Apesar de que ainda existem muitos questionamentos sobre como tal ditame se desenvolverá na prática na Europa, sua publicação em lei é um avanço pois abre portas para demandas semelhantes em outras partes do mundo. Faz-se necessário refletirmos e perguntar-nos: que tipos de transparência queremos? Quais são os dados que nos interessam para que seja possível auditar o funcionamento das engrenagens que regem a moderação de conteúdo? Quem terá acesso a essas informações e qual será a demanda por infraestrutura e capacidade para tratá-la? Todas essas questões devem estar por trás de qualquer demanda pleiteada perante os atores legislativos.

Conclusão: desafios e possíveis caminhos

São diversos os desafios que marcam quaisquer esforços normativos, ainda que principiológicos, do emprego de inteligência artificial na mode-

---

63 BRASIL. Câmera dos Deputados. *Projeto de Lei nº 2630, de 2020*. Disponível em: https://www.camara.leg.br/propostas-legislativas/2256735.
Art. 25: Os provedores deverão viabilizar o acesso gratuito de instituição científica, tecnológica e de inovação a dados desagregados, inclusive por meio de interface de programação de aplicações, para finalidade de pesquisa acadêmica, observados os segredos comercial e industrial, a anonimização e a proteção de dados pessoais conforme a Lei no 13.709, de 14 de agosto de 2018 e conforme regulamentação
Parágrafo único: o disposto no caput abrange o acesso a informações sobre os algoritmos usados na moderação de contas e de conteúdos, priorização, segmentação recomendação e exibição de conteúdo, publicidade de plataforma e impulsionaremos, e dados suficientes sobre como esses algoritmos afetam o conteúdo visualizado pelos usuários.

ração de conteúdo. O primeiro e mais óbvio deles é o fato de que se trata da administração da expressão nas plataformas digitais, grandes redutos de compartilhamento e circulação de discursos — um percurso que vai desde perspectivas subjetivas até demandas coletivas. E qualquer restrição indevida pode ser cara às duas dimensões.

Ainda, os períodos e janelas de regulação. É natural que qualquer processo minimamente participativo de discussão e contribuições tarde a acontecer, fazendo com que os diplomas normativos nasçam defasados, tendo em vista que buscam regular tecnologias tão voláteis. O desafio aqui é encontrar o equilíbrio: encontrar o *momentum* político para desenvolver em tempo hábil uma regulação que seja específica o suficiente para trazer resultados e impactos na proteção dos direitos humanos, mas genérica o suficiente para acoplar as mudanças de um mercado tão mutável.

Valores e perspectivas diferentes coexistem em uma sociedade, e faz sentido que seja assim. Uma sociedade articula e rearticula valores diversos constantemente, e não funciona por meio de consensos perfeitos e inquestionáveis, como fórmulas matemáticas.[64] Por esse motivo, uma aposta apenas na moderação de conteúdo automatizada, sem momentos ou possibilidades de rever consensos ou rearticular discussões que já foram feitas, pode ser prejudicial para a liberdade de expressão online.

Por outro lado, é necessário reconhecer que essas ferramentas estão postas, e apesar de que elas não devem ser empregadas como uma solução acrítica e indefectível, podem complementar o exercício da moderação realizada por pessoas em, pelo menos, duas formas. A primeira, quando são usadas para identificar os conteúdos mais extremos, protegendo as e os moderadores encarregados de realizar essa supervisão e filtragem. Dessa forma, as pessoas envolvidas nessa atividade poderiam focar suas atividades em conteúdos que pertencem às zonas cinzentas da moderação, e seriam poupadas de lidar com postagens mais violentas, como pornografia violenta e abuso de crianças. Em seguida, pode-se também pensar no emprego da moderação automatizada como forma de complemento e suporte à atuação humana, e não a título de substituição. Os sistemas automatizados poderiam ser, por exemplo, utilizados para fornecer dados de contexto às e aos moderadores, de maneira que eles teriam mais acesso a informações sobre panoramas sociais, políticos, culturais e linguísticos no momento que julgam se um conteúdo deve ou não ser retirado do ar.[65]

Por fim, reproduzimos uma reflexão do pesquisador Tarleton Gillespie: se a realização da moderação de conteúdo nessa escala é tão estarrecedo-

---

64 GILLESPIE, Tarleton. Content moderation, AI, and the question of scale. *Big Data & Society*, v. 5, n. 1, p. 3, jul./dez. 2020. Disponível em: http://dx.doi.org/10.1177/2053951720943234.
65 *Ibid*, p. 4.

ra, será que não poderíamos repensar a lógica do crescimento desenfreado dessas plataformas, a fim de criar um serviço que nós, seremos humanos, somos capazes de lidar?[66] Se uma moderação de qualidade nessa escala é "impossível", será que deveriam existir plataformas tão imensas?

De todas as formas, qualquer regulação deve estar alinhada com a proteção dos direitos dos usuários, consignando transparência de sistemas e garantias para seus dados, bem-estar, segurança, saúde mental, entre outras condições fundamentais para o melhor usufruto dessas ferramentas.

Referências

ANANNY, Mike. Probably Speech, Maybe Free: Toward a Probabilistic Understanding of Online Expression and Platform Governance. *Knight First Amendment Institute*, 21 ago. 2019. Disponível em: https://knightcolumbia.org/content/probably-speech-maybe-free-toward-a-probabilistic-understanding-of-online-expression-and-platform-governance.

ANTONIALLI, Denys Marcelo; OLIVA, Thiago Dias; GOMES, Alessandra. Fighting Hate Speech, Silencing Drag Queens? Artificial Intelligence in Content Moderation and Risks to LGBTQ Voices Online. *Sexuality & Culture*, v. 25, p. 700-732, 2021. Disponível em: https://doi.org/10.1007/s12119-020-09790-w.

BINNS, Reuben; VEALE, Michael; VAN KLEEK, Max; et al. *Like trainer, like bot? Inheritance of bias in algorithmic content moderation*. Social Informatics, 2017. Disponível em: https://doi.org/10.48550/arXiv.1707.01477.

BOULAMWINI, Joy; GEBRU, Timnit. Gender Shades: Intersectional Accuracy Disparities in Commercial Gender Classification. *Proceedings of Machine Learning Research*, v. 81, p. 77-91, 2018. Disponível em: https://proceedings.mlr.press/v81/buolamwini18a.html.

BURLE, Caroline; CORTIZ, Diogo. *Mapeamento de princípios de inteligência artificial*. São Paulo: Núcleo de Informação e Coordenação do Ponto BR, 2020. Disponível em: https://ceweb.br/media/docs/publicacoes/17/20200721143359/digital_mapeamento_principios_IA_portugues.pdf.

BRASIL. Câmera dos Deputados. *Projeto de Lei nº 2630, de 2020*. Disponível em: https://www.camara.leg.br/propostas-legislativas/2256735.

BRASIL. Senado Federal. *Comissão de juristas responsável por subsidiar elaboração de substitutivo sobre inteligência artificial no Brasil, entre 18/02/2022 e 07/12/2022*. Disponível em: https://legis.senado.leg.br/comissoes/comissao?codcol=2504.

66 *Ibid*.

BRASIL. Senado Federal. *Projeto de Lei nº 2338, de 2023*. Disponível em: https://www25.senado.leg.br/web/atividade/materias/-/materia/157233.

CAPLAN, Robyn. Content or Context Moderation? *Data & Society Research Institute*, New York, 2018. Disponível em: https://datasociety.net/output/content-or-context-moderation/.

DATAR, Mayur; IMMORLICA, Nicole; INDYK, Piotr; et al. *Locality-sensitive hashing scheme based on p-stable distributions* In: Proceedings of the twentieth annual symposium on computational geometry, New York: ACM, p. 253-262, 2004. Disponível em: https://www.cs.princeton.edu/courses/archive/spr05/cos598E/bib/p253-datar.pdf.

DOUEK, Evelyn. *The Siren Call of Content Moderation Formalism* In BOLLINGER, Lee; STONE, Geoffrey (eds.). New technologies of communication and the first amendment: the social media and censorship, 2022 Forthcoming. Disponível em: https://ssrn.com/abstract=4005314 ou http://dx.doi.org/10.2139/ssrn.4005314.

DUARTE, Natasha; LLANSÓ, Emma; LOUP, Anna. Mixed messages? The limits of automated social media content analysis. Center for Democracy and Technology. *Proceedings of Machine Learning Research*, v. 81, p. 106, 2018. Disponível em: https://proceedings.mlr.press/v81/duarte18a.html.

EUROPA. *Regulamento (UE) 2022/2065 do Parlamento Europeu e do Conselho de 19 de outubro de 2022 relativo a um mercado único para os serviços digitais e que altera a Diretiva 2000/31/CE (Regulamento dos Serviços Digitais)*, 2022. Disponível em: https://eur-lex.europa.eu/legal-content/PT/TXT/?uri=CELEX:32022R2065.

EUROPEAN COMISSION, DIRECTORATE-GENERAL FOR COMMUNICATIONS NETWORKS, CONTENT AND TECHNOLOGY. *Orientações éticas para uma IA de confiança*. Publications Office, 2019. Disponível em: https://data.europa.eu/doi/10.2759/2686.

ESTARQUE, Marina; ARCHEGAS, João Victor. *Redes sociais e moderação de conteúdo*: criando regras para o debate público a partir da esfera privada. Rio de Janeiro: Instituto de Tecnologia & Sociedade do Rio, 2021. Disponível em: https://itsrio.org/wp-content/uploads/2021/04/Relatorio_RedesSociaisModeracaoDeConteudo.pdf.

GEHL, Robert W.; MOYER-HORNER, Lucas; YEO, Sara K. Training Computers to See Internet Pornography: Gender and Sexual Discrimination in Computer Vision Science. *Television & New Media*, v. 18, n. 6, p. 529-547, 2017. Disponível em: https://journals.sagepub.com/doi/abs/10.1177/1527476416680453?journalCode=tvna.

GIFCT. *About the global internet forum to counter terrorism*. 30 abr. 2019, Disponível em: https://perma.cc/44V5-554U.

GOOGLE. *AI at Google: our principles*. 7 jun. 2018. Disponível em: https://www.blog.google/technology/ai/ai-principles/.

_________. *Cumprimento das diretrizes da comunidade do YouTube*. Disponível em: https://transparencyreport.google.com/youtube-policy/featured-policies/violent-extremism.

GORWA, Robert; BINNS, Reuben; KATZENBACH, Christian. Algorithmic content moderation: Technical and political challenges in the automation of platform governance. *Big Data & Society*, v. 7, n. 1, jan./jun. 2020. Disponível em: https://doi.org/10.1177/2053951719897945.

GILLESPIE, Tarleton. Content moderation, AI, and the question of scale. *Big Data & Society*, v. 5, n. 1, jul./dez. 2020. Disponível em: http://dx.doi.org/10.1177/2053951720943234.

_________. *Custodians of the Internet*: Platforms, Content Moderation, and the Hidden Decisions That Shape Social Media. New Haven: Yale University Press, 2018. Disponível em: https://doi.org/10.12987/9780300235029.

_________. Do Not Recommend? Reduction as a Form of Content Moderation. *Social Media + Society*, v. 8, n. 3, 2022. Disponível em: https://doi.org/10.1177/20563051221117552.

GRIMMELMANN, James. The virtues of moderation. *The Yale Journal of Law & Technology*, v. 17, n. 42, p. 42-109, 2015. Disponível em: https://scholarship.law.cornell.edu/facpub/1486/.

INTERNETLAB; REVISTA AZMINA; NÚCLEO JORNALISMO. *MonitorA 2022*: Observatório sobre violência política contra candidatas(os) online. Ed. 2022, São Paulo, 2023. Disponível em: https://monitora.org.br/relatorios/.

MARTINS, Fernanda K.; GOMES, Alessandra; LANA, Alice; et al. *Algo_Ritmos*. InternetLab, 2023. Disponível em: https://algoritmos.internetlab.org.br/.

KLONICK, Kate. The new governors: the people, rules, and processes governing online speech. *Harvard Law Review*, v. 131, p. 1598-1670. Disponível em: https://harvardlawreview.org/wp-content/uploads/2018/04/1598-1670_Online.pdf.

LAMPE, Cliff; RESNICK, Paul. Slash(dot) and Burn: distributed moderation in a large online conversation space. *Association for Computing Machinery*, New York, p. 543-550, 2004. Disponível em: https://doi.org/10.1145/985692.985761.

LANA, Pedro de Perdigão. *A autoridade das obras autonomamente geradas por inteligência artificial e o domínio público*. Coimbra: Edições Almedina, 2023.

MCCARTHY, John; et al. *A proposal for the Dartmouth summer research project on artificial intelligence*. 31 ago. 1955. Disponível em: http://www-formal.stanford.edu/jmc/history/dartmouth/dartmouth.html.

NIU, Xia-mu; JIAO, Yu-hua. An overview of perceptual hashing. *Acta Electronica Sinica*, v. 36, n. 7, 1405–1411, 2008. Disponível em: https://www.ejournal.org.cn/EN/Y2008/V36/I7/1405.

ROBERTS, Sarah T. Digital detritus: 'Error' and the logic of opacity in social media content moderation. *First Monday*, v. 23, n. 3, 2018. Disponível em: https://doi.org/10.5210/fm.v23i3.8283.

SINNREICH, Aram. Four crises in algorithmic governance. *Annual Review of Law and Ethics*, v. 26, p. 181–190, 2018. Disponível em: https://ssrn.com/abstract=3650593.

WANG, Leijie; ZHU, Haiyi. How are ML-Based Online Content Moderation Systems Actually Used? Studying Community Size, Local Activity, and Disparate Treatment In Proceedings of the 2022 ACM Conference on Fairness, Accountability, and Transparency (FAccT '22). New York: *Association for Computing Machinery*, p. 824-838, 2022. Disponível em: https://doi.org/10.1145/3531146.3533147.

3.

DO CONSTITUCIONALISMO DIGITAL AO DEVIDO PROCESSO NA REGULAÇÃO DA MODERAÇÃO DE CONTEÚDO ONLINE: UMA ANÁLISE DO CASO BRASILEIRO

Fernanda dos Santos Rodrigues Silva
Júlia Maria Caldeira Gertrudes
Luiza Correa de Magalhães Dutra
Rafaela Ferreira

Introdução

A regulação de plataformas digitais e a moderação de conteúdo online ganharam, nos últimos anos, a atenção dos mais diversos atores institucionais. Os questionamentos sobre de que forma e quais conteúdos deveriam ser moderados, assim como qual o papel das instituições nessa moderação, estão no centro dos debates.

No Brasil, o debate em torno da votação do Projeto de Lei 2630/2020,[1] mais conhecido como "PL das Fake News", é o que está à frente da disputa política e social que envolve a discussão sobre moderação de conteúdo online no país. Nesse contexto, um dos questionamentos que tem se destacado é sobre a ideia de um direito ao devido processo nesse regramento. Em outras palavras, quais bases teóricas e exemplos normativos concretos seriam

1 BRASIL. *Projeto de Lei nº 2630/2020 e seus apensados*. Institui a Lei Brasileira de Liberdade, Responsabilidade e Transparência na Internet. Disponível em: https://www.camara.leg.br/proposicoesWeb/prop_mostrarintegra?codteor=2265334. Acesso em: 20 abr. 2023.

usados para medir e se pensar o devido processo, que se trata de um direito com origens na doutrina constitucional e processualista, no procedimento de moderação de conteúdo em plataformas digitais, que é uma atividade desenvolvida primordialmente por um ente privado.

São diversos os caminhos teóricos para uma discussão mais aprofundada sobre o tema. Dentre eles, está o conceito de constitucionalismo digital, conceito que busca romper com os parâmetros clássicos da base do constitucionalismo, enquanto um conceito teórico, para debater sobre esse conceito a partir do surgimento de tecnologias digitais. Entretanto, existem divergências acerca do seu alcance e aplicação por representar, mais uma vez, a transposição de um arranjo de normas concebido, primeiramente, para uma estrutura organizacional estatal, para estruturas organizacionais privadas, que seriam as próprias plataformas digitais.

Nesse sentido, compreendendo a relevância dessa discussão para o cenário de regulação de plataformas, o presente artigo teve como problemas de pesquisa centrais: a) entender quais são esses embates teóricos sobre constitucionalismo digital; e b) a sua relação com o fundamento jurídico de um possível direito ao devido processo na moderação de conteúdo. Como estratégia metodológica, parte-se de uma pesquisa exploratória inicial de literatura, em artigos e livros a que as pesquisadoras já tinham acesso, bem como a partir das bases de dados Scopus, Scielo e Scholar Google, por meio de busca dos termos "moderação de conteúdo online", "devido processo" e "constitucionalismo digital", com a seleção assistemática de artigos que abordavam os referidos temas.

Em seguida, com o objetivo de visualizar melhor uma possível aplicação de um direito ao devido processo na moderação de conteúdo online, realizou-se uma análise de conteúdo do PL 2.630, com a busca por disposições que se adequassem ao conceito de devido processo definido ao longo da pesquisa. Com essa análise inicial, as normas encontradas foram divididas em categorias e subcategorias de forma temática, a fim de compreender de maneira mais nítida a qual parte do processo de moderação elas se referiam.

1. Constitucionalismo digital: um debate teórico

Nos debates contemporâneos sobre regulação de plataformas digitais, o termo constitucionalismo digital tem ganhado espaço, a partir de uma função descritiva e uma prescritiva, ainda que sem a existência de um consenso, para descrever diversos fenômenos e práticas jurídicas relacionadas à proteção de direitos no ambiente virtual. Nesse contexto, o uso do conceito tem sido mobilizado para explicar as mudanças no funcionamento dos poderes e dos sistemas normativos que ultrapassam ou sobrepõem o estado-nação e seus limites territoriais.[2] As disputas sobre o uso desse termo no campo acadêmico perpassam as discussões de limites normativos, da possibilidade de afirmação de direitos fundamentais, assim como os meios para melhor gerir os desafios constitucionais — aqui pensando mais centralmente na moderação de conteúdo online.

Nesse sentido, a incorporação social das tecnologias da informação e comunicação (TICs) apresentam mudanças e desafios constitucionais no que tange à efetividade e articulação de direitos fundamentais. Segundo Celeste,[3] o conceito de constitucionalismo digital emerge com o intuito de explicar os comportamentos e ações que surgiram para confrontar as alterações do equilíbrio constitucional frente ao surgimento mais expressivo de tecnologias digitais, além de apresentar o conjunto de ideias, valores e princípios que orientam as contramedidas normativas perante os desafios que surgem nesse contexto. Ou seja, informam as respostas normativas, mas não são uma norma jurídica por si só.

Celeste reconhece o constitucionalismo digital enquanto forma de enfrentar as problemáticas advindas do uso das TICs no ecossistema constitucional, indo além de uma mera institucionalização ou codificação formal constitucional, visando limitar o poder de atores públicos e privados. Assim, o constitucionalismo digital se inicia na elaboração dos novos princípios orientadores para esse campo. Para tanto, Celeste [4] perpassa os escritos de outros autores, como o de Fitzgerald,[5] que apresenta o conceito de constitucionalismo enquanto mediação ou definição das relações de poder envolvendo atores públicos e privados. O autor também defende a autorregulação do setor privado e a supervisão das instituições públicas, apresentando o termo "constitucionalismo informacional". Berman,[6] por sua vez, considera a capacidade dos atores privados na definição do código

---

2 PEREIRA, Jane Reis Gonçalves; KELLER, Clara Iglesias. Constitucionalismo digital: contradições de um conceito impreciso. *Revista Direito e Práxis*, v. 13, n. 4, p. 2648-2689, 2022.

3 CELESTE, Edoardo. Constitucionalismo digital: mapeando a resposta constitucional aos desafios da tecnologia digital. *Revista Brasileira de Direitos Fundamentais & Justiça*, v. 15, n. 45, p. 63–91, 2021.

4 Ibidem.

5 FITZGERALD, Brian. Software as discourse? A constitutionalism for information society. *Alternative Law Journal*, v. 24, n. 3, p. 144-149, 1999.

6 BERMAN, Paul Schiff. Cyberspace and the State Action Debate: the Cultural Value of Applying Constitutional Norms to "Private" Regulation. *University os Colorado Law Review*, v. 71, n. 4, p. 1263-1310, 2000.

do ciberespaço como um instrumento regulatório importante e propõe um "constitucionalismo constitutivo".

A partir deles, conceitua o constitucionalismo digital como "a ideologia que busca estabelecer e garantir a existência de um quadro normativo para a proteção dos direitos fundamentais e o equilíbrio de poder no ambiente digital".[7] Assim, dois pilares entrariam em questão nessa discussão: afirmar direitos humanos fundamentais e estabelecer o equilíbrio de poderes, sendo que o processo de constitucionalização seria a produção de normas perante os desafios traçados.[8]

Para Martins e Costa,[9] essas tecnologias trazem desafios tanto pela sua repercussão sobre os direitos humanos (por exemplo, os problemas com uso de reconhecimento facial[10]) quanto pelas transformações em relação à concentração de poderes — introdução de novos atores e instrumentos com poder de influência sobre o exercício de direitos fundamentais. Como já destacado pelos autores anteriormente citados, com a ascensão de grandes empresas de tecnologia, tornou-se nítido que essas desempenham um papel de controle e de poder que, em alguma medida, assemelha-se ao desempenhado pelo Estado. A título exemplificativo, os autores mencionam a moderação de conteúdo de plataformas digitais, que impacta o direito à liberdade de expressão.

Em sua construção argumentativa, pautados em uma discussão da necessidade de se transpor alguns parâmetros constitucionais para o mundo digital, principalmente em relação à regulação do discurso, colocam que a constitucionalização do ambiente digital aparece fortemente no movimento de necessidade de adoção de parâmetros de um devido processo pelas plataformas digitais, justificando suas decisões e adotando práticas transparentes.

Gregório[11] ainda argumenta que o constitucionalismo digital não seria uma nova forma de constitucionalismo, mas sim um campo de estudos que abrange a relação entre tecnologias digitais e direito constitucional, englobando dois pontos principais: os impactos gerados pelas tecnologias sobre

---

7 CELESTE, Edoardo. Constitucionalismo digital: mapeando a resposta constitucional aos desafios da tecnologia digital. *Revista Brasileira de Direitos Fundamentais & Justiça*, v. 15, n. 45, 2021, p.12.

8 Ibidem.

9 MARTINS, Raíssa Paula; COSTA, Rodrigo Vieira. A influência do processo de constitucionalização do ambiente digital na decisão do Oversight Board no caso Trump. *Revista Rede de Direito Digital, Intelectual & Sociedade*, Curitiba, v. 2, n. 3, pp. 89-124, 2022.

10 Debate disponível em: https://tiremeurostodasuamira.org.br/. Acesso em: 06.07.2023; debate disponível em: https://opanoptico.com.br/, Acesso em: 06.07.2023.

11 GREGORIO, Giovanni de. The rise of digital constitutionalism in the European Union. *International Journal Of Constitutional Law*, Oxford University Press (OUP). [S.L.], v. 19, n. 1, p. 41-70, 1 jan. 2021.

o direito e o modo como as tecnologias são afetadas pela regulação exercida pelo Estado. Da mesma forma, o constitucionalismo digital também pode ser entendido enquanto uma extensão da proteção constitucional diante de um novo paradigma tecnológico, numa redefinição de liberdade de expressão, privacidade e tutela de honra.[12]

Em sentido crítico aos argumentos anteriormente apontados, o conceito de constitucionalismo digital é problematizado como termo epistemicamente prejudicado pela vasta gama de possibilidades de seu uso e pelo potencial de legitimação de concentração de poderes privados.[13] Para Keller e Pereira, o uso deste conceito tem suscitado sentidos contraditórios e redundantes, dificultando o avanço dos debates sobre o tema. Explicam que na conjuntura da sociedade de plataformas, o constitucionalismo digital é empregado enquanto categoria usada pelas teorias que "(...) buscam oferecer molduras interpretativas para medidas públicas, privadas e híbridas, fundadas no objetivo de mitigar a concentração de poder econômico e político desses agentes."[14]

Apresentam, nesse sentido, dois problemas principais com relação ao uso do conceito de constitucionalismo digital à luz da compreensão do constitucionalismo tradicional como fenômeno político e institucional: a) o valor explicativo e a correção normativa de dilatar o conceito de constituição para abarcar formas jurídicas em muitos aspectos distintas daquelas que orientaram o constitucionalismo forjado pela teoria política moderna; b) envolve a questão da viabilidade teórica da tomada do constitucionalismo moderno para explorar e retratar os fatos sociais e políticos que se operam para além do contexto dos estados nacionais (antes considerados como única fonte normativa), abarcando os ambientes privados digitalizados.[15]

Ou seja, pelo que foi discutido, haveria uma inviabilidade no alargamento do conceito de constitucionalismo e no uso da expressão para fora do campo dogmático e teórico debatido e fixado nas linhas da tradição moderna. A título exemplificativo, Grimm[16] pontua que a constituição não

---

12 MENDES, Gilmar Ferreira; OLIVEIRA FERNANDES, Victor. Constitucionalismo Digital e Jurisdição Constitucional: uma Agenda de Pesquisa para o Caso Brasileiro. *Revista Brasileira de Direito*, Passo Fundo, v. 16, n. 1, p. 1-33, 2020.

13 PEREIRA, Jane Reis Gonçalves; KELLER, Clara Iglesias. Constitucionalismo digital: contradições de um conceito impreciso. *Revista Direito e Práxis*, v. 13, n. 4, p. 2648-2689, 2022.

14 Ibidem, p. 2657.

15 PEREIRA, Jane Reis Gonçalves; KELLER, Clara Iglesias. Constitucionalismo digital: contradições de um conceito impreciso. *Revista Direito e Práxis*, v. 13, n. 4, p. 2648-2689, 2022.

16 GRIMM, Dieter. The Achievement of Constitutionalism and its Prospects in a Changed World. In: DOBNER, Petra; LOUGHLIN, Martin (Eds.). *The Twilight of Constitutionalism?* Oxford, NY: Oxford University Press, p. 3-22, 2010.

pode ser concebida e articulada para além dos limites do território dos Estados. Ainda, para alguns teóricos, a possibilidade de um pluralismo constitucional gera a possibilidade do desenvolvimento de um autoritarismo, frente a uma vulnerabilidade existente na ausência de um sistema de fechamento do sistema jurídico,[17] além de que pode deixar em aberto a autoridade final, admitindo um alto grau de incerteza jurídica e uma confusão conceitual.

Outro ponto visto como conflituoso seria a noção de alguns autores da inexistência de legitimidade democrática no uso do termo quando estamos debatendo questões de constitucionalismo construído por agentes privados, ou seja, além da atuação do Estado.[18] O conceito de constitucionalismo digital daria legitimação a dinâmicas de poder assimétricas, uma vez que as regras elaboradas e colocadas em prática por atores privados em atividade possuem uma racionalidade e efeitos em potencial distintos das obrigações regulatórias existentes na coerção estatal.

São posicionamentos que visam, assim, ir de encontro ao entendimento de esvaziamento e dilatação do conceito de constitucionalismo; representam a busca pela manutenção de sua estrutura fundamental "de deliberação e composição democrática, que funciona como espaço de absorção das divergências e como anteparo da cidadania".[19]

Em que pese a inexistência de um consenso em relação ao conceito e viabilidade do constitucionalismo digital nos debates acadêmicos e legislativos na contemporaneidade, este artigo considera o conceito válido e viável, além de útil para a compreensão da aplicação do direito ao devido processo na moderação de conteúdo no Brasil.

Entende-se que as plataformas digitais são construções sociotécnicas centrais para a compreensão da sociedade da informação no cenário global atual, de modo que é necessário compreender os processos de constitucionalização incidentes nesses espaços. Nesse sentido, o uso do conceito de constitucionalismo digital apresenta princípios e parâmetros ancorados em um Estado Democrático de Direito que auxiliam na construção de modelos regulatórios que limitam o poder do grupo minoritário que gerencia as plataformas digitais, reformulando as assimetrias políticas entre as instituições provedoras e as pessoas usuárias, e pontuando sua real possibilidade de atuação.

---

17 KELEMEN, Daniel. The dangers of constitutional pluralism. In: DAVIES, Gareth; AVBELJ, Matej (Eds.). *Research Handbook on Legal Pluralism and EU Law*. Cheltenham, UK: Edward Elgar Publishing, p. 392-403, 2018.

18 HAGGART, Blayne; KELLER, Clara Iglesias. Democratic legitimacy in global platform governance. *Telecommunications Policy*, v. 45, n. 6, p. 1-17, 2021.

19 PEREIRA, Jane Reis Gonçalves; KELLER, Clara Iglesias. Constitucionalismo digital: contradições de um conceito impreciso. *Revista Direito e Práxis*, v. 13, n. 4, 2022, p. 2681.

2. Do constitucionalismo digital ao devido processo online

Como exposto anteriormente, há uma crescente necessidade de adaptação das relações jurídicas e sociopolíticas a um ambiente digital célere, complexo e cada vez mais essencial na dinâmica social. O constitucionalismo, como uma salvaguarda dos direitos e garantias fundamentais dos cidadãos, tem desempenhado, então, um papel crucial nessa transformação. Nesse contexto, o devido processo online emerge como um dos reflexos do processo de constitucionalização do ambiente digital. Nas relações tecidas através da internet, o reconhecimento da importância de assegurar aos indivíduos o direito a um processo justo e equitativo de moderação de conteúdo tem impulsionado a implementação de mecanismos e procedimentos que visam garantir a proteção de direitos humanos fundamentais, tais como o acesso à justiça, o contraditório e a ampla defesa. Tais direitos estão diretamente relacionados ao conteúdo do devido processo online, o que aparenta ser uma aposta para uma nova fase da governança da internet, em especial na perspectiva da regulação de plataformas digitais.

Conforme apontado por Fredie Didier Jr.,[20] o devido processo pode ser entendido de uma perspectiva genérica, como um conjunto de atos organizados para produção de norma jurídica, ou seja, o ato final de caráter obrigatório para as partes afetadas. Apesar da noção do direito ao devido processo remeter originalmente a um artefato jurídico para proteção de pessoas em situação de vulnerabilidade diante de uma assimetria de poder frente aos governantes, sua abertura principiológica[21] permite que seu conteúdo seja atualizado em diferentes épocas históricas.[22]

Atualmente, além da previsão constitucional citada, o devido processo é reconhecido como um direito humano e pode ser inferido a partir de garantias processuais previstas em tratados e convenções internacionais incorporadas ao ordenamento jurídico brasileiro, como o artigo 14 do Pacto

---

20 DIDIER JR., Fredie. *Curso de direito processual civil*: introdução ao direito processual civil, parte geral e processo de conhecimento. 21ª ed. Salvador: Ed. Jus Podivm, 2019, p. 89, v. 1.

21 Para os fins do presente trabalho, adota-se a perspectiva da diferença de regras e princípios de acordo com Humberto Ávila, tendo em vista que os princípios possuem um grau de abstração superior ao das regras. Nesse sentido, ver: ÁVILA, Humberto Bergmann. Redefinição do dever de proporcionalidade. *Revista de Direito Administrativo*, v. 215, p. 151–179, 1999. DOI: 10.12660/rda.v215.1999.47313. Disponível em: https://bibliotecadigital.fgv.br/ojs/index.php/rda/article/view/47313. Acesso em: 30 jun. 2023. ÁVILA, Humberto. *Teoria dos Princípios*. 8ª ed. São Paulo: Malheiros, 2008. ÁVILA, Humberto. O que é "devido processo legal"?. In: DIDIER JR., Fredie (Coord.).*Teoria do processo*: panorama doutrinário mundial. Vol. 2. Salvador: Editora JusPODIVM, 2010. Capítulo XVIII, p. 353-362.

22 DIDIER JR., Fredie. *Curso de direito processual civil:* introdução ao direito processual civil, parte geral e processo de conhecimento. 21ª ed. Salvador: Ed. Jus Podivm, 2019, p. 90, v. 1.

Internacional de Direitos Civis e Políticos[23] e o artigo 8º da Convenção Americana sobre Direitos Humanos.[24] Nessa senda, a salvaguarda dos direitos humanos fundamentais, no contexto das mudanças ocorridas em um ambiente digital célere, tem desempenhado um papel crucial nessa transformação. A implementação de parâmetros de devido processo permite a busca pela proteção de tais direitos, em oposição a seu esvaziamento, como defende Martins e Costa,[25] sendo que na moderação de conteúdo emerge como um dos reflexos do processo de constitucionalização do ambiente digital.

Segundo Bowers e Zittrain,[26] a era dos direitos, que teve início na década de 90, entrou em declínio a partir de 2010. Durante essa fase, o principal objetivo era proteger a liberdade de expressão no ambiente digital contra interferências governamentais ou corporativas arbitrárias, visando estabelecer a confiança entre os envolvidos. No entanto, surgiram desafios relacionados à atuação casuística das plataformas, resultando em remoções ou suspensões de conteúdo enviesadas, excessivas ou arbitrárias, bem como em posturas omissas sem a devida responsabilização. Em resposta a essas problemáticas, tais autores afirmam que se originou uma nova fase: a era da saúde pública — centrada na responsabilização por conteúdo danoso, mesmo que isso implicasse em limitações à liberdade de expressão.

De acordo com tais autores, atualmente está se delineando uma nova era: a era do processo.[27] Nessa fase, o foco está na implementação de normas jurídicas e códigos de conduta que estruturem procedimentos sistemáticos para proteção de direitos, cumprimento de legislações e normas aplicáveis, maior transparência e legitimidade. O objetivo é, portanto, garantir a existência de mecanismos procedimentais eficazes e legítimos para

---

23 BRASIL. *Decreto nº 592 de 6 de julho de 1992*. Atos Internacionais. Pacto Internacional sobre Direitos Civis e Políticos. Promulgação. Disponível em: http://www.planalto.gov.br/ccivil_03/decreto/1990-1994/d0592.htm. Acesso em: 27 jun. 2023.

24 BRASIL. Decreto nº 678, de 6 de novembro de 1992. Promulga a Convenção Americana sobre Direitos Humanos (Pacto de São José da Costa Rica), de 22 de novembro de 1969. Disponível em: https://legislacao.presidencia.gov.br/atos/?tipo=DEC&numero=678&ano=1992&ato=c6bQTWU1oMFpWTe91. Acesso em: 22 abr. 2023.

25 MARTINS, Raíssa Paula; COSTA, Rodrigo Vieira. A influência do processo de constitucionalização do ambiente digital na decisão do Oversight Board no caso Trump. *Revista Rede de Direito Digital, Intelectual & Sociedade*, v. 2, n. 3, 9 dez. 2022, p. 114. Disponível em: https://revista.ioda.org.br/index.php/rrddis/article/view/36. Acesso em: 14 maio 2023.

26 BOWERS, John; ZITTRAIN, Jonathan. Answering impossible questions: Content governance in an age of disinformation. *Harvard Kennedy School Misinformation Review*, v. 1, n. 1, 14 jan. 2020, p. 1 a 4. Disponível em: https://misinforeview.hks.harvard.edu/wp-content/uploads/2020/01/bowers_content_governance_disinformation_20200114.pdf. Acesso em: 10 maio 2023.

27 Ibidem, p. 5.

lidar com temas complexos, sem necessariamente criar normas ou resolver conflitos entre direitos essenciais de forma substancial no âmbito digital.

Nesse cenário, Martins e Costa[28] alertam que é evidente o aumento das sugestões que apontam para a necessidade de as plataformas digitais estabelecerem parâmetros de devido processo, adotarem práticas transparentes e justificarem suas decisões perante os usuários, mesmo que não sejam atores públicos. Diversas motivações podem levar as plataformas a agirem nessa direção, tais como disposições legais, orientações de organizações internacionais, pressões da sociedade civil e a preocupação com a própria legitimidade perante os usuários.

Nesse passo, como aponta Loo,[29] criar mecanismos para garantia do devido processo no âmbito das plataformas digitais, por exemplo, é favorável aos interesses econômicos das corporações privadas que as controlam, dado que a implementação desses procedimentos acarreta custos, mas os benefícios em termos de confiança e legitimidade para a imagem institucional no mercado competitivo compensam essas despesas. Esses benefícios se refletem em um aumento de lucratividade, uma vez que os índices de retenção e engajamento dos consumidores são elevados devido à maior confiança depositada nos mecanismos de resolução de potenciais conflitos nas relações comerciais.

Dessa forma, cresce o reconhecimento da necessidade de aplicação do direito ao devido processo em relações privadas oriundas de processos de tomada de decisão em um cenário de moderação de conteúdo online produzido por terceiros, como ocorre no âmbito das plataformas digitais. A criação do Comitê de Supervisão (*Oversight Board*) da Meta é um exemplo importante nesse sentido: apesar de não estar imune a críticas, é constantemente apontado como um importante passo para o reconhecimento da necessidade de aplicação de tais parâmetros.[30]

Assim, essas plataformas digitais — esses espaços e meios de interação cuja troca de conteúdos e serviços é viabilizada por uma intermediação ativa frequentemente levada à cabo por corporações privadas com atuação

---

28 MARTINS, Raíssa Paula; VIEIRA COSTA, Rodrigo. Op. cit., p. 97.

29 LOO, Rory Van. Federal Rules of Platform Procedure. *The University of Chicago Law Review*, v.88.4, 2021, p. 864 e 865. Disponível em: https://lawreview.uchicago.edu/print-archive/federal-rules-platform-procedure. Acesso em: 10 jun. 2023.

30 MARTINS, Raíssa Paula; VIEIRA COSTA, Rodrigo. A influência do processo de constitucionalização do ambiente digital na decisão do Oversight Board no caso Trump. *Revista Rede de Direito Digital, Intelectual & Sociedade*, v. 2, n. 3, 9 dez. 2022, *passim*. Disponível em: https://revista.ioda.org.br/index.php/rrddis/article/view/36. Acesso em: 14 maio 2023.

transnacional com base em tratamento de dados de forma intensa[31] — seguem a lógica das comunidades online mencionadas por Grimmelmann[32] e exigem que escolhas sejam feitas para definir quais conteúdos gerados por usuários devem ser disponibilizados ou não, além de como devem ser organizados e precificados, com o fim de estruturar a interação entre seus membros e, mais ainda, de moldar os seus comportamentos, numa atividade de curadoria.[33]

Tendo em vista esse cenário — além de considerar que essa operação privada acaba se tornando uma "forma de adjudicação de fato", como sinalizado por Ortolani[34] e Ramos[35] —, tamanha assimetria de poder faz com que haja uma ampla aceitação da necessidade de proteção da pessoa usuária contra eventuais arbítrios de quem comanda esses espaços interativos online e, nesse sentido, o direito ao devido processo na moderação de conteúdo online se mostra como um importante aliado na busca por essa finalidade.

Sendo assim, apesar da grande variação acerca da fundamentação jurídica desse direito em diferentes ordenamentos e tradições jurídicas, o constitucionalismo digital mostra-se enquanto uma lente importante para explicar como o direito ao devido processo na moderação de conteúdo online tem relevância para aplicação de maneira transnacional e protege pessoas que usam essas ferramentas tecnológicas independentemente

31 LIMA, Marcos Francisco Urupá Moraes de; VALENTE, Jonas Chagas Lucio. Regulação de plataformas digitais: mapeando o debate internacional. *Liinc em Revista*. Rio de Janeiro, v. 16, n. 1, e5100, maio 2020, *passim*. Disponível em: https://revista.ibict.br/liinc/article/view/5100/4650. Acesso em: 25 jan. 2023.

32 GRIMMELMANN, James. The virtues of moderation. *Yale Journal of Law & Technology*, vol. 17, p. 42, 47 e 55, 2015. Disponível em: https://openyls.law.yale.edu/bitstream/handle/20.500.13051/7798/Grimmelmann_The_Virtues_of_Moderation.pdf?sequence=2&isAllowed=y. Acesso em: 17 abr. 2023.

33 RESENDE, Otávio Henrique Mayrink. *Construindo novos consensos para proteger a liberdade de expressão na internet*: uma análise do PL 2.630/2020 a partir de uma perspectiva procedimental para regular as grandes plataformas digitais. Trabalho de Conclusão de Curso (Bacharelado em Direito) — Universidade de Brasília, Brasília, 2021, p. 47.

34 ORTOLANI, Pietro. If You Build it, They Will Come: The DSA "Procedure Before Substance" Approach. *In*: HOBOKEN, Joris van et. al. (Org.). *Putting the DSA into Practice*: Enforcement, Access to Justice and Global Implications. Berlim: Verfassungsbooks on Matters Constitucional, 2023, p. 153.

35 RAMOS, Carlos Eduardo Vieira. *O direito das plataformas*: procedimento, legitimidade e constitucionalização na regulação privada da liberdade de expressão na internet. 2020. Dissertação (Mestrado em Filosofia e Teoria Geral do Direito) - Faculdade de Direito, University of São Paulo, São Paulo, 2020, p. 8. doi:10.11606/D.2.2020.tde-02052021-222935. Acesso em: 30 jun. 2023.

de nacionalidade ou de qual território está localizada.[36] No ponto, cabe destacar que o conceito de devido processo na moderação de conteúdo online utilizado nesta pesquisa é caracterizado um conjunto de mecanismos e procedimentos com fim de legitimar o processo de gerenciamento do conteúdo a ser disponibilizado (ou não) pelas plataformas digitais e do seu modo de exibição.

Em conclusão, ao se analisar a origem histórica do direito ao devido processo legal e sua evolução até os dias atuais, percebe-se a sua importância como instrumento de garantia dos direitos humanos fundamentais em relações de grande assimetria de poder, em favor, principalmente, da parte mais vulnerável. A necessidade de estabelecer parâmetros, práticas transparentes e justificativas perante os usuários reflete a busca pela confiança e legitimidade no ambiente digital. Experiências jurídicas como o Regulamento de Serviços Digitais (*Digital Services Act*),[37] já vigente na União Europeia, e propostas legislativas como o PL 2630/2020[38] no Brasil demonstram esforços para implementar, de forma vinculante, mecanismos que garantam a proteção dos direitos utilizando essa via.

3. O devido processo na regulação da moderação de conteúdo online: possibilidades práticas no cenário brasileiro

A fim de melhor materializar as discussões sobre constitucionalismo digital e devido processo realizadas até então, é importante olhar para o cenário brasileiro de regulação de plataformas e verificar se, e de que forma, tanto o constitucionalismo digital como o direito ao devido processo têm sido aplicados na prática. Antes de passar diretamente à análise da versão mais recente, até a data de submissão deste artigo, do Projeto de Lei

36 SILVA, Rafaela Ferreira Gonçalves da. *O devido processo na moderação de conteúdo em plataformas digitais*: uma revisão de literatura. Orientador: Paulo Rená da Silva Santarém. 2023. Trabalho de Conclusão de Curso (Bacharelado em Direito) — Universidade Federal da Bahia, Salvador, 2023, p. 60, 61 e 77.

37 UNIÃO EUROPEIA. Regulamento (UE) 2022/2065 do Parlamento Europeu e do Conselho de 19 de outubro de 2022. Relativo a um mercado único para os serviços digitais e que altera a Diretiva 2000/31/CE (Regulamento dos Serviços Digitais). Disponível em: https://eur-lex.europa.eu/legal-content/PT/TXT/HTML/?uri=CELEX:32022R2065. Acesso em: 18 abr. 2023.

38 BRASIL. Projeto de Lei nº 2630/2020 e seus apensados. Institui a Lei Brasileira de Liberdade, Responsabilidade e Transparência na Internet. Disponível em: https://www.camara.leg.br/proposicoesWeb/prop_mostrarintegra?codteor=2265334. Acesso em: 20 abr. 2023.

2.630/2020,[39] responsável por conduzir o debate no país, cabe uma breve digressão sobre o contexto em que o Brasil se encontra e que circunda as disputas políticas e de narrativa em torno da proposta legislativa.

A primeira consideração diz respeito aos ataques antidemocráticos à sede dos três poderes em Brasília, ocorridos no dia 8 de janeiro de 2023. Com ampla convocação e divulgação por meio de postagens e vídeos patrocinados em diferentes plataformas, apoiadores do ex-presidente Jair Bolsonaro participaram de ações que vandalizaram o interior do Congresso Nacional, Supremo Tribunal Federal e o Palácio do Planalto, em razão da insatisfação com o resultado das eleições de 2022.[40]

Um estudo identificou que mais de 180 anúncios, entre novembro de 2022 a janeiro de 2023, circularam em plataformas do domínio da Meta com conteúdo golpista.[41] As convocações também ocorreram por meio de aplicativos de mensageria privada, com a organização de caravanas gratuitas e instruções para que as pessoas acampassem dentro dos prédios ocupados.[42] Em razão disso, o Ministro da Justiça, Flávio Dino, e outras autoridades culparam as plataformas digitais pelo ocorrido e defenderam a urgência em sua regulação.[43]

O segundo acontecimento, por sua vez, diz respeito aos ataques realizados em escolas brasileiras, poucos meses depois dos ataques de 8 de janeiro, e que também foram influenciados ou estimulados por meio de redes sociais, o que fez com que mais de 700 perfis fossem retirados do ar.[44] In-

---

39 BRASIL. Câmara dos Deputados. *Parecer proferido em plenário ao Projeto de Lei nº 2.630, de 2020, e apensados*. Institui a Lei Brasileira de Liberdade, Responsabilidade e Transparência na Internet. Brasília, DF: Câmara dos Deputados, 2020. Disponível em: https://www.camara.leg.br/proposicoesWeb/prop_mostrarintegra?codteor=2265334&filename=PRL-P+1+%3D%3E+PL+2630/2020. Acesso em: 03 jul. 2023.

40 CAMAZANO, Priscila. Entenda os ataques golpistas de 8 de janeiro e seus desdobramentos. *Folha de São Paulo*, 7 fev. 2023. Disponível em: https://www1.folha.uol.com.br/poder/2023/02/entenda-os-ataques-golpistas-de-8-de-janeiro-e-seus-desdobramentos.shtml. Acesso em: 29 jun. 2023.

41 ANÚNCIOS h. golpistas na biblioteca do Meta Ads: novembro de 2022 a janeiro de 2023. NetLab, 7 fev. 2023. Disponível em: ttps://www.netlab.eco.ufrj.br/blog/anuncios-golpistas-na-biblioteca -do-meta-ads-novembro-de-2022 -a-janeiro-de-2023. Acesso em: 29 jun. 2023.

42 NÓBREGA, Liz. Ataques foram convocados, "com tudo grátis", pelas redes sociais. Desinformante, 8 jan. 2023. Disponível em: https://desinformante.com.br/ atos-antidemocraticos-redes-sociais/. Acesso em: 29 jun. 2023.

43 REGULAÇÃO de mídias sociais: Dino diz que big techs foram irresponsáveis com ataques de 8 de janeiro. BBC News, 27 fev. 2023. Disponível em: https://g1.globo.com/tecnologia/noticia/2023/02/27/ regulacao-de-midias-sociais-dino-diz-que-big-techs-foram-irresponsaveis -com-ataques-de-8-de-janeiro.ghtml. Acesso em: 13 jul. 2023.

44 GOMES, Pedro Henrique; BARBIÉRI,Luiz Felipe; RODRIGUES, Mateus. Redes sociais tiraram do ar 756 perfis após violência nas escolas. *Portal G1*, 18 abr. 2023. Disponível em: https://g1.globo.com/politica/noticia/2023/04/18/redes-sociais-tiraram-do-ar-756-perfis-apos-ataques-violentos-em-escolas-diz-flavio-dino.ghtml. Acesso em: 29 jun. 2023.

clusive, uma nova rede social estaria sendo utilizada por pessoas banidas de outros espaços para poder continuar realizando apologia à violência e incentivando atentados em ambientes escolares.[45]

Com o papel central de plataformas digitais em ambos os casos, a corrida pela aprovação do PL 2.630 foi significativamente acelerada, inclusive com sua urgência aprovada na Câmara,[46] a fim de se criar um regramento mínimo que pudesse controlar esses espaços virtuais. Após os ataques nas escolas, o Ministério da Justiça e Segurança Pública chegou a publicar uma portaria prevendo uma série de deveres e responsabilidades das plataformas, por conteúdo publicado por terceiros.[47]

Nesse sentido, o presente capítulo se destina a analisar a versão mais recente da proposta disponível até então,[48] por entender que essa análise se faz fundamental para compreender o impacto do constitucionalismo digital e do direito ao devido processo no cenário de regulação de plataformas. Usando a definição de devido processo já apresentada no capítulo anterior, a investigação identificou haver dois conjuntos de normas relacionadas ao devido do processo da moderação de conteúdo ao longo da proposta.

O primeiro conjunto diz respeito a normas que apontam medidas procedimentais para legitimar o processo de gerenciamento do conteúdo a ser disponibilizado pelas plataformas digitais e do seu modo de exibição. O segundo corresponde a normas que têm o condão de impactar o processo de moderação de conteúdo de maneira indireta e, muitas vezes, principiológica, de forma que não se relacionam propriamente com o procedimento em si, doravante denominado conjunto de "normas incidentais ao devido processo".

Registre-se que, apesar de terem diferenças, ambos os conjuntos normativos estão inseridos no conteúdo do direito ao devido processo aplicado

---

45 SCHURIG, Sofia et al. No Google, rede social de culto a massacres escolares fica no topo das buscas. *Núcleo Jornalismo*, 19 abr. 2023. Disponível em: https://nucleo.jor.br/reportagem/2023-04-19-clone-do-twitter-abertamente-nazista-e-indexado-pelo-google/. Acesso em: 29 jun. 2023.

46 PIOVESAN, Eduardo; SIQUEIRA, Carol. *Projeto das fake news tem urgência aprovada e irá a voto na próxima terça*. 25 abr. 2023. Disponível em: https://www.camara.leg.br/noticias/955642-projeto-das-fake-news-tem-urgencia-aprovada-e-ira-a-voto-na-proxima-terca-acompanhe/. Acesso em: 13 jul. 2023.

47 BRASIL. Ministério da Justiça e Segurança Pública. Portaria do Ministro nº 351/2023. Dispõe sobre medidas administrativas a serem adotadas no âmbito do Ministério da Justiça e Segurança Pública, para fins de prevenção à disseminação de conteúdos flagrantemente ilícitos, prejudiciais ou danosos por plataformas de redes sociais, e dá outras providências. Brasília, DF: Ministério da Justiça e Segurança Pública, [2023]. Disponível em: https://www.conjur.com.br/dl/portaria-ministerio-justica-redes.pdf. Acesso em: 03 jul. 2023.

48 A versão mais recente analisada neste trabalho diz respeito à versão apresentada em plenário em 27 de abril de 2023.

à moderação de conteúdo em plataformas digitais, dado que possuem o mesmo objetivo: evitar o exercício arbitrário do poder e tornar o processo de tomada de decisão mais legítimo nessa seara.

Dentro do primeiro grupo, por sua vez, foi possível identificar a ocorrência de duas categorias de normas de devido processo, a saber: a) normas de devido processo estritamente procedimentais; e b) normas de devido processo para recomendação de conteúdo ao público em geral e para crianças e adolescentes. O objetivo desta análise, porém, não é examinar de forma minuciosa ponto a ponto dos artigos identificados dentro de cada categoria, o que demandaria um estudo só para si. Antes disso, o que se busca é investigar de forma mais ampla de que maneira o constitucionalismo digital, por meio do direito ao devido processo, tem sido impresso ao ordenamento jurídico brasileiro, mais diretamente no que tange à regulação de plataformas digitais, adotando, portanto, um caráter mais descritivo nesta etapa da pesquisa.

Outrossim, insta registrar que se reconhece ser significativamente tênue a linha necessária para diferenciar normas estritamente procedimentais dos demais tipos de normas, de forma que se reconhece a sua limitação. Entretanto, essa escolha foi utilizada aqui enquanto ferramenta metodológica com o objetivo de chamar a atenção para o fato de haver normas no PL 2.630 que são destinadas em maior grau a estabelecer regras para a forma como o procedimento da moderação deve ocorrer, em face de outras, mais voltadas a princípios e deveres gerais.

Para tanto, considera-se na categoria *"normas de devido processo estritamente procedimentais"* todo o texto do Capítulo III ("Da notificação pelo usuário e do devido processo nos procedimentos de moderação de conteúdo"), uma vez que se parte do pressuposto de que o apresentado no capítulo ilustra a sua aplicação clássica ao texto legal. Em primeiro lugar, no que diz respeito à notificação pelo usuário, o art. 16 determina a criação de mecanismos, pelos provedores, que permitam ao usuário notificar conteúdos "potencialmente ilegais, de forma justificada". Assim, cabe à definição em regulamento o estabelecimento do mecanismo e dos requisitos mínimos para a notificação (art. 16, §1º), devendo tal ser registrada de forma a configurar prova de conhecimento ao provedor (art. 16, §2º). Observa-se, assim, a instauração obrigatória de um canal nas plataformas que permite tanto ao usuário denunciar um conteúdo potencialmente ilegal como tornar o provedor ciente.

Na seção seguinte, são determinados os procedimentos adotados quanto à moderação de conteúdo e ao processo de revisão das plataformas. Nesse sentido, são estabelecidos como base o respeito aos direitos de acesso à informação, liberdade de expressão e livre concorrência, bem como determina-se que os termos de uso devem se orientar pelos princípios da necessidade, proporcionalidade e não discriminação. Assim, diante da moderação de conteúdo efetuada pelos provedores, em redes sociais ou mensageria instantânea, o usuário deve ser notificado sobre a medida aplicada (art. 18, I), ter acesso à sua fundamentação, aos procedimentos e prazos para execução do direito de revisão e saber se a decisão foi automatizada.

Além disso, cabe também ao provedor (art. 18, II) responder de modo fundamentado aos pedidos de revisão das decisões, seguir com a revogação das medidas em caso de provimento e disponibilizar um canal próprio destacado e acessível para a formulação de denúncias, envio de pedido de revisão de decisões e consulta do histórico de interações entre provedor e usuário. Quanto à terceira seção, determina-se que as ações de moderação de conteúdo devem ser publicizadas pelos próprios provedores a partir da criação de mecanismos próprios, incluindo a identificação de ação judicial que deu origem à moderação de conteúdo (art. 18, II).

Por fim, também foram consideradas normas de devido processo estritamente procedimentais aquelas que afetam diretamente a forma com que se dá o processo de moderação de conteúdo, mas dependem de determinação judicial para serem efetivadas. A primeira regra nesse sentido diz respeito à moderação de contas de agentes do Poder Público. Nesse conceito, são consideradas aquelas indicadas como institucionais por integrantes, por exemplo, da Administração Pública Federal, Estadual e Municipal, direta ou indireta e parlamentares do Executivo e Legislativo de todos os entes federados.

Apesar da reprodução da imunidade parlamentar em um dos parágrafos do PL ser motivo de grande discussão política, principalmente pelo papel desses agentes na disseminação de notícias falsas,[49] a norma identificada dentro desta categoria diz respeito a "decisões de provedores que constituam intervenção ativa ilícita ou abusiva em contas de interesse público". Nesses casos, além de estar prevista a possibilidade de ajuizamento de ação para restaurar a conta, o Judiciário obrigará a plataforma a restabelecê-la em até 24 horas, quando restar comprovado que ela respeita direitos fundamentais e princípios constitucionais. Inclusive, de modo geral, a proposta prevê em seu art. 44 que esse é o prazo para cumprimento de decisões judiciais de remoção de conteúdo relacionado à prática de crimes mencionados na lei, sob pena de multa que pode ultrapassar 1 milhão de reais.

Com relação à categoria de *"normas de devido processo para recomendação de conteúdo ao público em geral e para crianças e adolescentes"*, primeiramente,

---

49 PEDUZZI, Pedro. PL das Fake News traz imunidade parlamentar e é criticado. *Agência Brasil*, 29 abr. 2023. Disponível em: https://agenciabrasil.ebc.com.br/geral/noticia/2023-04/pl-das-fake-news-traz-imunidade-parlamentar-e-e-criticado. Acesso em: 04 jul. 2023.

cumpre destacar que este trabalho considera moderação de conteúdo não somente a partir da atividade de remoção e intervenção pelas plataformas, como também através da curadoria de conteúdo. Esta contempla "atividades não apenas com efeitos instantâneos, mas que muitas vezes buscam por modelar os comportamentos dos usuários e/ou ranquear conteúdos".[50]

Nesse sentido, apesar de não definir exatamente a forma com que o conteúdo deve ser recomendado ou disposto na plataforma, o PL 2.630 contém disposições que obrigam a identificação de usuários responsáveis por impulsionamento ou anunciantes pelos provedores, independentemente de se tratar de pessoa física ou jurídica (art. 26, *caput* c/c art. 27). Em casos em que for necessária a responsabilização por algum conteúdo impulsionado ou patrocinado, essa norma pode ajudar a identificar mais rapidamente os agentes envolvidos.

Isso poderia impactar diretamente, por exemplo, na apuração de responsabilidade das publicações que convocaram o comparecimento de pessoas nos atos antidemocráticos de 8 de janeiro de 2023. Com relação a crianças e adolescentes, porém, a proposta é enfática em vedar a criação de perfis comportamentais desses usuários, "a partir da coleta e do tratamento de seus dados pessoais, inclusive aqueles obtidos nos processos de verificação de idade, bem como de dados grupais e coletivos, para fins de direcionamento de publicidade"[51] (art. 40).

Com relação ao segundo grande conjunto de normas de devido processo identificadas, estão as *"normas incidentais ao devido processo"*, que seriam aquelas que fundamentam e coordenam as decisões de moderação de conteúdo, mas sem ditar ações a serem adotadas de forma executória no próprio processo de moderação. Assim, foram considerados os capítulos do projeto que tratam sobre riscos sistêmicos, dever de cuidado, deveres de transparência e publicidade digital.

A avaliação de risco configura-se como uma ferramenta para, a partir de diretrizes e elementos pré-definidos, atribuir aos provedores o dever de analisar seus sistemas e serviços, publicando os resultados em relatórios anuais ou prévios à introdução de uma nova funcionalidade suscetível a

---

50 SILVA, Fernanda dos Santos Rodrigues; GERTRUDES, Júlia Maria Caldeira. *Governança da moderação de conteúdo online*: percepções sobre o papel dos atores e regimes. Belo Horizonte: Instituto de Referência em Internet e Sociedade, 2023. Disponível em: https://irisbh.com.br/wp-content/uploads/2023/01/Governanca-da-moderacao-de-conteudo-online-IRIS-1.pdf. Acesso em: 03 jul. 2023.

51 BRASIL. Câmara dos Deputados. *Parecer proferido em plenário ao Projeto de Lei nº 2.630, de 2020, e apensados*. Institui a Lei Brasileira de Liberdade, Responsabilidade e Transparência na Internet. Brasília, DF: Câmara dos Deputados, 2020. Disponível em: https://www.camara.leg.br/proposicoesWeb/prop_mostrarintegra?codteor=2265334&filename=PRLP+1+%3D%3E+PL+2630/2020. Acesso em: 03 jul. 2023.

um impacto significativo. A concepção apresentada no PL traz a noção de "risco sistêmico" (art. 7), sendo aqueles "decorrentes da concepção ou do funcionamento dos seus serviços e dos seus sistemas relacionados, incluindo os sistemas algorítmicos". Nesse contexto, o projeto prevê um rol mínimo (art. 7, §2) de riscos que obrigatoriamente devem ser observados, constando, por exemplo, ameaças ao direito à liberdade de expressão, conteúdos relativos à violência contra a mulher, racismo e riscos ao Estado democrático de direito.

Para então considerar os fatores internos da plataforma (art. 7, §3), os provedores devem levar em conta: os sistemas de recomendação, os de moderação de conteúdo, os termos de uso e sua aplicação, sistemas de exibição de publicidade de plataforma e a influência da manipulação maliciosa e intencional no serviço. Além disso, cabe também ao provedor adotar medidas de atenuação "razoáveis, proporcionais e eficazes" (art. 8), baseadas na adaptação dos sistemas, interfaces, termos de uso, processos de moderação de conteúdo, sistemas de priorização e recomendação, dentre outros, bem como, quando solicitado, a concessão de acesso aos dados que contribuam para a identificação e compreensão dos riscos sistêmicos e para avaliação das medidas de mitigação (art. 9).

Visto os conteúdos que contribuem para a identificação do risco sistêmico por parte dos provedores, é possível visualizar situações que, atualmente, poderiam ser identificadas previamente como arriscadas. Por exemplo, casos de moderação de conteúdo por sistemas automatizados, como os já mencionados atos de 8 de janeiro e as violações causadas ao Estado democrático de direito em vista a uma moderação de conteúdo realizada de forma negligente por parte das plataformas digitais.

Já no que diz respeito ao dever de cuidado (art. 11), trata-se de uma obrigação aos provedores que estabelece a atuação de maneira diligente a fim de prevenir e mitigar práticas ilícitas. Assim, os esforços se destinam ao combate à disseminação de conteúdos ilegais, definidos em um rol taxativo que engloba, dentre outros, crimes contra o Estado democrático de direito e atos de terrorismo e preparatórios de terrorismo. Para a avaliação do cumprimento desse dever, por sua vez, a prestação ocorrerá a partir das informações fornecidas pelos provedores para a aferição do risco sistêmico, em avaliação aos relatórios de transparência e pelo tratamento dado frente ao recebimento de notificações e reclamações (art. 11, I, II).

A obrigação acarretada pelo dever de cuidado apresenta uma possibilidade, portanto, de responsabilização administrativa dos intermediários, em caso de descumprimento sistemático dessa obrigação, o que será atestado a partir de uma análise *a posteriori* e considerando o conjunto de esforços da plataforma. A proteção existente no Marco Civil da Internet, por outro lado, diz respeito à responsabilização judicial civil quando da moderação de conteúdos individuais, de modo que se trata de responsabilidades e obrigações de naturezas distintas e complementares.

Passando então aos deveres de transparência (art. 20 e seguintes), são determinados mecanismos para garanti-la, sendo eles focados em quatro tipos específicos: i) termos de uso, diretrizes de comunidade e algoritmos de recomendação; ii) relatórios de transparência; iii) auditoria externa e iv) acesso à pesquisa. Observa-se que todos esses já fazem parte do funcionamento das plataformas digitais atualmente, no entanto sem uma obrigação quanto à forma como tais deveriam ser criadas e/ou manejadas. Frente a isso, o texto do PL determina diretrizes nítidas quanto à operacionalização, tornando-as ferramentas que permitem ao usuário compreender melhor o funcionamento da plataforma.

Assim, no que tange às exigências diante dos termos de uso e diretrizes de comunidade, são relacionados elementos obrigatórios (art. 20), tais como as principais características dos serviços oferecidos, tipos de conteúdo proibidos e canais para o recebimento de reclamações de usuários. Para os sistemas de recomendação, os parâmetros utilizados pelos provedores também devem estar presentes nos termos de uso e diretrizes de comunidade, com ressalva quanto ao segredo comercial e industrial, em relação, por exemplo, aos principais critérios que determinam a recomendação ou direcionamento de conteúdo ao usuário, dentre outros (art 21). Observa-se assim o diálogo[52] estabelecido entre as normas de transparência e o princípio do devido processo, visto que, em alguns casos, o princípio torna possível o aumento das exigências de transparência sob a atuação das plataformas; enquanto em outros, tais exigências asseguram o acompanhamento de garantias previamente definidas para restrição de conteúdo.

Outro ponto relevante trazido pelo texto é a necessidade, por parte dos provedores, de demandar ação humana e consentimento dos usuários para a reprodução automatizada de conteúdos, salvo exceções, bem como a vedação de estímulo à mudança do padrão estabelecido (art. 21, §4), o que demonstra o controle diante da influência dos sistemas automatizados diante dos usuários. Outra medida que confere maior transparência ao emprego dos sistemas automatizados é a necessidade de divulgação das medidas de governança adotadas (art. 22), incluindo, dentre outras, aquelas voltadas para a segurança, confiabilidade, finalidade e precisão dos algoritmos de moderação de conteúdo.

---

52 KURTZ, Lahis Pasquali; DO CARMO, Paloma Rocillo Rolim; VIEIRA, Victor Barbieri Rodrigues. *Transparência na moderação de conteúdo: tendências regulatórias nacionais*. Belo Horizonte: Instituto de Referência em Internet e Sociedade, 2021. Disponível em: https://bit.ly/3xjAUka. Acesso em 12 jul 2023.

A elaboração de relatórios de transparência, por sua vez, trata-se também de uma medida que já existe atualmente, no entanto com alta discricionariedade para os provedores decidirem sobre o seu conteúdo. A partir do PL, porém, alguns elementos passam a ser obrigatórios, tais como a periodicidade semestral, a disponibilização pelos sítios eletrônicos próprios e a presença de informações qualitativas e quantitativas sobre os procedimentos realizados (art. 23).

No que diz respeito à auditoria externa (art. 24), cabe ao provedor da plataforma a sua realização e publicização de forma anual, devendo abordar alguns aspectos mínimos, tais como a eficiência no cumprimento das obrigações de análise e atenuação de riscos sistêmicos, dever de cuidado e risco iminente de dados. Assim, para a realização da auditoria, cabe aos provedores a partilha das informações necessárias com os auditores independentes e, a eles, o cumprimento dos requisitos de segurança e confidencialidade das informações (art. 24, §1, §2).

Por fim, o último mecanismo que versa sobre os deveres de transparência é o acesso à pesquisa (art 25), tratada como a obrigação de os provedores viabilizarem o acesso gratuito a dados desagregados, como o acesso à informações sobre os algoritmos usados na moderação de contas e conteúdos de maneira geral, à instituições científicas, tecnológicas e de inovação, para finalidade de pesquisa acadêmica. Para isso, devem ser observados o segredo industrial, a anonimização e a proteção de dados pessoais — conforme Lei nº 3. 709/18.

Findo os capítulos sobre os deveres de transparência, o tópico final que possui suas normas classificadas como incidentais é o que diz respeito aos deveres sobre a publicidade digital (art 26). Nesse contexto, são definidas regras que obrigam os provedores a fornecer informações atualizadas e de forma periódica em um repositório de anúncios, que deve conter a íntegra de seus conteúdos. Junto a outros mecanismos que também determinam a disponibilidade de informações sobre o histórico de anúncios a que os usuários tiveram contato nos últimos 6 meses (art 28), tratando-se assim de normas que visam a trazer maior consciência quanto ao conteúdo acessado e quanto às fontes de publicidade

Conclusões

O termo constitucionalismo digital ganha espaço na descrição de fenômenos e práticas jurídicas relacionadas à proteção de direitos no ambiente virtual, apesar da falta de consenso. Seu uso, embasado nos princípios do Estado Democrático de Direito, contribui para a criação de modelos regulatórios que limitam o poder das plataformas digitais, reformulando as assimetrias políticas e destacando sua capacidade de atuação. Embora haja divergências sobre sua definição e viabilidade nos debates acadêmicos e legislativos, este artigo considera o conceito válido, viável e útil para compreender a aplicação do direito ao devido processo na moderação de conteúdo no Brasil.

Em relação ao direito ao devido processo, em que pese suas raízes em movimentos sociojurídicos antigos, sua abertura principiológica permite sua adaptação em diferentes épocas históricas. Na sociedade da informação atual, esse direito se manifesta com o objetivo principal de proteger os usuários diante da relação assimétrica de poder com as corporações que controlam as plataformas digitais. A fim de compreender essas questões no ponto de vista do cenário brasileiro, o texto buscou analisar a aplicação do constitucionalismo digital e do direito ao devido processo a partir do exame o Projeto de Lei n. 2630/2020, em sua versão mais recente disponível até o fechamento do texto, a fim de compreender o impacto desses conceitos na regulação das plataformas.

A análise dos artigos revelou a existência de dois conjuntos de normas relacionadas ao devido processo na moderação de conteúdo. O primeiro conjunto corresponde a medidas procedimentais que legitimam o processo de gerenciamento do conteúdo das plataformas, enquanto o segundo conjunto consiste em normas que indiretamente afetam o processo de moderação, muitas vezes de forma principiológica, denominado conjunto de "normas incidentais ao devido processo".

Apesar de o objetivo não ter sido o de examinar detalhadamente os artigos identificados em cada categoria, buscou-se investigar de forma ampla como o constitucionalismo digital, por meio do direito ao devido processo, tem se refletido no ordenamento jurídico brasileiro. Os resultados demonstraram que essa proposta legislativa — a mais robusta quanto ao tema da regulação de plataformas no Brasil até este momento — tem elencado diferentes mecanismos que ilustram a preocupação com a garantia do direito ao devido processo nos processos de tomada decisão na moderação de conteúdo geradas por terceiro, sobretudo no contexto das plataformas digitais.

Referências

ANÚNCIOS golpistas na biblioteca do Meta Ads: novembro de 2022 a janeiro de 2023. NetLab, 7 fev. 2023. Disponível em: https://www.netlab.eco.ufrj.br/blog/anuncios-golpistas-na-biblioteca-do-meta-ads -novembro-de-2022-a-janeiro-de-2023. Acesso em: 29 jun. 2023.

ÁVILA, Humberto Bergmann. Redefinição do dever de proporcionalidade. *Revista de Direito Administrativo*, v. 215, p. 151–179, 1999. DOI: 10.12660/rda.v215.1999.47313. Disponível em: https://bibliotecadigital.fgv.br/ojs/index.php/rda/article/view/47313. Acesso em: 30 jun. 2023.

ÁVILA, Humberto. *Teoria dos Princípios*. 8ª ed. São Paulo: Malheiros, 2008.

ÁVILA, Humberto. O que é «devido processo legal»?. In: DIDIER JR., Fredie (Coord.). *Teoria do processo*: panorama doutrinário mundial. Vol. 2. Salvador: Editora JusPODIVM, 2010. Capítulo XVIII, p. 353-362.

BERMAN, Paul Schiff. *Cyberspace and the State Action Debate*: the Cultural Value of Applying Constitutional Norms to "Private" Regulation. University os Colorado Law Review, v. 71, n. 4, p. 1263-1310, 2000.

BOWERS, John; ZITTRAIN, Jonathan. Answering impossible questions: Content governance in an age of disinformation. *Harvard Kennedy School Misinformation Review*, v. 1, n. 1, 14 jan. 2020. Disponível em: https://misinforeview.hks.harvard.edu/wp-content/uploads/2020/01/bowers_content_governance_disinformation_20200114.pdf. Acesso em: 10 maio 2023.

BRASIL. Câmara dos Deputados. *Parecer proferido em plenário ao Projeto de Lei nº 2.630, de 2020, e apensados*. Institui a Lei Brasileira de Liberdade, Responsabilidade e Transparência na Internet. Brasília, DF: Câmara dos Deputados, 2020. Disponível em: https://www.camara.leg.br/proposicoesWeb/prop_mostrarintegra?codteor=2265334&filename=PRLP+1+%3D%3E+PL+2630/2020. Acesso em: 03 jul. 2023.

BRASIL. Constituição (1988). *Constituição da República Federativa do Brasil*. Disponível em: https://www.planalto.gov.br/ccivil_03/constituicao/constituicao.htm. Acesso em: 20 abr. 2023.

BRASIL. *Decreto nº 592 de 6 de julho de 1992*. Atos Internacionais. Pacto Internacional sobre Direitos Civis e Políticos. Promulgação. Disponível em: http://www.planalto.gov.br/ccivil_03/decreto/1990-1994/d0592.htm. Acesso em: 27 jun. 2023.

BRASIL. *Decreto nº 678, de 6 de novembro de 1992*. Promulga a Convenção Americana sobre Direitos Humanos (Pacto de São José da Costa Rica), de 22 de novembro de 1969. Disponível em: https://legislacao.presidencia.gov.br/atos/?tipo=DEC&numero=678&ano=1992&ato=c6bQTWU1oMFpWTe91. Acesso em: 22 abr. 2023.

BRASIL. Ministério da Justiça e Segurança Pública. *Portaria do Ministro nº 351/2023*. Dispõe sobre medidas administrativas a serem adotadas no âmbito do Ministério da Justiça e Segurança Pública, para fins de prevenção à disseminação de conteúdos flagrantemente ilícitos, prejudiciais ou danosos por plataformas de redes sociais, e dá outras providências. Brasília, DF: Ministério da Justiça e Segurança Pública, [2023]. Disponível em: https://www.conjur.com.br/dl/portaria-ministerio-justica-redes.pdf. Acesso em: 03 jul. 2023.

BRASIL. *Projeto de Lei nº 2630/2020 e seus apensados*. Institui a Lei Brasileira de Liberdade, Responsabilidade e Transparência na Internet. Disponível em: https://www.camara.leg.br/proposicoesWeb/prop_mostrarintegra?codteor=2265334. Acesso em: 20 abr. 2023.

CAMAZANO, Priscila. Entenda os ataques golpistas de 8 de janeiro e seus desdobramentos. *Folha de São Paulo*, 7 fev. 2023. Disponível em: https://www1.folha.uol.com.br/poder/2023/02/entenda-os-ataques-golpistas-de-8-de-janeiro-e-seus-desdobramentos.shtml. Acesso em: 29 jun. 2023.

CELESTE, Edoardo. Constitucionalismo digital: mapeando a resposta constitucional aos desafios da tecnologia digital. *Revista Brasileira de Direitos Fundamentais & Justiça*, v. 15, n. 45, p. 63–91, 2021.

CURY, Maria Eduarda. WhatsApp confirma o envio ilegal de mensagens por grupos políticos. *Exame*, 8 out. 2019. Disponível em: https://exame.com/tecnologia/whatsapp-confirma-envio-ilegal-de-fake-news-por-grupos-politicos-em-2018/. Acesso em: 03 jul. 2023.

DIDIER JR., Fredie. *Curso de direito processual civil*: introdução ao direito processual civil, parte geral e processo de conhecimento. 21ª ed. Salvador: Ed. Jus Podivm, 2019 v. 1.

FITZGERALD, Brian. Software as discourse? A constitutionalism for information society. *Alternative Law Journal*, v. 24, n. 3, p. 144-149, 1999.

GOMES, Pedro Henrique; BARBIÉRI, Luiz Felipe; RODRIGUES, Mateus. Redes sociais tiraram do ar 756 perfis após violência nas escolas. *Portal G1*, 18 abr. 2023. Disponível em: https://g1.globo.com/politica/noticia/2023/04/18/redes-sociais-tiraram-do-ar-756-perfis-apos-ataques-violentos-em-escolas-diz-flavio-dino.ghtml. Acesso em: 29 jun. 2023.

GREGORIO, Giovanni de. The rise of digital constitutionalism in the European Union. *International Journal Of Constitutional Law*, Oxford University Press (OUP). [S.L.], v. 19, n. 1, p. 41-70, 1 jan. 2021.

GRIMM, Dieter. The Achievement of Constitutionalism and its Prospects in a Changed World. In: DOBNER, Petra; LOUGHLIN, Martin (Eds.). *The Twilight of Constitutionalism?* Oxford, NY: Oxford University Press, p. 3-22, 2010.

GRIMMELMANN, James. The virtues of moderation. *Yale Journal of Law & Technology*, vol. 17, p. 42-109, 2015. Disponível em: https://openyls.law.yale.edu/bitstream/handle/20.500.13051/7798/Grimmelmann_The_Virtues_of_Moderation.pdf?sequence=2&isAllowed=y. Acesso em: 17 abr. 2023.

HAGGART, Blayne; KELLER, Clara Iglesias. Democratic legitimacy in global platform governance. *Telecommunications Policy*, v. 45, n. 6, p. 1-17, 2021.

KELEMEN, Daniel. The dangers of constitutional pluralism. In: DAVIES, Gareth; AVBELJ, Matej (Eds.). *Research Handbook on Legal Pluralism and EU Law*. Cheltenham, UK: Edward Elgar Publishing, p. 392-403, 2018.

LIMA, Marcos Francisco Urupá Moraes de; VALENTE, Jonas Chagas Lucio. Regulação de plataformas digitais: mapeando o debate internacional. *Liinc em Revista*. Rio de Janeiro, v. 16, n. 1, e5100, maio 2020. Disponível em: https://revista.ibict.br/liinc/article/view/5100/4650. Acesso em: 25 jan. 2023.

LOO, Rory Van. Federal Rules of Platform Procedure. *The University of Chicago Law Review*, v.88.4, 2021, p. 864 e 865. Disponível em: https://lawreview.uchicago.edu/print-archive/federal-rules-platform-procedure. Acesso em: 10 jun. 2023.

MARTINS, Raíssa Paula; COSTA, Rodrigo Vieira. A influência do processo de constitucionalização do ambiente digital na decisão do Oversight Board no caso Trump. *Revista Rede de Direito Digital, Intelectual & Sociedade*, v. 2, n. 3, 9 dez. 2022. Disponível em: https://revista.ioda.org.br/index.php/rrddis/article/view/36. Acesso em: 14 maio 2023.

MENDES, Gilmar Ferreira; OLIVEIRA FERNANDES, Victor. Constitucionalismo Digital e Jurisdição Constitucional: uma Agenda de Pesquisa para o Caso Brasileiro. *Revista Brasileira de Direito*, Passo Fundo, v. 16, n. 1, p. 1-33, 2020.

NÓBREGA, Liz. Ataques foram convocados, "com tudo grátis", pelas redes sociais. *Desinformante*, 8 jan. 2023. Disponível em: https://desinformante.com.br/atos-antidemocraticos-redes-sociais/. Acesso em: 29 jun. 2023.

ORTOLANI, Pietro. If You Build it, They Will Come: The DSA "Procedure Before Substance" Approach. *In*: HOBOKEN, Joris van et. al. (Org.). *Putting the DSA into Practice*: Enforcement, Access to Justice and Global Implications. Berlim: Verfassungsbooks on Matters Constitucional, 2023, p. 152-166.

PEDUZZI, Pedro. PL das Fake News traz imunidade parlamentar e é criticado. *Agência Brasil*, 29 abr. 2023. Disponível em: https://agenciabrasil.

ebc.com.br/geral/noticia/2023-04/pl-das-fake-news-traz-imunidade-parlamentar-e-e-criticado. Acesso em: 04 jul. 2023.

PEREIRA, Jane Reis Gonçalves; KELLER, Clara Iglesias. Constitucionalismo digital: contradições de um conceito impreciso. *Revista Direito e Práxis*, v. 13, n. 4, p. 2648-2689, 2022.

PIOVESAN, Eduardo; SIQUEIRA, Carol. *Projeto das fake news tem urgência aprovada e irá a voto na próxima terça*. 25 abr. 2023. Disponível em: https://www.camara.leg.br/noticias/955642-projeto-das-fake-news-tem-urgencia-aprovada-e-ira-a-voto-na-proxima-terca-acompanhe/. Acesso em: 13 jul. 2023.

RAMOS, Carlos Eduardo Vieira. *O direito das plataformas*: procedimento, legitimidade e constitucionalização na regulação privada da liberdade de expressão na internet. 2020. Dissertação (Mestrado em Filosofia e Teoria Geral do Direito) - Faculdade de Direito, University of São Paulo, São Paulo, 2020. doi:10.11606/D.2.2020.tde-02052021-222935. Acesso em: 2023-06-30.

REGULAÇÃO de mídias sociais: Dino diz que big techs foram irresponsáveis com ataques de 8 de janeiro. *BBC News*, 27 fev. 2023. Disponível em: https://g1.globo.com/tecnologia/noticia/2023/02/27/regulacao-de-midias-sociais-dino-diz-que-big-techs-foram-irresponsaveis-com-ataques-de-8-de-janeiro.ghtml. Acesso em: 13 jul. 2023.

RESENDE, Otávio Henrique Mayrink. *Construindo novos consensos para proteger a liberdade de expressão na internet*: uma análise do PL 2.630/2020 a partir de uma perspectiva procedimental para regular as grandes plataformas digitais. Trabalho de Conclusão de Curso (Bacharelado em Direito) — Universidade de Brasília, Brasília, 2021.

SCHURIG, Sofia et al. No Google, rede social de culto a massacres escolares fica no topo das buscas. *Núcleo Jornalismo*, 19 abr. 2023. Disponível em: https://nucleo.jor.br/reportagem/2023-04-19-clone-do-twitter-abertamente-nazista-e-indexado-pelo-google/. Acesso em: 29 jun. 2023.

SILVA, Fernanda dos Santos Rodrigues; GERTRUDES, Júlia Maria Caldeira. *Governança da moderação de conteúdo online*: percepções sobre o papel dos atores e regimes. Belo Horizonte: Instituto de Referência em Internet e Sociedade, 2023. Disponível em: https://irisbh.com.br/wp-content/uploads/2023/01/Governanca-da-moderacao-de-conteudo-online-IRIS-1.pdf. Acesso em: 03 jul. 2023.

SILVA, Rafaela Ferreira Gonçalves da. *O devido processo na moderação de conteúdo em plataformas digitais*: uma revisão de literatura. Orientador: Paulo Rená da Silva Santarém. 2023. Trabalho de Conclusão de Curso (Bacharelado em Direito) — Universidade Federal da Bahia, Salvador, 2023, 108 p.

UNIÃO EUROPEIA. *Regulamento (UE) 2022/2065 do Parlamento Europeu e do Conselho de 19 de outubro de 2022*. Relativo a um mercado único para os serviços digitais e que altera a Diretiva 2000/31/CE (Regulamento dos Serviços Digitais). Disponível em: https://eur-lex.europa.eu/legal-content/PT/TXT/HTML/?uri=CELEX:32022R2065. Acesso em: 18 abr. 2023.

4.

O IMPACTO GLOBAL DO CONSTITUCIONALISMO DIGITAL: PERSPECTIVAS E IMPLICAÇÕES

Lucas Henrique Muniz da Conceição

Introdução

O constitucionalismo digital tem se desenvolvido como teoria que descreve a extensão de princípios constitucionais ao ambiente digital e à sociedade algorítmica. Há, entretanto, uma diversidade de perspectivas teóricas utilizadas para melhor compreender o fenômeno e seu valor normativo e político.

Enquanto o discurso do constitucionalismo digital se pauta majoritariamente sob uma perspectiva liberal e normativista, a repercussão e interpretação do conceito em diferentes ordens normativas tem levado a diferentes reações institucionais e jurídicas.[1] Aliado ao conceito do "Efeito de Bruxelas", a visão prevalentemente europeia de constitucionalismo digital pressupõe a universalidade de valores, necessidades, e arranjos institucionais para regulação do exercício do poder na sociedade algorítmica.[1]

Por outro lado, sob uma perspectiva societal, o constitucionalismo digital compreende a constitucionalização de diversas esferas de poder, definindo prescrições normativas que buscam estabilizar conflitos entre uma pluralidade de espaços normativos com vistas a reconciliar respostas nor-

1 VILLA, L. H. O.; CONCEIÇÃO, L. H. M. Sleeping with Ghosts: Latin America's Struggle to Protect the Digital Sphere. *The Digital Constitutionalist Blog*. 18 jan. 2023. Disponível em: <https://digi-con.org/sleeping-with-ghosts-latin-americas-struggle-to-protect-the-digital-sphere/>. Acesso em: 22 fev. 2023.

mativas com a necessária reflexividade dos ambientes sociais e políticos a que se inserem.[2]

Este curto ensaio analisa criticamente o conceito através de uma abordagem ampla. Observa-se que, a perspectiva liberal e normativa do conceito de constitucionalismo digital limita a sua aplicabilidade frente à expoente complexidade da regulação da moderação de conteúdo em plataformas digitais, observando somente um estigma de embate entre poderes constituídos e modelos de governança privada.

1. Pensamento Liberal-Normativista e o Constitucionalismo Digital

Várias formulações contemporâneas usam os termos constituição e constitucionalismo para explicar as mudanças no funcionamento dos poderes e sistemas normativos que vão além ou se sobrepõem ao estado-nação e seus limites territoriais. Exemplos dessa tendência são as noções de pluralismo constitucional,[3] constitucionalismo global[4] e constitucionalismo multinível.[5] Esses referenciais teóricos diferem na forma como abordam a compreensão do fenômeno da constitucionalização, seus processos, e sua institucionalização em ordens jurídicas nacionais, internacionais e transnacionais. Em geral, esses conceitos definem o constitucionalismo como um conjunto de princípios, como o estado de direito, a separação de poderes, a proteção dos direitos fundamentais, a democracia e a solidariedade, que, juntamente a um arcabouço institucional, são capazes de garantir sua eficácia para limitação do poder. Destarte, pressupõe-se que estes princípios e arranjos institucionais devem ser usados como parâmetros para ins-

---

2 GOLIA, A. The Critique of Digital Constitutionalism. *MPIL Research Paper Series*, v. 2022, n. 13, 2022. Disponível em: <https://doi.org/10.2139/ssrn.4145813>. Acesso em: 10 out 2022.

3 NEVES, M. From Constitutionalism to Transconstitutionalism: Beyond Constitutional Nationalism, Cosmopolitan Constitutional Unity and Fragmentary Constitutional Pluralism. *Em*: THORNHILL, C.; BLOKKER, P. (org.). Sociological Constitutionalism. Cambridge: *Cambridge University Press*, 2017. p. 267–312.

4 PETERS, A. Compensatory Constitutionalism: The Function and Potential of Fundamental International Norms and Structures. *Leiden Journal of International Law*, v. 19, n. 3, p. 579–610, 2006. Disponível em: <https://doi.org/10.1017/S0922156506003487>. Acesso em: 10 nov 2021; Global Constitutionalism. Em: *The Encyclopedia Of Political Thought*. London: John Wiley & Sons, Ltd, 2014. p. 1484–1487. Disponível em: <https://doi.org/10.1002/9781118474396.wbept0421>. Acesso em: 26 jan. 2021.

5 WALKER, N. Multilevel Constitutionalism: Looking Beyond the German Debate. Em: TUORI, K.; SANKARI, S. (org.). The Many Constitutions of Europe. London: *Routledge*, 2010. p. 141-166.

pirar estratégias para o aprimoramento da legitimidade da ordem jurídica internacional e suas instituições sem exigir a criação de um estado global.[6]

O conceito de constitucionalismo digital ressurge neste contexto, a partir de diferentes abordagens do direito internacional, teoria política e direito constitucional. Nicholas Suzor acredita que as comunidades virtuais devem incorporar princípios derivados do estado de direito, incluindo devido processo legal, igualdade, legalidade e previsibilidade, em suas políticas internas e termos de serviço para garantir a governança legítima no setor privado.[7] De acordo com o autor, a previsibilidade das regras dos usuários da Internet é essencial para a legitimidade da governança privada, enquanto o constitucionalismo se distingue da anarquia ao garantir que as regras sejam aplicadas de maneira justa, igualitária e previsível. Além disso, Suzor observa que a legitimidade da governança exercida pelas plataformas digitais deve ser avaliada a partir da análise das garantias de autodeterminação dos usuários em suas comunidades virtuais.[8]

Celeste enquadra o constitucionalismo digital para além da tradução de princípios de direito público em regimes de direito privado, percebendo-o como a ideologia que permeia o desenvolvimento nacional, regional e transnacional de práticas regulatórias voltadas para a proteção dos direitos fundamentais e o equilíbrio de poderes no ambiente digital.[9] A abordagem de Celeste enxerga a internet como uma questão regulatória global que exige contrarreações constitucionais em vários níveis de governança. Como tal, a abordagem do autor, embora centrada na análise de declarações de direitos da Internet,[10] está intimamente ligada ao quadro teórico do constitucionalismo global, que (i) apela para o desenvolvimento do direito constitucional global como uma estratégia para compensar a desconstitucionalização de mecanismos de governança nacionais, e (ii) considerando diversas camadas de governança, argumenta que o constitucionalismo deve se concentrar na tradução de funções constitucionais nacionais em

---

6 PETERS, 2014.; PETERS, A. Global Constitutionalism: The Social Dimension. *Em*: PETERS, A. *et al.* (org.). Global Constitutionalism from European and East Asian Perspectives. Cambridge: *Cambridge University Press*, 2018. p. 277–350.

7 SUZOR, N. P. Digital Constitutionalism: Using the Rule of Law to Evaluate the Legitimacy of Governance by Platforms: *Social Media + Society*, v. 4, n. 3, p. 1–11, 2018. Disponível em: <https://doi.org/10.1177/2056305118787812>. Acesso em: 26 set 2018.

8 SUZOR, N. P. Lawless: The Secret Rules That Govern our Digital Lives. Cambridge: *Cambridge University Press*, 2019.

9 CELESTE, E. Digital constitutionalism: A new systematic theorisation. *International Review of Law, Computers & Technology*, v. 33, n. 1, p. 76–99, 2019. Disponível em: <https://doi.org/10.1080/13600869.2019.1562604>. Acesso em: 22 jan 2019.

10 CELESTE, E. Digital Constitutionalism: The Role of Internet Bills of Rights. London: *Routledge*, 2022.

ordens normativas internacionais, elaborando uma estrutura cognitiva de constitucionalismo cosmopolita.[11]

Em contrapartida, Gregorio sinaliza a ascensão do constitucionalismo digital na União Europeia (UE) ao abordar a transição do quadro regulamentar sobre moderação de conteúdo e proteção de dados desde uma abordagem liberal para um novo arranjo normativo constitucionalista.[12] Gregorio destaca como essa transição deriva da incorporação da Carta dos Direitos Fundamentais da EU (2000) pelo Tratado de Lisboa (2009) ao quadro jurídico da UE, permitindo que o Tribunal de Justiça Europeu aplique direitos fundamentais de forma mais ativista. Esta transição, indica Gregorio, modificou o quadro regulatório liberal previsto na antiga Diretiva de Proteção de Dados da EU (1995/46/EC) e Diretiva de Comércio Eletrônico (2000/31/EC).

Em relação aos poderes constitucionais, Gregorio e Pollicino expandem a noção de proteção dos direitos fundamentais para argumentar a necessidade de restringir os poderes privados (digitais), defendendo um modelo regulatório rigoroso baseado na supervisão estatal e no quadro institucional.[13] Os autores percebem a ampliação dessa agenda constitucionalista-digital através dos avanços regulatórios da UE, especificamente pela promulgação do Regulamento Geral de Proteção de Dados (GDPR – 2016/679/EU), a estratégia DSM estabelecida pela Comissão e a Lei de Serviços Digitais (DSA – 2022/2065/EU).[14]

Em geral, essa perspectiva percebe os poderes privados como antagonistas aos poderes constituídos pelo Estado e atribui valor constitucional ao ativismo judicial que busca limitá-los e às tentativas legislativas e regulatórias que desde então foram desenvolvidas para conter o "*big-tech*".[15]

---

11 PETERS, 2006.; KUMM, M. Constituent power, cosmopolitan constitutionalism, and post-positivist law. *International Journal of Constitutional Law*, v. 14, n. 3, p. 697–711, 2016. Disponível em: <https://doi.org/10.1093/icon/mow050>. Acesso em: 13 mar 2019.

12 GREGORIO, G. D. The Rise of Digital Constitutionalism in the European Union. *International Journal of Constitutional Law*, v. 19, n. 1, p. 41–70, 2021. Disponível em: <https://doi.org/10.1093/icon/moab001>. Acesso em: 19 out 2021.

13 GREGORIO, G. de. Digital Constitutionalism in Europe: Reframing Rights and Powers in the Algorithmic Society. Cambridge: *Cambridge University Press*, 2022.

14 EUROPEAN COMMISSION. *Communication from the Commission to the European Parliament, the Council, the European Economic And Social Committee and the Committee of the Regions: A Digital Single Market Strategy for Europe*. 2015. Disponível em: https://eur-lex.europa.eu/legal-content/EN/TXT/?uri=celex%3A52015DC0192. Acesso em: 27 maio 2022.

15 POLLICINO, O.; GREGORIO, G. D. Constitutional Law in the Algorithmic Society. *Em*: MICKLITZ, H.-W. *et al.* (org.). Constitutional Challenges in the Algorithmic Society. Cambridge: *Cambridge University Press*, 2021. p. 3–24; MENDES, G. F.; FERNANDES, V. O. Digital Constitutionalism and Constitutional Jurisdiction: A Research Agenda for the Brazilian Case. *Em*: BLANCO DE MORAIS, C.; FERREIRA MENDES, G.; VESTING, T. (org.). *The Rule of Law in Cyberspace*. Cham: Springer International Publishing, 2022. p. 65–87.

O constitucionalismo digital, conforme desenvolvido por Suzor, Celeste e Gregorio, concebe o "constitucionalismo" em sua interpretação moderna, com foco em uma perspectiva liberal e normativa da teoria política. Ao considerar o conceito de democracia, replicam pressupostos do pensamento liberal ao reduzir o aspecto político da teoria constitucional e da democracia constitucional à política representativa. Esses pressupostos não contemplam as críticas internas ao liberalismo político, tanto do ponto de vista republicano (e ainda normativo)[16] quanto do ponto de vista societal.[17] Essa perspectiva apresenta dificuldades para o fortalecimento da regulamentação regional dos exercícios de poder transnacionais sem impor perspectivas locais globalmente, o que será abordado na seção seguinte.

2. O Efeito Bruxelas no Contexto da Política Digital

O "Efeito Bruxelas" é concebido como a influência de fato e de direito da estrutura regulatória da UE para além da organização supranacional, causada uma combinação de fatores como o tamanho do mercado da UE, sua capacidade regulatória, a rigidez dos padrões estabelecidos e a inelasticidade e a não visibilidade do mercado-alvo.[18] A expansão de fato se deve à importância de seu mercado na economia política digital e pode ser analisada pelo sucesso do GDPR como uma regulamentação mais rígida que foi adotada de forma voluntária por empresas no ambiente digital e por nações além do alcance regulatório da UE.[19]

Embora o Efeito Bruxelas de fato esteja intimamente relacionado a razões econômicas, como os efeitos de rede e os menores custos para empresas privadas que simplificam seus procedimentos internos, a expressão de direito do Efeito de Bruxelas é sustentada por políticas expansivas mais proativas da UE, considerando, por exemplo, a exigência na estrutura regulatória da UE para compartilhamento de dados apenas com países externos que garantem padrões semelhantes de proteção. Esses requisitos levam a decisões de adequação por parte da Comissão, ao uso de cláusulas con-

16 LOUGHLIN, M. Against Constitutionalism. Cambridge, Massachusetts: *Harvard University Press*, 2022.

17 CHRISTODOULIDIS, E. A. Law and Reflexive Politics. Dordrecht: *Kluwer Academic Publishers*, 1998. ; TEUBNER, G. Constitutional Fragments: Societal Constitutionalism and Globalization. Tradução: Gareth Norbury. Oxford: *Oxford University Press*, 2012.

18 BRADFORD, A. The Brussels effect: How the European Union rules the world. New York, NY: *Oxford University Press*, 2020.

19 BRADFORD, A. The Brussels effect: How the European Union rules the world. New York, NY: *Oxford University Press*, 2020, p. 131–170.

tratuais padrão e à implementação de padrões de proteção de dados como requisitos em acordos de livre comércio com países terceiros. A definição de Gregorio do constitucionalismo digital se vincula como a expressão de direito do fenômeno.

No que diz respeito à política digital, tanto Bradford quanto Gregorio distinguem entre os regulamentos da UE com foco na proteção de dados e no discurso online. Em relação à regulamentação do discurso online, no entanto, a análise de Bradford sobre o Efeito Bruxelas diverge da narrativa constitucional que pautou a promulgação do DSA na Europa. Bradford argumenta que, embora a UE mantenha uma estrutura legal rígida sobre discurso de ódio, ela escolheu uma abordagem participativa e voluntária em seus esforços para policiar o discurso online. A autora destaca essa dinâmica por meio da adoção pela Comissão do Código Voluntário de Conduta para Combater o Discurso de Ódio Online, assim como o Código de Prática sobre Desinformação, que estabelece uma estrutura voluntária para as plataformas aderirem a práticas para conter a desinformação online.[20] Desde a publicação do trabalho de Bradford, ambos os Código foram amplamente revisados para implementar uma abordagem menos participativa. Além disso, o regulamento DSA previu uma postura mais restritiva e centralizada da Comissão, que passa a compartilhar funções de supervisão com Coordenadores de Serviços Digitais em cada estado-membro da UE (art. 36, 58, 60-63 do DSA).

Abordando a crítica do possível imperialismo regulatório pelo Efeito Bruxelas, Bradford destaca que a UE defende seu alcance regulatório retratando-se como um defensor de normas que servem ao bem-estar global – "uma hegemonia benigna expandindo políticas públicas e valores que são juridicamente desejáveis e universalmente aplicáveis".[21] Essa justificativa também é percebida no relato de Gregorio, no qual ele argumenta que o objetivo da UE não é estender um possível imperialismo constitucional europeu, mas sim proteger os direitos fundamentais individuais.[22]

Ambas as justificativas mantêm um paradoxo interno. Bradford argumenta que o bem-estar deve ser medido em termos de acesso a melhores serviços, respeitando a autonomia política dentro das estruturas democrá-

---

20 BRADFORD, A. The Brussels effect: How the European Union rules the world. New York, NY: *Oxford University Press*, 2020, p. 155–159.

21 Tradução livre. ["a benign hegemon expanding policies and values that are normatively desirable and universally applicable"]. BRADFORD, A. The Brussels effect: How the European Union rules the world. New York, NY: *Oxford University Press*, 2020, p. 249.

22 GREGORIO, G. de. Digital Constitutionalism in Europe: Reframing Rights and Powers in the Algorithmic Society. Cambridge: *Cambridge University Press*, 2022, p. 309–310.

ticas do país onde os destinatários de serviços e produtos estão situados.[23] Este bem-estar global, no entanto, só é alcançável se os direitos fundamentais individuais europeus forem combinados na sua interpretação e aplicação a diferentes regiões do globo, o que reforça a justificativa de Gregorio e pressupõe que os direitos humanos internacionais e os valores fundamentais da UE são um conceito unificado.[24]

Essa visão universalista impede a possibilidade de outras regiões definirem sua interpretação e aplicação dos direitos humanos de acordo com suas necessidades sociais, políticas e culturais. Também apoia os interesses corporativos das plataformas, uma vez que uma estrutura regulatória padronizada é inerentemente mais fácil, e menos custosa, de manter globalmente. Mesmo que "benigno", um ente hegemônico ainda exerce um tipo de dominação, que no caso do Efeito Bruxelas, destaca-se não apenas por sua supremacia técnica, financeira e militar, mas também pela universalização de valores, cultura e forma de interpretar o mundo.

3. Abordando Criticamente o Constitucionalismo Digital e a Regulamentação das Plataformas

Com foco nas abordagens liberal e normativa do constitucionalismo, as perspectivas do constitucionalismo digital apoiam uma narrativa constitucional específica que percebe um papel ampliado dos tribunais constitucionais na promoção dos direitos fundamentais no ambiente digital.[25] Essa perspectiva, no entanto, contorna o caráter global da internet, desestimula os mecanismos instituídos que permitem a regulação participativa dos ser-

23 BRADFORD, A. The Brussels effect: How the European Union rules the world. New York, NY: *Oxford University Press*, 2020, p. 235.

24 GREGORIO, G. de. Digital Constitutionalism in Europe: Reframing Rights and Powers in the Algorithmic Society. Cambridge: *Cambridge University Press*, 2022, 2022, p. 310.; MUTUA, M. What is TWAIL? *Proceedings of the ASIL Annual Meeting*, [s. l.], v. 94, p. 31–38, 2000. Disponível em: <https://doi.org/10.1017/S0272503700054896>. Acesso em: 11 jan 2021.

25 MENDES, G. F.; FERNANDES, V. O. Digital Constitutionalism and Constitutional Jurisdiction: A Research Agenda for the Brazilian Case. *Em*: BLANCO DE MORAIS, C.; FERREIRA MENDES, G.; VESTING, T. (org.). *The Rule of Law in Cyberspace*. Cham: Springer International Publishing, 2022.

viços de internet e dificulta a efetiva proteção de direitos por meio de uma ampla abordagem processualista e tecnocrata.[26]

Um efeito paralelo dessa abordagem, além da fragmentação das perspectivas regulatórias e do efeito extraterritorial das decisões soberanas, é a superação de uma abordagem multissetorial para a regulação digital que, em múltiplas instâncias e em diferentes regiões, tem se mostrado mais eficiente, legítima, e coerente com a natureza transnacional dos serviços prestados pelas plataformas digitais.[27]

Além disso, o foco nas reações normativas têm levado as próprias empresas privadas a empregar mecanismos burocráticos que regulam o discurso de maneiras que raramente refletem as necessidades e particularidades da moderação de conteúdo.[28] Um exemplo proeminente é o Conselho de Supervisão da Meta que adota uma estrutura e jurisdição semelhantes às da Suprema Corte dos Estados Unidos e, em vez de promover efetivamente a legitimidade, a responsabilidade e um mecanismo de governança mais pluralista, bloqueia as preocupações técnicas e políticas dentro de uma abordagem tecnocrática da moderação de conteúdo.[29] Isso alimenta, de forma circular, o argumento do constitucionalismo digital, que se limita

---

26 CONCEIÇÃO, L. H. M. Articulating Legitimacy through Policy Recommendations: Meta's Oversight Board and the Constitutionalisation of Platform Governance. *Verfassungsblog*, 2022a. Disponível em: <https://doi.org/10.17176/20221215-121659-0>. Acesso em: 26 dec 2022.; DOUEK, E. The Siren Call of Content Moderation Formalism. *Em*: BOLLINGER, L. C.; STONE, G. R. (org.). Social Media, Freedom of Speech, and the Future of our Democracy. New York: *Oxford Academic*, 2022b; DOUEK, E. Content Moderation as Systems Thinking. *Harvard Law Review*, v. 136, n. 2, p. 526, 2022a; KLONICK, K. Of Systems Thinking and Straw Men. *Harvard Law Review*, v. 136, n. 6, p. 339, 2023.

27 CONCEIÇÃO, L. H. M. You Want it Darker? The Brazilian Supreme Court Kills the Flame: The Temporary Suspension of Telegram Services in Brazil. *I-Connect: Blog Of The International Journal Of Constitutional Law*, 2022c. Disponível em: <http://www.iconnectblog.com/you-want-it-darker-the-brazilian-supreme-court-kills-the-flame-the-temporary-suspension-of-telegram-services-in-brazil/>. Acesso em: 1 mai 2022; JONGEN, H.; SCHOLTE, J. A. Legitimacy in Multistakeholder Global Governance at ICANN. *Global Governance: A Review of Multilateralism and International Organizations*, v. 27, n. 2, p. 298–324, 2021. Disponível em: <https://doi.org/10.1163/19426720-02702004>. Acesso em: 25 maio 2022.; LEMOS, R. *et al.* Fighting Spam the Multistakeholder Way – A Case Study on the Port 25/TCP Management in the Brazilian Internet: *Internet Governance Case Studies*, 2015. Disponível em: <https://publixphere.net/i/noc/page/IG_Case_Study_Fighting_Spam_the_Multistakeholder_Way.html>. Acesso em: 1 mar. 2022.

28 BALKIN, J. M. Free Speech is a Triangle. *Columbia Law Review*, v. 118, n. 07, p. 2011–2056, 2018. Disponível em: https://columbialawreview.org/content/free-speech-is-a-triangle/. Acesso em: 12 fev. 2022.; GILLESPIE, T. Custodians of the Internet: Platforms, Content Moderation, and the Hidden Decisions That Shape Social Media. New Haven: *Yale University Press*, 2018. ; KLONICK, 2023.

29 CONCEIÇÃO, L. H. M. Articulating Legitimacy through Policy Recommendations: Meta's Oversight Board and the Constitutionalisation of Platform Governance. *Verfassungsblog*, 2022a. Disponível em: <https://doi.org/10.17176/20221215-121659-0>. Acesso em: 26 dec 2022.

a apontar a incapacidade de estruturas autorregulatórias mesmo quando estas replicam princípios e valores de direito público em suas estruturas de governança.

Há, no entanto, uma abordagem diferente da teoria constitucional, seguindo as premissas da teoria sistêmica-social, que considera radicalmente a constitucionalização das estruturas de governança em comunidades virtuais. Uma perspectiva societal do constitucionalismo considera a institucionalização de estruturas autorreguladoras como a formação de constituições civis.[30] Estas constituições dão lugar às múltiplas complexidades do meio social a que pertencem, desenvolvendo-se autonomamente através do acoplamento estrutural de ideais sociais e instrumentos normativos.[31] Mais do que perceber os fenômenos constitucionais apenas a partir da perspectiva de restrição do poder por estruturas normativas, ele garante a generalização e reespecificação dos padrões de legitimidade que apoiam os mecanismos de limitação do poder, onde for que ele seja exercido.[32]

Esta diferenciação é crucial, pois a percepção da constitucionalização da moderação de conteúdo e governança de plataforma depende da amplificação das vozes que definem a política interna que produz as decisões das plataformas e interfere no direito de seus usuários. Destarte, essa perspectiva compreende os usuários e proprietários de plataformas como novos atores políticos exercendo formas de ação política que circunscrevem funções, arenas, processos e estruturas constitucionais.[33] Neste contexto, permite-se a democratização das práticas de governança para além das determinações dos estados-nação, dando voz efetiva aos usuários e cidadãos para além dos mecanismos tradicionais da política representativa estatal.

Conclusões

Em contraste com as constituições civis estabelecidas em plataformas online globais, as respostas constitucionais dos estados-nação à regulamen-

30 TEUBNER, Constitutional Fragments: Societal Constitutionalism and Globalization. Tradução: Gareth Norbury. Oxford: *Oxford University Press*, 2012, p. 17–21.

31 TEUBNER, G. Constitutional Drift: Spontaneous Co-evolution of Social "Ideas" and Legal "Form". *Em*: DOWDLE, M. W.; WILKINSON, M. A. (org.). Constitutionalism Beyond Liberalism. Cambridge: *Cambridge University Press*, 2017. p. 79–95.

32 CHRISTODOULIDIS, E. A. Law and Reflexive Politics. Dordrecht: *Kluwer Academic Publishers*, 1998, p. 61–72.; THORNHILL, C. The Sociology of Law and the Global Transformation of Democracy. Cambridge: *Cambridge University Press*, 2018. (Global Law Series). p. 5.

33 TEUBNER, 2012, p. 102–113.; TEUBNER, G. Quod omnes tangit: Transnational Constitutions Without Democracy? **Journal of Law and Society**, v. 45, n. S1, p. S5–S29, 2018. p. 11–13. Disponível em: <https://doi.org/10.1111/jols.12102>. Acesso em: 04 abr 2020.

tação da governança de plataformas têm sido variadas.[34] Cada reação nacional tem sua justificativa, e não há uma solução única que atenda a todas as demandas da pluralidade de usuários atendidos pelas plataformas de rede social. A noção de constitucionalismo societal no contexto de modelos autorreguladores oferece uma alternativa diferente. Ao invés de replicar a dualidade entre estado-nação e poder privado, ela percebe as comunidades virtuais como ambientes sociais e políticos que devem, de acordo com sua própria racionalidade, responder diretamente às demandas e necessidades de seus usuários. Embora essa abordagem exija mais das próprias plataformas, uma vez que a multiplicidade de usuários representa uma multiplicidade de perspectivas e interpretações sobre seus direitos e liberdades na plataforma, negar a reflexividade de preocupações regionais específicas em regulamentações privadas e nacionais é crucial para o desenvolvimento de uma internet acessível e plural que estende seus benefícios para além das exigências e necessidades do mercado.

Referências

BALKIN, J. M. Free Speech is a Triangle. *Columbia Law Review*, v. 118, n. 07, p. 2011–2056, 2018. Disponível em: https://columbialawreview.org/content/free-speech-is-a-triangle/. Acesso em: 12 fev. 2022.

BRADFORD, A. The Brussels effect: How the European Union rules the world. New York, NY: *Oxford University Press*, 2020.

CELESTE, E. Digital constitutionalism: A new systematic theorisation. *International Review of Law, Computers & Technology*, v. 33, n. 1, p. 76–99, 2019. Disponível em: <https://doi.org/10.1080/13600869.2019.1562604>. Acesso em: 22 jan 2019.

______. Digital Constitutionalism: The Role of Internet Bills of Rights. London: *Routledge*, 2022.

CHRISTODOULIDIS, E. A. Law and Reflexive Politics. Dordrecht: *Kluwer Academic Publishers*, 1998.

CONCEIÇÃO, L. H. M. Articulating Legitimacy through Policy Recommendations: Meta's Oversight Board and the Constitutionalisation of Platform Governance. *Verfassungsblog*, 2022a. Disponível em: <https://doi.org/10.17176/20221215-121659-0>. Acesso em: 26 dec 2022.

34 Alguns empregam um discurso de direitos fundamentais para submeter as plataformas a um controle estatal mais amplo, ignorando, dessa forma, em parte, seu caráter transnacional. Outros investem em regulação reflexiva para garantir eficiência e cumprimento de determinações mais amplas ou mantêm uma abordagem libertária em sintonia com a regulação de outras tecnologias digitais.

______. Digital Constitutionalism: The Intersection of National Politics and Transnational Platform Governance. Em: *THE DIGITAL CONSTITUTIONALIST.* 23 jan. 2022b. Disponível em: https://digi-con.org/digital-constitutionalism-the-intersection-of-national-politics-and-transnational-platform-governance/

______. You Want it Darker? The Brazilian Supreme Court Kills the Flame: The Temporary Suspension of Telegram Services in Brazil. *I-Connect: Blog Of The International Journal Of Constitutional Law*, 2022c. Disponível em: <http://www.iconnectblog.com/you-want-it-darker-the-brazilian--supreme-court-kills-the-flame-the-temporary-suspension-of-telegram-services-in-brazil/>. Acesso em: 1 mai 2022.

DOUEK, E. Content Moderation as Systems Thinking. *Harvard Law Review*, v. 136, n. 2, p. 526, 2022a.

______. The Siren Call of Content Moderation Formalism. *Em*: BOLLINGER, L. C.; STONE, G. R. (org.). Social Media, Freedom of Speech, and the Future of our Democracy. New York: *Oxford Academic*, 2022b.

EUROPEAN COMMISSION. *Communication from the Commission to the European Parliament, the Council, the European Economic And Social Committee and the Committee of the Regions: A Digital Single Market Strategy for Europe.* 2015. Disponível em: https://eur-lex.europa.eu/legal-content/EN/TXT/?uri=celex%3A52015DC0192. Acesso em: 27 maio 2022.

GILLESPIE, T. Custodians of the Internet: Platforms, Content Moderation, and the Hidden Decisions That Shape Social Media. New Haven: *Yale University Press*, 2018.

GOLIA, A. The Critique of Digital Constitutionalism. *MPIL Research Paper Series*, v. 2022, n. 13, 2022. Disponível em: <https://doi.org/10.2139/ssrn.4145813>. Acesso em: 10 out 2022.

GREGORIO, G. de. Digital Constitutionalism in Europe: Reframing Rights and Powers in the Algorithmic Society. Cambridge: *Cambridge University Press*, 2022.

______. The Rise of Digital Constitutionalism in the European Union. *International Journal of Constitutional Law*, [*s. l.*], v. 19, n. 1, p. 41–70, 2021. Disponível em: https://doi.org/10.1093/icon/moab001.

JONGEN, H.; SCHOLTE, J. A. Legitimacy in Multistakeholder Global Governance at ICANN. *Global Governance: A Review of Multilateralism and International Organizations*, v. 27, n. 2, p. 298–324, 2021. Disponível em: https://doi.org/10.1163/19426720-02702004. Acesso em: 25 maio 2022.

KLONICK, K. Of Systems Thinking and Straw Men. *Harvard Law Review*, v. 136, n. 6, p. 339, 2023.

KUMM, M. Constituent power, cosmopolitan constitutionalism, and post-positivist law. *International Journal of Constitutional Law*, v. 14, n. 3, p.

697–711, 2016. Disponível em: <https://doi.org/10.1093/icon/mow050>. Acesso em: 13 mar 2019.

LEMOS, R. *et al.* Fighting Spam the Multistakeholder Way – A Case Study on the Port 25/TCP Management in the Brazilian Internet: *Internet Governance Case Studies*, 2015. Disponível em: <https://publixphere.net/i/noc/page/IG_Case_Study_Fighting_Spam_the_Multistakeholder_Way.html>. Acesso em: 1 mar. 2022.

LOUGHLIN, M. Against Constitutionalism. Cambridge, Massachusetts: *Harvard University Press*, 2022.

MENDES, G. F.; FERNANDES, V. O. Digital Constitutionalism and Constitutional Jurisdiction: A Research Agenda for the Brazilian Case. Em: BLANCO DE MORAIS, C.; FERREIRA MENDES, G.; VESTING, T. (org.). *The Rule of Law in Cyberspace*. Cham: Springer International Publishing, 2022. p. 65–87.

MUTUA, M. What is TWAIL? *Proceedings of the ASIL Annual Meeting*, v. 94, p. 31–38, 2000. Disponível em: https://doi.org/10.1017/S0272503700054896

NEVES, M. From Constitutionalism to Transconstitutionalism: Beyond Constitutional Nationalism, Cosmopolitan Constitutional Unity and Fragmentary Constitutional Pluralism. Em: THORNHILL, C.; BLOKKER, P. (org.). Sociological Constitutionalism. Cambridge: *Cambridge University Press*, 2017. p. 267–312.

PETERS, A. Compensatory Constitutionalism: The Function and Potential of Fundamental International Norms and Structures. *Leiden Journal of International Law*, v. 19, n. 3, p. 579–610, 2006. Disponível em: <https://doi.org/10.1017/S0922156506003487>. Acesso em: 10 nov 2021.

______, Global Constitutionalism. *Em*: *The Encyclopedia Of Political Thought*. London: John Wiley & Sons, Ltd, 2014. p. 1484–1487. Disponível em: <https://doi.org/10.1002/9781118474396.wbept0421>. Acesso em: 26 jan. 2021.

______. Global Constitutionalism: The Social Dimension. *Em*: PETERS, A. *et al.* (org.). Global Constitutionalism from European and East Asian Perspectives. Cambridge: *Cambridge University Press*, 2018. p. 277–350.

POLLICINO, O.; GREGORIO, G. D. Constitutional Law in the Algorithmic Society. *Em*: MICKLITZ, H.-W. *et al.* (org.). Constitutional Challenges in the Algorithmic Society. Cambridge: *Cambridge University Press*, 2021. p. 3–24.

SUZOR, N. P. Digital Constitutionalism: Using the Rule of Law to Evaluate the Legitimacy of Governance by Platforms: *Social Media + Society*, v. 4, n. 3, p. 1–11, 2018. Disponível em: <https://doi.org/10.1177/2056305118787812>. Acesso em: 26 set 2018.

SUZOR, N. P. Lawless: The Secret Rules That Govern our Digital Lives. Cambridge: *Cambridge University Press*, 2019.

TEUBNER, G. Constitutional Drift: Spontaneous Co-evolution of Social "Ideas" and Legal "Form". *Em*: DOWDLE, M. W.; WILKINSON, M. A. (org.). Constitutionalism Beyond Liberalism. Cambridge: *Cambridge University Press*, 2017. p. 79–95.

______. Constitutional Fragments: Societal Constitutionalism and Globalization. Tradução: Gareth Norbury. Oxford: *Oxford University Press*, 2012.

______. Quod omnes tangit: Transnational Constitutions Without Democracy?. *Journal of Law and Society*, v. 45, n. S1, p. S5–S29, 2018. p. 11–13. Disponível em: <https://doi.org/10.1111/jols.12102>. Acesso em: 04 abr 2020.

THORNHILL, C. The Sociology of Law and the Global Transformation of Democracy. Cambridge: *Cambridge University Press*, 2018.

VILLA, L. H. O.; CONCEIÇÃO, L. H. M. Sleeping with Ghosts: Latin America's Struggle to Protect the Digital Sphere. *The Digital Constitutionalist Blog*. 18 jan. 2023. Disponível em: <https://digi-con.org/sleeping-with-ghosts-latin-americas-struggle-to-protect-the-digital-sphere/>. Acesso em: 22 fev. 2023.

WALKER, N. Multilevel Constitutionalism: Looking Beyond the German Debate. Em: TUORI, K.; SANKARI, S. (org.). The Many Constitutions of Europe. London: *Routledge*, 2010.

5.

PERCEPÇÕES E EXPECTATIVAS SOBRE O COMITÊ DE SUPERVISÃO DA META

Laurianne-Marie Schippers

Introdução

Como se pode perceber a partir das demais contribuições a este livro, moderar conteúdo não é algo trivial. Com quatro diferentes tipos de redes gigantes sob o guarda-chuva da Meta atualmente (Facebook, Instagram, WhatsApp e a mais recente adição, o Threads), tomar decisões que diretamente afetam a liberdade de expressão *online* sozinho pode ser algo ainda mais complexo. A partir de novembro de 2018,[1] iniciou-se a construção de um órgão externo — e, a princípio, independente — ao Facebook (hoje, Meta[2]) para auxiliá-lo a compreender melhor como a moderação de conteúdo deveria ser feita, o que deveria ser considerado no processo, e o que fazer para melhorá-la.

Sendo uma novidade como tipo de entidade focada na moderação de conteúdo, o Comitê de Supervisão da Meta (*Oversight Board*, em inglês) chamou a atenção de diversos estudiosos para compreender como seria a sua estrutura, o seu processo, e os seus resultados. Nesse sentido, o objetivo deste breve ensaio é fazer um levantamento de algumas das preocupações, das virtudes, das expectativas e das potenciais influências que este órgão

1 COMITÊ DE SUPERVISÃO. *Progresso – Formação do comitê*. [202-?]. Disponível em: https://www.oversightboard.com/. Acesso em: 23 jul. 2023.

2 A alteração do nome da empresa ocorreu em 28 de outubro de 2021. BERNARDO, K. Facebook muda nome para Meta. *CNN Brasil*, 28 out. 2021. Disponível em: https://www.cnnbrasil.com.br/economia/facebook-muda-nome-para-meta/. Acesso em: 27 jul. 2023.

pode implicar na temática da moderação. Isso pode ajudar a compreender o que a comunidade mais especializada em moderação de conteúdo e plataformas digitais espera de entidades como a criada pela Meta.

1. O Comitê de Supervisão da Meta

Em seu breve *Blueprint for Content Governance and Enforcement,* em que trouxe seu anúncio oficial sobre a criação do *Board,*[3] Zuckerberg traz algumas pistas sobre o que se almeja: a inclusão de usuários no processo de moderação; transparência; a permissão da livre expressão, ao mesmo tempo que se preza pela segurança das pessoas; *accountability;* uma certa prevalência dos melhores interesses da comunidade sobre os interesses comerciais da empresa; a descentralização do processo decisório sobre moderação de conteúdo.[4]

Essa nova instância, o Comitê de Supervisão foi formado em 16 meses, e contou com: (i) a construção de um time interno da Meta focado; (ii) a realização de consultas e grupos de trabalho globais compostos por profissionais e entidades com expertise em temáticas de liberdade de expressão, democracia, tecnologia, direitos humanos, dentre outras; (iii) reuniões individuais com especialistas; (iv) um questionário online para coleta de opiniões; dentre outros tipos de consulta.[5] De acordo com dados disponibilizados pelo próprio Comitê, foram realizadas 22 mesas-redondas, 6 wor-

---

3 KLONICK, K. The Facebook Oversight Board: Creating an Independent Institution to Adjudicate Online Free Expression. *Yale Law Journal,* vol. 129, no. 8, 2020. Disponível em: https://www.yalelawjournal.org/feature/the-gfacebook-oversight-board. Acesso em: 16 jul. 2023. p. 2450.

4 "(...) *eu acredito cada vez mais que o Facebook não deveria tomar tantas decisões importantes sobre liberdade de expressão e segurança por conta própria. No próximo ano, estamos planejando criar uma nova maneira de as pessoas recorrerem das decisões de conteúdo a um órgão independente, cujas decisões seriam transparentes e obrigatórias. O objetivo desse órgão seria defender o princípio de dar voz às pessoas, ao mesmo tempo em que reconhece a realidade de mantê-las seguras. Eu acredito que a independência é importante por algumas razões. Primeiro, ela vai a concentração de tomada de decisões dentro de nossas equipes. Em segundo lugar, criará accountability e supervisão. Em terceiro lugar, garantirá que essas decisões sejam tomadas no melhor interesse de nossa comunidade e não por motivos comerciais.* ZUCKERBERG, M. A Blueprint for Content Governance and Enforcement. *Facebook,* [s.l.], 2018. Disponível em: https://www.facebook.com/notes/mark-zuckerberg/a-blueprint-for-content-governance-and-enforcement/10156443129621634/. Acesso em: 22 jul. 2023. Tradução livre.

5 KLONICK, K., 2020, The Facebook Oversight Board: Creating an Independent Institution to Adjudicate Online Free Expression. *Yale Law Journal,* vol. 129, no. 8, 2020. Disponível em: https://www.yalelawjournal.org/feature/the-gfacebook-oversight-board. Acesso em: 16 jul. 2023, pp. 2451 – 2456.

kshops aprofundados, 250 discussões individuais, com a participação de 650 pessoas, além de terem recebido 1.200 sugestões públicas.[6]

O *Board* passou a ser operacional e a aceitar casos provenientes do Facebook e do Instagram para análise em outubro de 2020.[7,8] Ele é regido por 4 documentos,[9] sendo eles o seu *Estatuto*, seus *Regulamentos internos e Código de Conduta* (que detalha o Estatuto e os procedimentos de operação do Comitê), seu *Livro de regras* (que detalha os procedimentos de análise de casos e de orientação de *policy*) e seus *Critérios fundamentais* (que estabelece os critérios que devem ser levados em consideração para a seleção de casos). Para fins deste breve ensaio e para apresentação do Comitê, o foco será nas disposições mais gerais trazidas pelo seu Estatuto.

Tal documento reconhece a liberdade de expressão como algo primordial, mas que pode entrar em conflito com outros princípios e/ou direitos (o Estatuto lista: autenticidade, segurança, privacidade e dignidade), inclusive com a própria liberdade de expressão de outras pessoas. O órgão entende ser necessário achar um equilíbrio entre todos os fatores, e que essa tarefa faz parte da responsabilidade dos serviços que operam na Internet.[10] De forma mais direta, indica como objetivos:

> O objetivo do comitê é proteger a liberdade de expressão tomando decisões independentes e baseadas em princípios sobre conteúdos importantes e emitindo pareceres consultivos sobre as políticas de conteúdo da Meta. O comitê operará de forma transparente e seu raciocínio será explicado claramente ao público, respeitando a privacidade e a confidencialidade das pessoas que usam os serviços da Meta Platforms, Inc., incluindo Facebook e

---

6 COMITÊ DE SUPERVISÃO. *Progresso – Formação do comitê*. [202-?]. Disponível em: https://www.oversightboard.com/. Acesso em: 23 jul. 2023.

7 COMITÊ DE SUPERVISÃO. *O Comitê de Supervisão passa a aceitar casos*. Out. 2020. Disponível em: https://www.oversightboard.com/news/833880990682078-the-oversight-board--is-now-accepting-cases/. Acesso em: 22 jul. 2023.

8 WhatsApp, Messenger, Instagram Direct e Oculus, de acordo com o Artigo 2 (1.2.1) dos Regulamentos internos e Código de Conduta, está fora do escopo de análise do Comitê de Supervisão. Idem. *Oversight Board Bylaws*. Fev. 2023. Disponível em: https://www.oversightboard.com/governance/. Acesso em: 23 jul 2023. Até a finalização deste ensaio, a possibilidade ou não de submissão de casos provenientes do Threads ao *Board* não está clara, visto que não há menção a esta rede nas documentações do Comitê (nem indicando a possibilidade, nem a impossibilidade).

9 Todos os documentos aqui mencionados estão disponíveis em: COMITÊ DE SUPERVISÃO. *Trustees | Estatuto do Comitê de Supervisão*. [202-?]. Disponível em: https://www.oversightboard.com/governance/. Acesso em: 22 jul. 2023.

10 COMITÊ DE SUPERVISÃO. *Oversight Board Charter*. Fev. 2023. p. 3. Disponível em: https://www.oversightboard.com/governance/. Acesso em: 22 jul. 2023.

> Instagram (...). Ele fornecerá uma oportunidade acessível para as pessoas solicitarem sua revisão e serem ouvidas.[11]

Para além da sua independência, que é constantemente reafirmada em seus documentos fundamentais, o Comitê também busca o respeito e consideração de normas de direitos humanos, e preza pela expertise e diversidade de seus membros, buscando trazer diferentes perspectivas para a sua atuação. Hoje (julho de 2023), o Board conta com 22 membros, provenientes da Austrália, Brasil, Camarões e França, Colômbia, Dinamarca, Egito, EUA, Hungria, Iêmen, Índia, Indonésia, Israel, México, Paquistão, Reino Unido, Senegal e Gana, e Taiwan.[12]

Tem-se, assim, que a perspectiva da Meta é a criação de um novo mecanismo de moderação de conteúdo, cujo objetivo, a princípio, é auxiliar a empresa a gradativamente tomar melhores decisões com relação aos conteúdos que circulam em suas plataformas. Uma das formas para isso, por exemplo, se dá a partir da melhor definição de critérios — há decisões relativas à moderação de conteúdo tomadas em âmbito judicial que podem apresentar lacunas que dificultam a realização da atividade, como:

> Por exemplo, em 2014, uma decisão da Corte Europeia de Justiça criou o chamado 'direito ao esquecimento'. Essa decisão determinou que buscadores como o Google deveriam remover dos resultados de busca conteúdos que fossem inadequados, irrelevantes, excessivos.
>
> A questão é justamente definir o que é 'inadequado', 'irrelevante' ou 'excessivo'. Essa tarefa passou a ser não só do Poder Judiciário mas do próprio Google, que em 2018 já havia recebido 2,4 milhões de pedidos de remoção imediata de conteúdos com base nesses novos critérios. (...)[13]

Visa-se com a nova instância, portanto, a maior manutenção possível da liberdade de expressão dos usuários, mas sem ignorar a necessidade de estabelecer um espaço de interação que seja seguro para todas as pessoas – o que implica, em alguns casos, que essa liberdade seja refreada. Além

---

11 COMITÊ DE SUPERVISÃO. *Oversight Board Charter*. Fev. 2023. p. 3. Disponível em: https://www.oversightboard.com/governance/. Acesso em: 22 jul. 2023. Tradução livre.

12 COMITÊ DE SUPERVISÃO. *Experiências do mundo todo*. [202-?]. Disponível em: https://www.oversightboard.com/meet-the-board/. Acesso em: 23 jul. 2023.

13 LEMOS, R. O Oversight Board do Facebook. *Instituto de Tecnologia & Sociedade do Rio*, 12 mai. 2020. Disponível em: https://itsrio.org/pt/artigos/o-oversight-board-do-facebook/. Acesso em: 23 jul. 2023.

disso, nesse processo, preza-se pela transparência e publicidade das decisões tomadas.

2. Percepções e expectativas sobre a atuação do Comitê

Contudo, nota-se que tal novidade não está isenta de críticas, preocupações e desafios. À medida que o órgão se estabelece e compreende melhor os seus próprios poderes, limitações e relacionamento com a Meta, a comunidade de usuários e demais interessados também acompanham esse desenvolvimento. Na sequência, levanta-se algumas das preocupações e expectativas que se têm com relação ao novo Comitê.

2.1. Blindagem contra influências externas

Alguns críticos levantam que a ideia do Comitê é meramente de tornar a Meta cada vez mais blindada contra a ação de influências externas – especialmente regulações e controle. Entende-se o órgão como uma forma de a empresa escapar da soberania tradicional dos Estados; como uma forma de driblar a responsabilidade ou a atenção sobre decisões de moderação polêmicas ou outros assuntos relacionados a aspectos mais técnicos da moderação de conteúdo (como o uso de algoritmos para gerir conteúdos na plataforma); ou mesmo como uma forma de criar uma imagem positiva voltada à moderação de conteúdo que não corresponderia à realidade (e.g. falando-se em "*greenwashing*" ou em uma estratégia de relações públicas da empresa).[14]

2.2. Limitação de operação

Uma outra preocupação mencionada é com relação à real possibilidade de o *Board* ser um órgão funcional, considerando a sua capacidade de análise em termos quantitativos. Isso porque milhares de postagens e conteúdos são retirados do ar constantemente – e todos poderiam ser passíveis de escrutínio pelo Comitê: "*No segundo e terceiro trimestres de 2019, 30,8 milhões de*

---

14 ESTARQUE, M.; ARCHEGAS, J. V. Redes sociais e moderação de conteúdo: Criando regras para o debate público a partir da esfera privada. *Instituto de Tecnologia & Sociedade do Rio*. [2021?]. Disponível em: https://itsrio.org/wp-content/uploads/2021/04/Relatorio_RedesSociaisModeracaoDeConteudo.pdf. Acesso em: 26 jul. 2023. pp. 24 e 25; KLONICK, K. The Facebook Oversight Board: Creating an Independent Institution to Adjudicate Online Free Expression. *Yale Law Journal*, vol. 129, no. 8, 2020. Disponível em: https://www.yalelawjournal.org/feature/the-gfacebook-oversight-board. Acesso em: 16 jul. 2023, p. 2426 e 2488.

conteúdos permaneceram fora do ar após a apelação. Isso equivale a aproximadamente 170.000 conteúdos por dia que seriam potencialmente elegíveis para revisão do Comitê".[15]

2.3. Uma maneira de manter o modelo de negócios

As plataformas digitais dependem dos usuários para manterem seus modelos de negócio operando – e para que eles usem a plataforma, é necessário que exista confiança. Seria possível, assim, compreender a criação do Comitê de Supervisão como uma forma de construir essa relação com o usuário, mostrando "*um esforço de boa-fé do Facebook para não acumular seu poder e, em vez disso, envolver seus usuários na tomada de decisões críticas – o que pode ser útil nas iminentes batalhas legais*".[16] Com isso, a empresa realiza um investimento que pode garantir a manutenção do seu negócio e dos seus ganhos econômicos no longo prazo.[17]

2.4. Aproximação com a comunidade de usuários

Seguindo essa linha de construção de uma relação de confiança, há aqueles que compreendem o Comitê como uma maneira de permitir que os usuários participem mais ativamente da definição de políticas das plataformas por meio da submissão de processos de apelação e, caso selecionado, pela oportunidade de manifestação de motivos do porquê a decisão tomada pela Meta foi errônea – o que pode influenciar as recomendações de políticas a serem oferecidas à empresa.[18]

---

15 KLONICK, K. The Facebook Oversight Board: Creating an Independent Institution to Adjudicate Online Free Expression. *Yale Law Journal*, vol. 129, no. 8, 2020. Disponível em: https://www.yalelawjournal.org/feature/the-gfacebook-oversight-board. Acesso em: 16 jul. 2023, tradução livre, p. 2490.

16 KLONICK, K. The Facebook Oversight Board: Creating an Independent Institution to Adjudicate Online Free Expression. *Yale Law Journal*, vol. 129, no. 8, 2020. Disponível em: https://www.yalelawjournal.org/feature/the-gfacebook-oversight-board. Acesso em: 16 jul. 2023, tradução livre, p. 2426.

17 KLONICK, K. The Facebook Oversight Board: Creating an Independent Institution to Adjudicate Online Free Expression. *Yale Law Journal*, vol. 129, no. 8, 2020. Disponível em: https://www.yalelawjournal.org/feature/the-gfacebook-oversight-board. Acesso em: 16 jul. 2023, p. 2426 e 2427.

18 KLONICK, K. The Facebook Oversight Board: Creating an Independent Institution to Adjudicate Online Free Expression. *Yale Law Journal*, vol. 129, no. 8, 2020. Disponível em: https://www.yalelawjournal.org/feature/the-gfacebook-oversight-board. Acesso em: 16 jul. 2023, p. 2491.

2.5. Melhora no processo de tomada de decisão de moderação de conteúdo

Apesar da existência de diversas críticas, a criação do Comitê é vista com bons olhos por alguns autores quando se reflete as potenciais melhoras de tomada de decisão de moderação de conteúdo, por parte da Meta, que ele pode gerar. A primeira forma pela qual tal procedimento pode ser aprimorado é por meio do fato de que, agora, a Meta precisa argumentar as razões de decisão com relação ao conteúdo questionado junto ao *Board*, o que faz com que esse processo seja mais transparente[19] e mais *accountable.*20 Ademais, o Comitê busca considerar o contexto em que determinado conteúdo ou discurso está inserido, o que é um avanço para o procedimento de tomada de decisão da Meta:

> Talvez o desenvolvimento mais notável na jurisprudência do Comitê seja sua insistência de que a Meta considere o contexto do discurso, apesar das complexidades de fazê-lo em escala. A abordagem da Meta para a moderação de conteúdo na linha de frente é em grande parte acontextual. (...) No entanto, caso após caso, o Comitê tem recuado, enfatizando que "o contexto é fundamental" e criticando práticas e políticas de moderação de conteúdo que ignorem fatores contextuais.[21]

Por fim, também se argumenta que, com essa análise mais cautelosa das decisões tomadas pela Meta e com a revelação mais detalhada dos motivos de cada uma delas, é possível identificar de forma mais clara os problemas

19 DOUEK, E. What Kind of Oversight Board Have You Given Us? *The University of Chicago Law Review Online*, 2020. Disponível em: https://lawreviewblog.uchicago.edu/2020/05/11/fb-oversight-board-edouek/. Acesso em: 16 jul. 2023.

20 *"O comitê não é perfeito, mas é um ponto de alavancagem potencialmente transformador para a accountability. À medida que avançamos nessa nova terra de governança de plataformas privadas, nós, como usuários, não podemos permitir que essas oportunidades de accountability definhem".* KLONICK, K. Does Facebook's Oversight Board Finally Solve the Problem of Online Speech? *Centre for International Governance Innovation*, 2019. Disponível em: https://www.jstor.org/stable/resrep26127.11. Acesso em: 16 jul. 2023. Tradução livre, p. 53.

21 HELFER, L. R.; LAND, M. K. The Meta Oversight Board's Human Rights Future. Duke Law School Public Law & Legal Theory Series No. 2022-47; *Cardozo Law Review*, Vol. 44, No. 6, 2023. Disponível em: https://papers.ssrn.com/sol3/papers.cfm?abstract_id=4197107#. Acesso em: 16 jul. 2023. Tradução livre, pp. 44-45.

e pontos cegos das políticas da empresa[22] – fazendo com que eles possam ser corrigidos, portanto.

2.6. Potencial de influência do Comitê (instâncias de decisão, normas)

Também se debate a possível influência que o Comitê de Supervisão pode exercer sobre outras instâncias de decisão e até mesmo normas e regras. Em entrevista, uma das membras o Comitê comentou que a atuação do órgão, por meio da "*construção de uma doutrina coerente e consistente com o direito internacional dos direitos humanos*"[23] poderia auxiliar outros stakeholders, como juízes, a tomar decisões sobre moderação de conteúdo.

Em sentido semelhante, há especulações sobre os potenciais efeitos que a criação do Comitê poderia exercer para seus semelhantes na indústria e as possíveis reações de governos. Com relação a outras plataformas digitais, poder-se-ia ter que: (i) elas se inspirem no modelo criado pela Meta e estabeleçam seus próprios documentos, processos e órgãos de supervisão de moderação de conteúdo; e (ii) elas busquem aproveitar a estrutura já criada no âmbito do *Board* e solicitar que este opere como instância de apelação de suas decisões de moderação de conteúdo (aumentando o escopo de atuação do órgão, portanto).[24]

Já com relação às reações dos governos, há possibilidade de que (i) eles reconheçam o Comitê e/ou suas decisões como autoridades quando há julgamentos de questões de moderação de conteúdo em tribunais; ou (ii) eles busquem cooptar ou coagir a sua estrutura para aplicar normas, julgamentos ou políticas públicas de sua preferência às suas decisões.[25]

---

22 WONG, D.; FLORIDI, L. Meta's Oversight Board: a review and critical assessment. *Minds and Machines*, forthcoming, 2022. Disponível em: https://papers.ssrn.com/sol3/papers.cfm?abstract_id=4255817. Acesso em: 16. jul. 2023. p. 5.

23 TUCHTFELD, E. Quase-Judicial Oversight Mechanisms for Social Platforms – A Conversation with Catalina Botero Marino, Co-Chair of the Oversight Board. *Recht und Zugang*, [s.l.], 2021. Disponível em: https://www.nomos-elibrary.de/10.5771/2699-1284-2021-3-254/quasi-judicial-oversight-mechanisms-for-social-platforms-a-conversation-with-catalina-botero-marino-co-chair-of-the-oversight-board-jahrgang-2-2021-heft-3?page=1. Acesso em: 26 jul. 2023. Tradução livre, p. 257.

24 KLONICK, K., 2020, op. cit., p. 2493.

25 "*Isso seria especialmente ruim para a expressão se um tribunal decidisse também direcionar o Comitê para administrar tais reinvindicações de acordo com a lei na jurisdição do tribunal e aplicar as decisões para todo o Facebook. Casos recentes sugeriram a capacidade de tribunais de usar uma plataforma para impor sua jurisdição extraterritorialmente, um desenvolvimento que desrespeita a soberania nacional e os direitos individuais*". KLONICK, K., 2020, op. cit., tradução livre, p. 2495; WONG, D.; FLORIDI, L. Meta's Oversight Board: a review and critical assessment. *Minds and Machines*, forthcoming, 2022. Disponível em: https://papers.ssrn.com/sol3/papers.cfm?abstract_id=4255817. Acesso em: 16. jul. 2023, p. 13.

Há também quem entenda que o Comitê de Supervisão pode influenciar de forma significativa para a interpretação de normas de direitos humanos em sua aplicação no âmbito digital (ainda que haja debates sobre a sua legitimidade para realizar tais interpretações[26]), e suas decisões podem vir a:[27] (i) servir como subsídio para a atuação de entidades internacionais (como organismos de tratados da ONU); (ii) serem levadas em consideração na redação de tratados que tratem sobre *due dilligence* de plataformas digitais, ou mesmo afetar o conteúdo de normas de direitos humanos;[28] (iii) e também influenciar as tentativas de regulação de plataformas digitais que têm ocorrido.

Conclusões

O Comitê de Supervisão da Meta é um experimento no âmbito da moderação de conteúdo online que, ainda que tenha sido criado por uma empresa privada, parece carregar consigo boas intenções de melhorar seus processos de tomada de decisão para a moderação, trazer maior transparência e oferecer mais voz ao usuário, permitindo que ele argumente o porquê discorda das decisões da Meta. A literatura apresenta diversas críticas e preocupações com a sua instauração (uma forma de fugir da regulação estatal, uma mera fachada que esconde as práticas que se manterão problemáticas e visando apenas os interesses da empresa, a impossibilidade de análise de todos os conteúdos apelados etc.), mas também ressaltam pontos positivos (maior transparência, a possibilidade de correção de políticas da empresa, aproximação dos usuários no seu processo de governança) e indicam formas como o *Board* potencialmente afetará os procedimentos, entidades e normas relacionadas à moderação de conteúdo online.

---

26 KULICK, A. Meta's Oversight Board and Beyond - Corporations as Interpreters and Adjudicators of International Human Rigths Norms. *The Law and Practice of International Courts and Tribunals* 2022, Forthcoming. Disponível em: https://papers.ssrn.com/sol3/papers.cfm?abstract_id=4226521. Acesso em: 16 jul. 2023. pp. 5, 6, 24.

27 HELFER, L. R.; LAND, M. K., The Meta Oversight Board's Human Rights Future. Duke Law School Public Law & Legal Theory Series No. 2022-47; *Cardozo Law Review*, Vol. 44, No. 6, 2023. Disponível em: https://papers.ssrn.com/sol3/papers.cfm?abstract_id=4197107#. Acesso em: 16 jul. 2023, pp. 41, 51 e 52.

28 *"Consequentemente, em suma, se as corporações Global Tech desempenham um papel considerável na interpretação dos direitos humanos vis-à-vis o discurso online, elas influenciam, para não dizer: potencialmente moldam o conteúdo normativo das disposições de direitos humanos".* KULICK, A., Meta's Oversight Board and Beyond - Corporations as Interpreters and Adjudicators of International Human Rigths Norms. *The Law and Practice of International Courts and Tribunals* 2022, Forthcoming. Disponível em: https://papers.ssrn.com/sol3/papers.cfm?abstract_id=4226521. Acesso em: 16 jul. 2023, tradução livre, p. 5.

Para analisar concretamente os impactos e resultados que o Comitê de Supervisão efetivamente terá, é necessário continuar acompanhando a sua atuação. De qualquer forma, a sua proposição e breve funcionamento já permitem fomentar o debate e levantar pontos de atenção para compreender o que é importante levar em consideração na criação e desenvolvimento de mecanismos específicos de moderação de conteúdo de uma forma geral.[29]

Referências

BERNARDO, K. Facebook muda nome para Meta. *CNN Brasil*, 28 out. 2021. Disponível em: https://www.cnnbrasil.com.br/economia/facebook-muda-nome-para-meta/. Acesso em: 27 jul. 2023.

COMITÊ DE SUPERVISÃO. *Experiências do mundo todo.* [202-?] Disponível em: https://www.oversightboard.com/meet-the-board/. Acesso em: 23 jul. 2023.

______. *O Comitê de Supervisão passa a aceitar casos.* Out. 2020. Disponível em: https://www.oversightboard.com/news/833880990682078-the-oversight-board-is-now-accepting-cases/. Acesso em: 22 jul. 2023.

______. *Oversight Board Bylaws.* Fev. 2023. Disponível em: https://www.oversightboard.com/governance/. Acesso em: 23 jul 2023.

______. *Oversight Board Charter.* Fev. 2023. Disponível em: https://www.oversightboard.com/governance/. Acesso em: 22 jul. 2023.

______. *Progresso – Formação do comitê.* [202-?]. Disponível em: https://www.oversightboard.com/. Acesso em: 23 jul. 2023.

______. *Trustees | Estatuto do Comitê de Supervisão.* [202-?] Disponível em: https://www.oversightboard.com/governance/. Acesso em: 22 jul. 2023.

DOUEK, E. What Kind of Oversight Board Have You Given Us? *The University of Chicago Law Review Online*, 2020. Disponível em: https://lawreviewblog.uchicago.edu/2020/05/11/fb-oversight-board-edouek/. Acesso em: 16 jul. 2023.

ESTARQUE, M.; ARCHEGAS, J. V. Redes sociais e moderação de conteúdo: Criando regras para o debate público a partir da esfera privada. *Instituto de Tecnologia & Sociedade do Rio*, [2021?]. Disponível em: https://itsrio.org/wp-content/uploads/2021/04/Relatorio_RedesSociaisModeracaoDeConteudo.pdf. Acesso em: 26 jul. 2023.

29 *"Em última análise, porém, o sucesso ou fracasso do Comitê não altera o seu impacto na história. A mera experiência, e as lições tiradas dela, terão uma influência indelével no futuro do discurso online global e na participação do usuário na governança transnacional da internet."* KLONICK, K., 2020, op. cit., tradução livre, p. 2427.

HELFER, L. R.; LAND, M. K. The Meta Oversight Board's Human Rights Future. Duke Law School Public Law & Legal Theory Series No. 2022-47; *Cardozo Law Review*, Vol. 44, No. 6, 2023. Disponível em: https://papers.ssrn.com/sol3/papers.cfm?abstract_id=4197107#. Acesso em: 16 jul. 2023.

KLONICK, K. Does Facebook's Oversight Board Finally Solve the Problem of Online Speech? *Centre for International Governance Innovation*, 2019. Disponível em: https://www.jstor.org/stable/resrep26127.11. Acesso em: 16 jul. 2023.

KLONICK, K. The Facebook Oversight Board: Creating an Independent Institution to Adjudicate Online Free Expression. *Yale Law Journal*, vol. 129, no. 8, 2020. Disponível em: https://www.yalelawjournal.org/feature/the-facebook-oversight-board. Acesso em: 16 jul. 2023.

KULICK, A. Meta's Oversight Board and Beyond - Corporations as Interpreters and Adjudicators of International Human Rigths Norms. *The Law and Practice of International Courts and Tribunals*, 2022, Forthcoming. Disponível em: https://papers.ssrn.com/sol3/papers.cfm?abstract_id=4226521. Acesso em: 16 jul. 2023.

LEMOS, R. O Oversight Board do Facebook. *Instituto de Tecnologia & Sociedade do Rio*, 12 mai. 2020. Disponível em: https://itsrio.org/pt/artigos/o-oversight-board-do-facebook/. Acesso em: 23 jul. 2023.

TUCHTFELD, E. Quasi-Judicial Oversight Mechanisms for Social Platforms – A Conversation with Catalina Botero Marino, Co-Chair of the Oversight Board. *Recht und Zugang*, [s.l.], 2021. Disponível em: https://www.nomos-elibrary.de/10.5771/2699-1284-2021-3-254/quasi-judicial-oversight-mechanisms-for-social-platforms-a-conversation-with-catalina-botero-marino-co-chair-of-the-oversight-board-jahrgang-2-2021-heft-3?page=1. Acesso em: 26 jul. 2023.

WONG, D.; FLORIDI, L. Meta's Oversight Board: a review and critical assessment. *Minds and Machines*, forthcoming, 2022. Disponível em: https://papers.ssrn.com/sol3/papers.cfm?abstract_id=4255817. Acesso em: 16. jul. 2023.

ZUCKERBERG, M. A Blueprint for Content Governance and Enforcement. *Facebook*, [s.l.], 2018. Disponível em: https://www.facebook.com/notes/mark-zuckerberg/a-blueprint-for-content-governance-and-enforcement/10156443129621634/. Acesso em: 22 jul. 2023.

6.

O CÓDIGO EM DISPUTA: MEANDROS DA MODERAÇÃO E DA REGULAÇÃO DE PLATAFORMAS

Andréa Lasevicius Moutinho

Introdução

A sociedade, em grande medida, encontra-se conectada à internet. No cenário historicamente desigual do Brasil, há inclusive uma parcela considerável de pessoas que utiliza apenas as redes sociais para navegar, ou seja, para elas, as plataformas correspondem à totalidade do ambiente digital. No seu uso das redes e de suas aplicações, é incomum que os usuários parem para refletir como os espaços digitais em que eles trafegam foram construídos e são geridos.

Em ambientes profundamente disputados e controlados, como é o caso da internet, recomenda-se desconfiar das coincidências. Assim, o fato de a moderação de conteúdo, tema central ao modelo de negócios das plataformas digitais, não ser de conhecimento de grande parte de seus usuários, deveria despertar a atenção.

O debate pode ter passado despercebido até recentemente, enquanto ainda vigorava certa crença na promessa de desenvolvimento livre que marcou o início da internet. Os últimos anos, entretanto, têm demonstrado uma submissão das plataformas à lógica capitalista de lucro e, consequentemente, ao controle e comercialização dos espaços de comunicação, impossível de ser ignorada:

> Até a virada do século XXI, havia quem acreditasse que a internet jogaria no passado a comunicação de massa e que os indivíduos, libertos do jugo do broadcasting,

> voltariam a dialogar livremente numa esfera pública renovada e leve. Mas tudo deu errado. A internet não restaurou o público crítico, apenas repaginou a massa em multidões compactas de individualistas narcísicos. A concentração de capital aumentou, o poder do entretenimento cresceu, a fabricação de mitos recrudesceu, as técnicas de manipulação se complexificaram em subterfúgios ainda mais insidiosos e, bem, tudo deu errado.[1]

Nessa linha, o objetivo do presente ensaio é propor algumas reflexões de ordem social e econômica acerca da moderação de conteúdo. Linhas de análise que nos levem a pensar o que os dilemas atuais dessa área têm a nos dizer sobre as transformações e desafios da nossa época. E como tais mudanças dizem respeito a todos nós enquanto uma sociedade cada vez mais digitalizada.

1. Do que estamos falando? Escolhas e controles em meio ao caos informacional

Há algo que não podemos perder de vista, se quisermos compreender os dilemas do ciberespaço contemporâneo: enquanto produto do trabalho humano, a internet, desenvolvida e organizada por meio de códigos e programas, implica necessariamente escolhas. Desde sua criação até os dias atuais, a rede sempre carregou, introjetada em seus sistemas, uma série de ideias e valores advindos de fora dela, de seus desenvolvedores e financiadores.

A partir de sua criação no final do século XX, houve uma contínua difusão da internet, tanto em termos de acesso, quanto na variedade de espaços e atividades passíveis de serem realizadas online. Dentre seus diversos efeitos, a rede proporcionou uma transformação profunda das dinâmicas de comunicação sociais.

Como apontado, imaginava-se, inicialmente, que a internet representaria uma forma de comunicação direta, descentralizada e mais democrática, em oposição a um sistema midiático altamente concentrado no Brasil e no mundo. Poucas previsões foram tão equivocadas. Com o tempo, os espaços digitais foram cada vez mais ocupados por corporações privadas e as dinâmicas comunitárias deram lugar à lógica privada e de mercado. O que antes era pautado na interação, na liberdade e na inovação foi sendo paulatinamente privatizado e oligopolizado.

Ao mesmo tempo, a sociedade se viu imersa em um processo de plataformização da vida, pelo qual um número ascendente de atividades econômicas, sociais e políticas elementares passaram a ocorrer mediadas pelas grandes plataformas digitais. Seu crescimento e consolidação tornou cada vez mais difícil ignorar a mediação dos espaços virtuais por elas realizada. Essas empresas e suas tecnologias, há muito fora do nosso domínio, passaram a exercer um controle progressivo dos ecossistemas de comunicação, saúde, educação, cultura, lazer, trabalho, política, etc., através de ferramentas cada vez mais acessíveis e fáceis, "naturais", à população. Isso as colocou entre os atores mais relevantes da contemporaneidade, tanto em termos políticos quanto econômicos. No primeiro semestre de 2023, o valor de mercado das cinco *Big Techs* estadunidenses chegou a 7,5 trilhões de dólares (Apple, 2,8 trilhões; Microsoft, 2,5 trilhões; Alphabet/Google, 1,58 trilhão; Amazon, 1,25 trilhão; Meta/Facebook, 730 bilhões). Para fins de comparação, o PIB atual do Brasil é 2 trilhões de dólares, e apenas a China e os Estados Unidos da América têm um PIB acima dos 7 trilhões de dólares.[1] Em 2022, a receita operacional da Alphabet/Google foi de 282,8 bilhões de dólares e da Meta foi de 116,6 bilhões.[2]

Como consequência dessa sanha ininterrupta de geração de mais valor, fomos jogados em um caos informacional que retirou dos espaços digitais diversas garantias centrais à sociabilidade. De um papel na comunicação entre pessoas, a rede se tornou um crescente palco de desinformação e outros tipos de conteúdo ilegítimo. Vimos se multiplicarem os efeitos negativos – e assustadores – das práticas comerciais das maiores e mais poderosas empresas existentes na atualidade.

2. Por que falar em responsabilidade? Modelos de negócios das plataformas e atos ilícitos

Vale reforçar que nosso recorte são as grandes redes sociais, plataformas de busca e aplicativos de mensageria, cujo funcionamento é pautado fundamentalmente na comunicação e interação de usuários.

Como já mencionado, as plataformas não são neutras, nem isentas de regras. Para funcionarem, e sobretudo com um aumento no número de

---

1 KAUFMAN, Dora. A IA altera a lógica da economia: poucos países superam o valor das big techs. Época Negócios [online], 30.06.2023. Disponível em: https://epocanegocios.globo.com/colunas/iagora/coluna/2023/06/a-ia-altera-a-logica-da-economia-poucos-paises-superam-o-valor-das-big-techs.ghtml. Acesso em 15.07.2023.

2 DANTAS, Marcos. O ataque ao PL das fake News. *A terra é redonda* [online], 03.05.2023. Disponível em: https://aterraeredonda.com.br/o-ataque-ao-pl-das-fake-news/. Acesso em 15.07.2023.

usuários, esses serviços demandam escolhas sobre como organizar os conteúdos e as interações em seus espaços. São escolhas que implicam hierarquizações, recomendações, invisibilizações e até remoções.

E como é a tendência em organizações empresariais dentro do modo de produção capitalista, em que a estrutura dessas empresas encontra-se profundamente financeirizada, o que predomina não é o interesse e bem-estar dos usuários. Pelo contrário, são atividades estruturadas e realizadas pelas plataformas de modo a viabilizar e potencializar suas vantagens comerciais e o lucro de seus acionistas.[3]

Como isso ocorre?

Quanto ao modelo econômico, plataformas são essencialmente *marketplaces*, aproximando vendedores e compradores, produtores e consumidores. Isso pode ocorrer de forma direta (produzindo mercados); indireta (gerando audiência para vender publicidade para anunciantes); ou de maneira complementar (transportando ou facilitando os negócios).[4] Para as empresas produtoras de audiência, nas quais se encontram as redes sociais e mecanismos de busca, seus usuários tornam-se ativos econômicos para os anunciantes, que compram a atenção das massas, de modo a estimular a compra e a venda de suas mercadorias.

Essa identificação entre empresas de publicidade e possíveis compradores é realizada por meio de leilões de palavras-chave, a partir de sistemas algorítmicos que dão ao vencedor do processo o direito de apresentar sua publicidade na tela do usuário. Na busca de aumentar a taxa de sucesso de tais anúncios, entram os dados.

Navegar na internet, e mais ainda nas plataformas, deixa rastros. Há empresas que irão observar esses usos da rede e coletar esses dados, outras irão gerar novos dados a partir da coleção e análise dos anteriores, reunindo perfilhando e categorizando os usuários. Por fim, extraem-se informações que permitem a antecipação e produção de comportamentos, processo voltado sobretudo à publicidade e à venda de produtos.

Eles pertencem às plataformas e são alugados pelos anunciantes para exibição de suas campanhas, fechando um ciclo em torno do indivíduo, produtor involuntário de dados e informações que servirão para a formatação do ambiente digital ao seu redor. O objetivo, novamente, é engajá-lo e fazê-lo ficar na plataforma, com o interesse fundamental de vender publicidade e gerar lucro para as empresas.

---

3 DANTAS, Marcos. O ataque ao PL das fake News. *A terra é redonda* [online], 03.05.2023. Disponível em: https://aterraeredonda.com.br/o-ataque-ao-pl-das-fake-news/. Acesso em 15.07.2023.

4 DANTAS, Marcos. *Internet: praças de mercado sob controle do capital financeiro*. LX Congresso Brasileiro de Ciências da Comunicação. Curitiba – PR, 2017, p. 4.

Nesse sistema, a monetização está diretamente ligada ao engajamento. Para as plataformas não faz nenhuma diferença qual tipo de conteúdo está sendo disseminado, desde que ele gere engajamento e retenção de audiência por mais tempo. Essa indiscriminação gera, consequentemente, a estratégia – frequentemente automatizada – de despertar interesse através de mentira, ódio e outros afetos negativos, se esse tipo de mensagem for mais eficaz em prender a atenção.

Em um mundo em que praticamente tudo pode se tornar uma mercadoria, "não existe comunicação grátis". Na internet, governada por leis de potência, a liberdade de expressão assume um caráter cada vez mais formal. Em seus ambientes artificiais, a circulação de informação deixa de depender do interesse espontâneo e orgânico dos usuários, e não há nenhuma garantia de que certa mensagem atingirá algum interlocutor. A menos, claro, que exista algum pagamento envolvido.

Por meio de sugestões e inscrições prévias em seus códigos, a rede delimita a movimentação de seus usuários. A união dessas pré-formatações à quantidade e velocidade de informações disponíveis na rede, muito superiores à capacidade de processamento de um ser humano, gera a tendência de multiplicação de comportamentos mimetizados. Uma vez que o significado demanda tempo para ser construído, ele desaceleraria o fluxo de informações e a venda de atenção. Assim, o aumento do fluxo informacional que acelera a circulação de informações e, com isso, aumenta a geração de valor, tem como contrapartida uma menor produção de significado e, consequentemente, a incapacidade de reflexão e reação racional.[5]

Sob um sistema de exploração, para existências sobrecarregadas e consciências espremidas entre demandas e informações, vendedores online têm que lutar por qualquer espaço de atenção dos usuários. Nas palavras de Franco Berardi:

> [...] o mercado de atenção mergulhou em uma sobrecarga que resultou numa superprodução semiótica. E, como os cérebros e os corpos individuais não são capazes de acelerar cada vez mais e mais e mais, a consciência global enlouqueceu. [6]

Nesta dinâmica de mercado, muitas vezes é deixada de lado a preocupação com a saúde mental das pessoas, em prol de produtos desencadeadores

5 BERARDI, Franco. Asfixia: capitalismo financeiro e a insurreição da linguagem. São Paulo: *Ubu Editora*, 2020, p. 153 [edição digital].

6 BERARDI, Franco. Asfixia: capitalismo financeiro e a insurreição da linguagem. São Paulo: *Ubu Editora*, 2020, p. 89 [edição digital].

de vícios e usos abusivos. A economia da atenção tem, pois, permitido a proliferação de comportamentos ilícitos e discurso de ódio, criado bolhas e radicalização, a fim de manter o engajamento que se traduzirá em valorização do valor. Ainda que os conteúdos sejam de terceiros, não é mais possível defender uma neutralidade das empresas de tecnologia em relação a esses conteúdos. Elas os veiculam aos usuários por meio de algoritmos elaborados com propósitos econômicos, os quais têm reproduzido escolhas que resultam em um crescimento de atos ilícitos praticados nos ambientes digitais.

3. Onde entra a moderação de conteúdo? Facetas e impactos da moderação

A moderação encontra-se no centro dos serviços ofertados pelas grandes empresas de tecnologia. Ainda que isso seja relativamente consensual, moderar pode significar coisas diversas, a depender do conceito adotado.

Optaremos por uma definição mais ampla, que entende a moderação como um conjunto de práticas realizadas pelas plataformas para intervir no conteúdo postado por seus usuários, removendo-o, restringindo seu alcance ou sinalizando-o, com o objetivo de aumentar a funcionalidade e evitar abusos em determinada comunidade.[7]

Nesse sentido, é possível dizer que esses intermediários online sempre moderaram, ainda que tal atividade nos escape aos olhos. A moderação está profundamente ligada ao modelo de negócios dessas empresas, inserida no *design* de seus serviços e de modo a garantir seu bom funcionamento.

Com o aumento no número de usuários e de conteúdos a serem moderados, aumenta a demanda por algum grau de automatização desses processos. As práticas de moderação automatizada, realizadas por meio de sistemas algoritmos, são um dos pontos em que a moderação de conteúdo se interliga ao debate sobre inteligência artificial. Além de estarem suscetíveis de erro, essas tecnologias possuem vieses e resultam em discriminações diversas, o que acende as discussões sobre a manutenção de algum grau de moderação humana (sem desconsiderar as problemáticas envolvendo o trabalho dos moderadores de conteúdo), a possibilidade de um indivíduo ser informado sobre os motivos de determinada decisão envolvendo seu conteúdo e de questioná-la, eventualmente revertendo-a. Isso porque, ainda que a escala torne essas atividades necessárias, é muito

7 HARTMANN, Ivar. Inteligência artificial e moderação de conteúdo: o sistema CONTENT ID e a proteção dos direitos autorais. *Ius Gentium*. Curitiba, vol. 10, n. 3, p. 145-165, set./dez. 2019, p. 148.

comum que as empresas não deem informações completas sobre a forma como organizam e controlam o discurso nelas veiculado, nem ofereçam uma efetiva possibilidade de recorrer de uma decisão de remoção.

Surge, assim, o pleito pela regulação dessa prática. O dilema colocado não é simples: há inúmeros riscos envolvidos em moderar demais ou de menos. Estamos falando de um sensível equilíbrio entre a autorregulação pelas plataformas (voltada ao seu bom funcionamento), a definição pelo poder público de quais discursos devem ser controlados e de que forma, e a necessária proteção para que essa disputa em torno da circulação de informação online não desemboque em censura prévia e cerceamento da liberdade de expressão.

E para tornar ainda mais complexo o arranjo apresentado, dois pontos a serem considerados. Primeiramente, talvez não seja uma questão de quantidade e intensidade da moderação, mas de qualidade e modalidade e, além disso, talvez tenhamos que nos preocupar com a censura privada, tanto quanto nos preocupamos com a pública. Se a organização atual do modelo de negócios das plataformas não as leva a moderar de forma eficaz e protetiva a direitos, o que precisamos é incentivar uma moderação melhor por parte desses intermediários. Busca de uma qualidade que não se traduza em obrigações de monitoramento e retirada, mas que envolva procedimentalidade, transparência e coerência.

E com isso em mente, é necessário olhar com cuidado o argumento, recorrente por parte das plataformas, de que qualquer regulação será incompatível com a liberdade de expressão e levará à obrigação de filtrar e remover em excesso. Afinal, ainda que as remoções abusivas violem direitos e devam ser coibidas, em um contexto em que essas empresas basicamente decidem qual informação chegará a cada usuário, hierarquizar não é menos perigoso que remover. Quem dirá hierarquizar e remover sem nenhuma supervisão.

4. O caminho está na regulação? Passado e futuro da responsabilidade de intermediários

O que os anos que nos separam do Marco Civil da Internet nos ensinaram sobre regulação das plataformas e a moderação de conteúdo?

Para responder a essa pergunta, podemos começar nos perguntando como era a rede que estava sendo regulada pelo Marco Civil da Internet, Lei 12.965/2014, em comparação com a atual.

A internet hoje é profundamente distinta da internet de 2014, ano em que foi promulgada a lei voltada a estabelecer "princípios, garantias, direitos e deveres para o uso da Internet no Brasil". As grandes plataformas digitais ainda não tinham ganhado os holofotes, e a moderação estava longe de ser uma preocupação do legislador. O conhecido art. 19, cuja constitucionalidade encontra-se com julgamento pendente pelo Supremo Tribunal Federal, indicava o momento em que o provedor de aplicações (o que incluía toda a modalidade e tamanho de plataformas) se tornaria responsável pelo conteúdo gerado por terceiros. A opção foi de que isso apenas ocorresse após uma ordem judicial.

Da mesma forma que a isenção de responsabilidade das plataformas prevista na seção 230 do CDA estadunidense teve um papel importante para o desenvolvimento da internet, pode-se dizer que o regime de responsabilização dos provedores de aplicação definida pelo MCI em 2014 parecia uma medida adequada ao ecossistema digital de então. Por outro lado, transportar mecanicamente tal escolha para os dias atuais, defendendo a falta de regulação enquanto sinônimo de liberdade, desconsidera que o cenário de livre arbítrio há muito deixou de existir no ciberespaço.

Hoje fica cada vez mais claro como o regime de responsabilidade do art. 19 do Marco Civil da Internet, regime de "notificação e retirada" após ordem judicial, é incapaz de resolver os novos desafios gerados pelo poder que passaram a deter as grandes empresas de tecnologia. Pelo contrário, ele tem permitido diversos casos de abuso da liberdade de expressão e a proliferação de conteúdos ilícitos nas redes.

Ainda assim, se as plataformas digitais se encontram muito acima de qualquer forma de controle, qual a capacidade de uma lei de resolver os problemas contemporâneos envolvendo sua atuação?

Em relação a essa pergunta, cabe relembrar que as tecnologias digitais não estão descoladas do restante da sociedade. Por isso, ainda que questões como discriminação (de raça, gênero, sexualidade, etc.), discurso de ódio, atentados contra o estado democrático de direito e outras violações a direitos adquiram especificidades próprias no ambiente digital, nenhuma regulação digital dará conta de solucionar por conta própria todas os problemas que infligem a internet. Ao mesmo tempo, não há dúvida que ficaremos piores sem compromissos e balizas democráticas para as regras que já vigoram na rede, mas são decididas exclusivamente pelas empresas privadas e pautadas em interesses comerciais.

Por essa razão, se faz necessária uma nova regulação, mais adaptada e adequada ao tempo presente. É necessário que o ordenamento acompanhe essa transformação, sob pena de, não o fazendo, permitir que continuem as inúmeras violações a direitos que passaram a ocorrer no âmbito das plataformas e, muitas vezes, estimuladas por elas. Se falamos que o atual modelo de negócio das grandes empresas de tecnologia não incentiva o devido cuidado em relação ao discurso de ódio e outros atos ilícitos em seus espaços, então torna-se necessário criar esses incentivos, por meio de regulação, para que uma atuação mais responsável e consciente de seus riscos seja privilegiada. Independentemente dessa mudança ocorrer para evitar ou não uma responsabilização.

Entretanto, não podemos desconsiderar que diante da complexidade do atual cenário digital, a mera alteração do regime de responsabilidade não daria conta de solucionar os problemas e desafios que estamos vivenciando. Como afirmamos, essa abordagem enfoca a responsabilidade gerada por cada conteúdo ilegítimo, ou seja, enfatiza o momento em que a plataforma precisa remover certo conteúdo danoso para evitar ser responsabilizada. Assim, a estratégia de remoção pressupõe que os riscos gerados pelas plataformas se concentram na publicação e compartilhamento de determinado conteúdo, ilícito ou contrário aos termos de uso.

Entretanto, estamos tratando de um problema muito mais amplo. Ele diz respeito, por exemplo, às formas como as comunidades se organizam e permitem a violência e radicalização em troca de engajamento; como sistemas são programados para gerar vícios e prender a atenção independentemente dos problemas de saúde mental que possam estar vinculados a esses usos.

Para enfrentar tais externalidades negativas, precisamos de uma regulação sofisticada. Uma abordagem que, para além da estratégia de remoção, mire também na arquitetura e estrutura desses sistemas, a partir de noções como o dever de mitigar riscos sistêmicos gerados por modelo de negócios e atividades empresariais. Somente com isso será possível incentivar por parte das plataformas o desenvolvimento e aperfeiçoamento de sistemas e serviços melhores, mais transparentes, informativos, legítimos e cuidadosos, ao invés de uma mera análise do risco da ilicitude de determinado conteúdo, a fim de evitar a responsabilização.

Conclusões

Se as tecnologias têm se mostrado motores para violação de direitos, torna-se necessário pensar como compatibilizar transformações tecnológicas com a proteção desses bens jurídicos. Atualmente, a regulação se mostra um desses caminhos. Uma regulação que não desconsidere a inovação e o desenvolvimento científico e tecnológico, mas garanta que ele ocorrerá em compatibilidade com as demais garantias e direitos colocados em risco por esse mesmo desenvolvimento.

A história recente tem nos mostrado os perigos de deixar tantos direitos e tanto poder na mão do setor privado, sem nenhuma forma de baliza ou controle. Assim, buscar certo grau de controle democrático sobre as plataformas, que passe pelo Estado, mas envolva também a sociedade civil, é cada vez mais central. Trocar o controle privado pelo controle democrático e a lógica comercial pelo interesse público, por meio de soluções institucionais e coletivas, é um primeiro passo para longe do caos informacional presente.

Referências

BALKIN, Jack M. How to Regulate (and Not Regulate) Social Media. *Knight Institute Occasional Paper Series*, n. 1, 2020.

BERARDI, Franco. Asfixia: capitalismo financeiro e a insurreição da linguagem. São Paulo: *Ubu Editora*, 2020 [edição digital].

BUCCI, Eugênio. A superindústria do imaginário: Como o capital transformou o olhar em trabalho e se apropriou de tudo que é visível. São Paulo: *Autêntica*, 2021.

CESARINO, Letícia. O mundo do avesso: Verdade e política na era digital. São Paulo: *Ubu Editora*, 2022.

DANTAS, Marcos. *Internet: praças de mercado sob controle do capital financeiro.* LX Congresso Brasileiro de Ciências da Comunicação. Curitiba – PR, 2017.

DANTAS, Marcos. O ataque ao PL das fake News. *A terra é redonda* [online], 03.05.2023. Disponível em: https://aterraeredonda.com.br/o-ataque-ao-pl-das-fake-news/. Acesso em 15.07.2023.

HARTMANN, Ivar. Inteligência artificial e moderação de conteúdo: o sistema Content ID e a proteção dos direitos autorais. *Ius Gentium*. Curitiba, vol. 10, n. 3, p. 145-165, set./dez. 2019.

KAUFMAN, Dora. A IA altera a lógica da economia: poucos países superam o valor das big techs. Época Negócios [online], 30.06.2023. Disponível em: https://epocanegocios.globo.com/colunas/iagora/coluna/2023/06/a-ia-altera-a-logica-da-economia-poucos-paises-superam-o-valor-das-big-techs.ghtml. Acesso em 15.07.2023.

7.

MODERAÇÃO DE CONTEÚDO E RESPONSABILIDADE EM PLATAFORMAS DIGITAIS

Chiara Spadaccini de Teffé

1. Contextualização do debate e iniciativas recentes de regulação de plataformas

Diante dos nove anos em vigor do Marco Civil da Internet (Lei nº 12.965/14 – MCI) e do crescente aumento do uso das redes no País, verifica-se a necessidade de se revisitar temas abordados pela norma. Os ambientes online tornaram-se mais complexos e as interações ali promovidas vêm provocando repercussões sociais e políticas relevantes. Nesse sentido, a discussão do Recurso Extraordinário 1.037.396 pelo Supremo Tribunal Federal afeta o regime de responsabilidade civil dos provedores de aplicações de internet por conteúdos de terceiros. Discutir a constitucionalidade do artigo 19 do MCI[1] envolve diretamente a análise de direitos fundamentais e de possíveis limites ao discurso e à liberdade de expressão. A preocupação com a temática, vale lembrar, não se encontra restrita ao Brasil. A Suprema Corte dos Estados Unidos, em maio de 2023, analisou dois casos relativos à temática: (I) Twitter vs. Taamneh e (II) Gonzalez vs. Google. Eles levantaram questões como: ao hospedar e "recomendar" conteúdos do Estado islâmico, as redes sociais estariam incentivando ataques terroristas nos termos do ato antiterrorismo? Em caso positivo, isso legitimaria ações e reparações de danos? A seção 230 do Communications Decency Act (CDA) imunizaria as plataformas digitais de responsabilizações mesmo quando elas fizessem recomendações direcionadas de conteúdos terroristas?[1]

A Suprema Corte proferiu decisão unânime no primeiro caso, determinando que o Twitter não ajudou nem estimulou o Estado Islâmico quando o grupo atacou uma boate turca em 2017. O juiz Thomas emitiu a opinião do Tribunal:

> (...) o nexo entre os réus e o ataque a Reina é distante. Conforme alegado pelos demandantes, os réus projetaram plataformas virtuais e conscientemente falharam em fazer "o suficiente" para remover usuários afiliados ao ISIS e conteúdo relacionado ao ISIS – dentre centenas de milhões de usuários em todo o mundo e um imenso oceano de conteúdo – de suas plataformas. No entanto, os demandantes falharam em alegar que os réus forneceram intencionalmente qualquer ajuda substancial ao ataque de Reina ou participaram conscientemente do ataque de Reina – muito menos que os réus ajudaram o ISIS de forma tão difundida e sistemática a ponto de torná-los responsáveis por todos os ataques do ISIS.[2]

O magistrado também colocou que, se a responsabilidade por cumplicidade fosse levada longe demais, os comerciantes comuns poderiam ser responsabilizados por qualquer uso indevido de seus bens e serviços, não importando quão atenuada fosse sua relação com o malfeitor. Isso incluiria "aqueles que apenas entregam correspondência ou transmitem e-mails" respondendo pelo conteúdo dessas mensagens. Destacou, ainda, que: "Não há alegações de que os réus trataram o ISIS de maneira diferente de qualquer outra pessoa. Em vez disso, o relacionamento dos réus com o ISIS e seus apoiadores parece ter sido o mesmo que o relacionamento com seus bilhões de outros usuários: à distância, passivo e amplamente indiferente".

A mesma lógica foi aplicada a Gonzalez v. Google. Os casos tinham algum potencial para provocar uma rediscussão da Seção 230 do CDA. Contudo, como o Tribunal decidiu que as empresas de tecnologia não eram

1 NESCHKE, Sabine; DRAPER, Danielle; LONG, Sean. Summarizing the Amicus Briefs Arguments in Gonzalez v. Google LLC. *Bipartisan Policy Center*, 21 fev. 2023. Disponível em: <https://bipartisanpolicy.org/blog/arguments-gonzalez-v-google/> Acesso em: 29.06.23.

2 SUPREME COURT OF THE UNITED STATES. *TWITTER, INC. v. TAAMNEH ET AL.* 18 mai. 2023. Disponível em: <https://www.supremecourt.gov/opinions/22pdf/21-1496_d18f.pdf> Acesso em: 29.06.23.

responsáveis ou cúmplices das ações do Estado Islâmico sob a lei antiterrorismo existente, ele não se aprofundou no reexame da referida Seção.

A decisão aborda um tema extremamente sensível: se os algoritmos de recomendação constituiriam um encorajamento ativo para certos tipos de conteúdo. Sobre o ponto, o magistrado alegou que simplesmente recomendar algo em uma base "agnóstica" – em oposição a criar um sistema que "escolha consciente e seletivamente promover o conteúdo fornecido por um grupo terrorista específico" – não seria uma forma de incentivo.

Outro ponto importante, mas não abordado diretamente, envolve o pagamento de receita de publicidade pelas plataformas a canais extremistas em razão de visualizações. Ao monetizar tais vídeos, a plataforma entraria de alguma forma na cadeia de responsabilidade? Como moderação de conteúdo, monetização e receita de publicidade podem impactar eventual responsabilidade de plataformas por conteúdo de terceiro?

Na Europa, em novembro de 2022, o *Digital Services Act* (DSA)[3] e o *Digital Market Act* entraram em vigor. O DSA regula as obrigações dos serviços digitais que atuam como intermediários em seu papel de conectar consumidores a bens, serviços e conteúdo. Busca oferecer proteção aos usuários e aos direitos fundamentais, estabelecendo um quadro de transparência e responsabilização para as plataformas uniforme em toda a UE. Foram estabelecidas medidas para combater conteúdos ilegais online, incluindo bens e serviços ilegais.

O DSA traz mecanismos que permitem aos usuários sinalizarem conteúdo ilegal online e que chamam as plataformas a cooperarem com sinalizadores especializados para identificar e remover conteúdo ilegal. A norma também previu a possibilidade de os sujeitos contestarem as decisões de moderação de conteúdo das plataformas, bem como estabeleceu medidas de transparência para plataformas online, incluindo melhor informação sobre termos e condições e transparência sobre os algoritmos utilizados para recomendar conteúdos ou produtos aos usuários. Há obrigações relativas à proteção de menores em plataformas, como o estabelecimento de instrumentos de verificação etária e de controle parental, assim como instrumentos destinados a auxiliar os menores a sinalizarem abusos e obterem apoio.

3 EUROPEAN COMISSION. *The Digital Services Act: ensuring a safe and accountable online environment*. 2023. Disponível em: <https://commission.europa.eu/strategy-and-policy/priorities-2019-2024/europe-fit-digital-age/digital-services-act-ensuring-safe-and-accountable-online-environment_en> Acesso em: 29.06.23.

O regulamento dispõe também sobre obrigações adicionais para plataformas on-line e mecanismos de pesquisa considerados *muito grandes*,4 as quais buscam conferir maior transparência às atividades realizadas[5] e impedir o abuso de seus sistemas, havendo a adoção de ações que visem à detecção de riscos sistêmicos, supervisão por meio de auditorias independentes de suas medidas de gerenciamento de riscos, cooperação com outros provedores de serviços (inclusive iniciando ou aderindo a códigos de conduta existentes ou outras medidas autorregulatórias) e o desenvolvimento de ações de sensibilização. As plataformas deverão mitigar riscos como desinformação ou manipulação eleitoral, violência contra mulheres ou danos a crianças e adolescentes. Além disso, deverão desenvolver mecanismos de resposta a crises, em casos de grave ameaça de saúde pública e crises de segurança, como uma pandemia ou guerra.

Houve o estabelecimento de normas que preconizam transparência aprimorada para toda a publicidade em plataformas e comunicações comerciais de influenciadores, assim como a proibição da utilização de *dark patterns* na interface de plataformas online. Busca-se, ainda, maior transparência dos sistemas de recomendação. Os usuários terão o direito de reclamar na plataforma, buscar acordos extrajudiciais, reclamar à autoridade nacional em seu próprio idioma e buscar compensação por violações das regras. As organizações representativas também poderão defender os direitos dos usuários. A Comissão Europeia será o principal regulador das plataformas e dos motores de pesquisa muito grandes, enquanto outras plataformas (como prestadores de serviços intermediários) estarão sob a supervisão das autoridades competentes dos Estados-Membros onde estiverem estabelecidas,[6] havendo em cada um coordenador de serviços digitais (art. 49). No debate, cabe também mencionar a polêmica Lei Alemã

4 Em abril de 2023, a Comissão designou com base no DSA 17 "Very Large Online Platforms" e 2 "Very Large Online Search Engines", que atingem pelo menos 45 milhões de usuários ativos mensais. São plataformas online muito grandes: Alibaba AliExpress, Loja Amazon, AppStore da Apple, Booking.com, Facebook, Google Play, Google Maps, Google Shopping, Instagram, LinkedIn, Pinterest, Snapchat, TikTok, Twitter, Wikipédia, YouTube e Zalando. São motores de busca online muito grandes: Bing e Pesquisa do Google. As plataformas foram designadas com base nos dados de usuários publicados até 17 de fevereiro de 2023. Fonte: BAHRKE, Johannes; REGNIER, Thomas. Digital Services Act: Commission designates first set of Very Large Online Platforms and Search Engines. *European Comission*. 25 abr. 2023. Disponível em: <https://ec.europa.eu/commission/presscorner/detail/en/ip_23_2413>. Acesso em: 04.07.23.

5 Como, por exemplo, as disposições presentes nos artigos 15, 24 e 42, que tratam de relatórios de transparência.

6 BAHRKE, Johannes; REGNIER, Thomas. Digital Services Act: Commission designates first set of Very Large Online Platforms and Search Engines. *European Comission*. 25 abr. 2023. Disponível em: <https://ec.europa.eu/commission/presscorner/detail/en/ip_23_2413>. Acesso em: 04.07.23.

para as Redes Sociais (*NetzDG*) de 2018 e o *Online Safety bill* do Reino Unido, que ainda se encontra em acalorada discussão[7] e busca introduzir *duties of care* para grandes plataformas. As propostas europeias certamente impactarão regulações em andamento,[8] como, por exemplo, a discussão da constitucionalidade do artigo 19 do Marco Civil e o chamado PL das fake news no Brasil; o Projeto de Código de Conduta para Intermediários da Internet da Nigéria; o *Digital India Act*; estruturas emergentes no Canadá e na Nova Zelândia; e discussões sobre normas globais, como diretrizes da UNESCO.

Preocupações com desinformação em massa,[9] proteção de crianças e adolescentes online,[10] moderação de conteúdo em grandes plataformas, algoritmos de recomendação e monetização de atividades relacionadas à publicidade vêm motivando debates, projetos e leis globalmente. As discussões perpassam os mais diversos atores e poderes, havendo notadamente cada vez mais propostas voltadas à ampliação da transparência e prestação de contas das grandes plataformas de veiculação de conteúdo. Muito se tem pensado no desenvolvimento de ferramentas de moderação mais

---

7 A disposição vem recebendo críticas de organizações de direitos humanos. O Electronic Frontier Foundation, o Big Brother Watch e o Artigo 19 publicaram análise sobre o tema neste ano, mostrando forte preocupação com a manutenção da criptografia de ponta-a-ponta e rejeitando eventual monitoramento das comunicações privadas que possa prejudicar a privacidade e a liberdade de expressão dos usuários: LIBERTY ET AL. *Joint Second Reading Briefing On The Online Safety Bill For The House Of Lords: Private Messaging*. jan. 2023. Disponível em: <https://www.libertyhumanrights.org.uk/wp-content/uploads/2022/04/Joint-civil-society-briefing-on-private-messaging-in-the-Online-Safety-Bill-for-Second-Reading-in-the-House-of-Lords-January-2023.pdf>. 28.05.23. Objeções similares foram apontadas em carta assinada por 70 organizações e especialistas: POLK, Ryan. *70 organizations, cyber security experts, and elected officials sign open letter expressing dangers of the UK's Online Safety Bill*. 24 nov. 2022. Disponível em: <https://www.globalencryption.org/2022/11/70-organizations-cyber-security-experts-and-elected-officials-sign-open-letter-expressing-dangers-of-the-uks-online-safety-bill/>. Acesso em: 28.05.23.
Google e Meta também levantaram preocupações com o projeto de lei. O Google diz que há desafios práticos na distinção entre conteúdo ilegal e legal em escala e que isso pode levar à remoção excessiva de conteúdo legal. A Meta sugere que focar em fazer com que os usuários verifiquem suas identidades corre o risco de excluir qualquer um que não queira compartilhar sua identidade em conversas online. Informações disponíveis em: O'DONOVAN, Katie. *Google's written evidence to the Online Safety Bill Public Bill*. 31 mai. 2022. Disponível em: <https://bills.parliament.uk/publications/46675/documents/1885>. Acesso em: 28.05.23.e EARLEY, Richard. *Meta's Submission to the Online Safety Bill Committee*. 16 jun. 2022. Disponível em: <https://bills.parliament.uk/publications/46955/documents/2012>. Acesso em: 28.05.23.

8 Disponível em: <https://www.gp-digital.org/the-uks-online-safety-bill-notes-on-committee-stage-and-the-final-stretch/> Acesso em: 04.07.23.

9 TEFFÉ, Chiara Spadaccini de; VASCONCELLOS, Bernardo. Fake news e o mercado de desinformação In: *Supremo 4.0*: Constituição e tecnologia em pauta.1 ed. São Paulo: Thomson Reuters, 2022, v.1, p. 147-172.

10 BRANCO, S.; TEFFÉ, Chiara Spadaccini de; FERNANDES, E. R.; LATERCA, P. *Privacidade e proteção de dados de crianças e adolescentes*. Rio de Janeiro: Obliq, 2021.

claras e responsivas, que observem riscos sistêmicos e cuidados específicos em temáticas ou momentos particulares.

2. Responsabilidade civil de provedores por conteúdo de terceiro: análise do Marco Civil da Internet

Com base no panorama atual, é importante que a construção interpretativa do MCI se dê em diálogo com as contemporâneas reflexões acerca da moderação de conteúdos online, as normas internacionais de direitos humanos e de governança da rede e a Lei Geral de Proteção de Dados. Nessa lógica, devem ser buscadas estratégias e políticas que priorizem tanto deveres de transparência, prestação de contas e cuidado quanto a proteção das liberdades comunicativas, livre iniciativa e inovação. Adicionalmente, estimular a concorrência e novos negócios no ambiente online permite que diferentes plataformas possam florescer e produzir soluções inovadoras e disruptivas, além de se evitar concentração no mercado. Incertezas legais e regras desproporcionais criam barreiras de entrada no sistema e insegurança jurídica para os sujeitos envolvidos.

Não há dúvida de que uma estratégia de moderação de conteúdo em plataformas bem desenvolvida se mostra significativamente importante contra a proliferação de discursos extremistas, de ódio ou violência. Entretanto, entende-se que um eventual aumento desproporcional da responsabilidade das plataformas por conteúdos de terceiros poderia conduzir a um cenário de censura severa, no qual as plataformas preventivamente optariam por remover conteúdos e perfis controversos, os quais não necessariamente estariam causando danos a outrem. Fato esse que atingiria a liberdade de expressão e a diversidade de opiniões na rede. A lógica da prevenção de danos deve caminhar conjuntamente com a proteção das liberdades constitucionais, de forma que as imunidades e deveres sejam desenvolvidos criticamente a depender da gravidade dos riscos. A consideração sobre quais conteúdos ultrapassam ou não os limites da liberdade de expressão deve ser um processo, predominantemente, público e com discussões multissetoriais, e não um processo exclusivamente privado, conduzido por departamentos de plataformas digitais.

Diante disso, a partir de quatro eixos neste artigo, pretende-se apresentar indagações que envolvem a caracterização dos provedores, suas responsabilidades e possíveis papéis na moderação de conteúdos online e, por fim, como a temática se conecta ao Marco Civil da Internet.

I) Em primeiro lugar, é necessário esclarecer a definição e quais plataformas e sujeitos podem ser qualificados como provedores de aplicações de internet, ou seja, provedores que oferecem um conjunto de funcionalidades que podem ser acessadas por meio de um terminal conectado à internet, conforme o MCI. Seria possível pensar em outras categorias de provedores, para além do provedor de conexão à internet e do provedor de aplicações de internet? O artigo 19 do MCI seria uma norma prioritariamente estruturada para contemplar as atividades das redes sociais e de seus usuários? A quais atividades e plataformas ela se aplicaria? Em que medida a estrutura do provedor de aplicações, sua influência sobre o discurso público e sua possibilidade de exercer um controle prévio sobre os conteúdos postados pelos seus usuários podem impactar o tratamento legal a ele conferido?

II) Em seguida, parte-se para o debate sobre como deverá ser desenhado o sistema de deveres e responsabilidades dos provedores e plataformas de internet por conteúdo de terceiros. De forma exemplificativa, é possível pensar em alguns modelos e sistemas:[11]

a) responsabilidade apenas para plataformas que sejam ativas na moderação e a apliquem direta e expressamente;
b) responsabilidade para plataformas que saibam ou deveriam saber da existência e veiculação por terceiros de conteúdos ilegais ou danosos. Neste cenário, pergunta-se: a possibilidade de análise do conteúdo de terceiro poderia tornar o provedor de aplicações, em alguma circunstância, corresponsável em caso de dano?
c) aplicação de um sistema de imunidade a plataformas, conforme a cláusula do "bom samaritano", prevista no art. 230 do CDA, visando a incentivar o desenvolvimento de uma moderação no ambiente;
d) responsabilidade da plataforma nos casos de falha na moderação de conteúdos específicos, como pornografia infantil e cenas de nudez ou de atos sexuais de caráter privado divulgados ilicitamente; ou
e) responsabilidade pela falha em analisar e denunciar riscos sistêmicos de grande porte a direitos. Ao invés de focar em situações individuais, tal sistema imporia deveres de moderação para situações de elevado risco de dano a sujeitos e garantias. Nesta proposta, não se enfatizaria uma falha individual e específica na moderação, mas seriam observados riscos sistêmicos, especialmente ocorridos em grandes plataformas.

11 Modelos de responsabilidade civil para plataformas são discutidos em: LEMOS, Ronaldo; ARCHEGAS, João. A Constitucionalidade do Artigo 19 do Marco Civil da Internet. In: BRITTO, Carlos Ayres (Coord.). *Supremo 4.0:* Constituição e Tecnologia em Pauta. São Paulo: Revista dos Tribunais, 2022.

III) Em relação à possibilidade de moderação de conteúdos, entende-se que ela poderá advir tanto por parte da própria plataforma, com base em seus termos de uso, quanto por meio de políticas e normas. O desenho de um modelo adequado para isso é o nosso desafio. O que, como e em qual momento moderar? Quais parâmetros as plataformas deveriam utilizar na elaboração de seus termos de uso e na sua atividade de moderação? Como tornar a moderação de conteúdo mais objetiva, precisa e contextual, especialmente nos casos que envolverem disseminação em massa de desinformação? Como encontrar uma regra balanceada para a remoção de conteúdos ilegais que defina critérios claros? Todas as propostas parecem trazer alguns pontos negativos, como, por exemplo, estímulo à passividade, excesso de remoções, insegurança sobre a manutenção de conteúdos ou uma imunidade excessivamente ampliada às plataformas.

Não são incomuns as críticas e falas diversas e plurais nas redes. Como situações com um grau maior de subjetividade devem ser tratadas pelos provedores e pelo Poder Judiciário? Apenas aquilo que for objetivamente ilícito e danoso deverá ser indisponibilizado das redes ou a restrição poderia envolver inclusive discursos aparentemente lícitos, mas controversos? Não se pode perder de vista que entre as cores branca e preta, há vários tons de cinza. A princípio, é relativamente simples constatar e remover material que aparentemente viole direitos autorais, porém não é simples definir quando o discurso crítico se transforma em discurso de ódio. Os limites da liberdade de expressão são corriqueiramente discutidos nos Tribunais.

IV) Por fim, chegando à análise do artigo 19 do MCI – aplicado pelo Superior Tribunal de Justiça (STJ) em diversas situações que envolveram, especialmente, redes sociais e conteúdos lesivos a terceiros publicados por seus usuários[12] – entende-se que o dispositivo apresenta relativo equilíbrio ao regime de responsabilidade civil de provedores de aplicações de internet por conteúdo de terceiro, bem como segurança jurídica acerca da regra aplicável à relação.

No caso, a responsabilidade civil do provedor de aplicações de internet será subjetiva por omissão e derivará do não cumprimento da ordem judicial que determinou a remoção do conteúdo danoso (inserido por terceiro em seu ambiente).[13] Foi estipulado que a retirada de conteúdo deverá ocorrer no âmbito e nos limites técnicos do serviço prestado, orientação importante que considera as peculiaridades de cada provedor. Ao colocar o Poder Judiciário como instância legítima para definir o que é ou não um conteúdo ilícito, passível de remoção, o MCI determinou que a responsabilidade civil

12 "4. A responsabilidade dos provedores de aplicações por conteúdos gerados por terceiros é subjetiva, tornando-se responsável solidariamente com aquele que gerou o conteúdo ofensivo a partir do conhecimento da lesão que determinada informação causa, se não tomar as providências necessárias para a sua remoção e caso o fato tenha se verificado quando não estava em vigor a Lei nº 12.965/14, ou a partir da notificação judicial para remoção do conteúdo, nos termos do art. 19 do MCI." (STJ. REsp 1980014 / SP. Rel. Min. Nancy Andrighi. DJe 21/06/2022) "4. A responsabilidade do provedor por atos de seus usuários, como regra, apenas se verifica quando há descumprimento de ordem judicial de remoção de conteúdo. Inteligência do art. 19 do Marco Civil da Internet, que prevê reserva de jurisdição. 5. Excepcionalmente, em casos de divulgação, sem consentimento, de cenas de nudez ou de atos sexuais de caráter privado, há possibilidade de remoção de conteúdo mediante simples notificação da vítima. Inteligência do art. 21 do Marco Civil da Internet que, em excepcional sistema de notice and take down, prevê a responsabilidade do provedor pela omissão diante de simples notificação do ofendido para retirada do conteúdo ofensivo. 6. Para a aplicação do art. 21, mostra-se imprescindível i) o caráter não consensual da imagem íntima; ii) a natureza privada das cenas de nudez ou dos atos sexuais disseminados; e iii) a violação à intimidade. 7. Exceção prevista no art. 21 que se destina a proteger vítimas de um tipo de violência digital conhecido como disseminação de imagens íntimas não consentidas, também conhecida pela sigla NCII (da expressão em inglês non-consensual intimate images);" (STJ. REsp 1840848 / SP. Ministro Paulo de Tarso Sanseverino. Terceira Turma. DJe 05/05/2022)

13 As exceções ao artigo 19 são pontuais e encontram-se previstas no próprio texto da Lei, quais sejam: a) para os conteúdos protegidos por direitos autorais (§2º do artigo 19), quando não será aplicada a regra da notificação judicial; e b) para os casos de divulgação, sem autorização de seus participantes, de imagens, vídeos ou outros materiais contendo cenas de nudez ou de atos sexuais de caráter privado. Neste caso específico, o provedor de aplicações de internet, após o recebimento de notificação extrajudicial, será responsabilizado se deixar de promover a indisponibilização do conteúdo íntimo divulgado por terceiro sem autorização (artigo 21).

do referido provedor não nasceria imediatamente após o descumprimento de uma notificação privada / extrajudicial.[14]

A Lei nº 12.965/14 não impede que os provedores de aplicações possam determinar requisitos para a remoção direta de conteúdos em suas políticas de uso e atendam a possíveis notificações extrajudiciais enviadas, quando serão responsáveis diretamente pela remoção e/ou filtragem do material. Ainda que essa perspectiva pareça interessante em certos casos, como nas questões envolvendo desinformação, deve-se evitar que os provedores abusem de suas posições e que venham a filtrar ou realizar bloqueios a conteúdos sem uma justificativa plausível e sem que sejam garantidos o contraditório e a ampla defesa às partes.

Na ausência de um sistema adequado de responsabilização, serão enfrentadas consequências negativas pela sociedade, como, por exemplo, a diminuição da confiança de usuários e intermediários no uso e no desenvolvimento de ferramentas de comunicação na Internet, além do estímulo de ações governamentais e de agentes privados a estabelecerem mecanismos de controle e censura na Internet, o que levaria a processos arbitrários de remoção de conteúdos e excessiva vigilância dos cidadãos.

Debate-se hoje a possibilidade de uma autorregulação regulada. Haveria, assim, apoio a uma auto-organização dos agentes privados, de acordo com a expertise e as dinâmicas próprias do mercado, mas também o estabelecimento de parâmetros gerais de interesse público importantes ao Estado democrático. Nessa dinâmica, mostra-se relevante a criação dentro das plataformas de órgãos de supervisão de decisões, que fiscalizem suas atividades de moderação, estabeleçam regras de transparência e as direcionem à tomada de melhores decisões.

No sistema atual, nada impede a reflexão acerca do estabelecimento de outras exceções à regra de remoção de conteúdo e responsabilidade do artigo 19 do MCI, com base em direitos e garantias já estabelecidas no ordenamento jurídico brasileiro. Como exemplo, recorda-se o tipo penal estabelecido no artigo 241-A do Estatuto da Criança e do Adolescente referente a ato de oferecer, trocar, disponibilizar, transmitir, distribuir, publicar ou divulgar por qualquer meio, inclusive por meio de sistema de informática ou telemático, fotografia, vídeo ou outro registro que contenha cena de sexo explícito ou pornográfica envolvendo criança ou adolescente. Acerca

14 Cf. TEFFÉ, Chiara Spadaccini de. Marco Civil da Internet: considerações sobre a proteção da liberdade de expressão, neutralidade da rede e privacidade. In: BECKER, Daniel; FERRARI, Isabela. (Org.). *Regulação 4.0*: Novas tecnologias sob a perspectiva regulatória. São Paulo: Revista dos Tribunais, 2019, v. 1, p. 133-160. TEFFÉ, Chiara Spadaccini de; SOUZA, Carlos A. P. Responsabilidade civil de provedores na rede: análise da aplicação do Marco Civil da Internet pelo Superior Tribunal de Justiça. *Revista IBERC*, Belo Horizonte, v. 1, p. 1-28, 2018.

de crianças e adolescentes, deve prevalecer o seu melhor interesse, com prioridade absoluta, havendo a proteção integral de tais sujeitos no ambiente online.

Nesse sentido, recorda-se decisão inédita do STJ, no Recurso Especial 1.783.269, relatado pelo Min. Antonio Ferreira e julgado em 14 de dezembro de 2021,[15] em que se afirmou:

> Para atender ao princípio da proteção integral consagrado no direito infantojuvenil, é dever do provedor de aplicação na rede mundial de computadores (Internet) proceder à retirada de conteúdo envolvendo menor de idade – relacionado à acusação de que seu genitor havia praticado crimes de natureza sexual – logo após ser formalmente comunicado da publicação ofensiva, independentemente de ordem judicial. 2. O provedor de aplicação que, após notificado, nega-se a excluir publicação ofensiva envolvendo menor de idade, deve ser responsabilizado civilmente, cabendo impor-lhe o pagamento de indenização pelos danos morais causados à vítima da ofensa. 2.1. A responsabilidade civil, em tal circunstância, deve ser analisada sob o enfoque da relevante omissão de sua conduta, pois deixou de adotar providências que, indubitavelmente sob seu alcance, minimizariam os efeitos do ato danoso praticado por terceiro, o que era seu dever. 2.2. Nesses termos, afigura-se insuficiente a aplicação isolada do art. 19 da Lei Federal n. 12.965/2014, o qual, interpretado à luz do art. 5º, X, da Constituição Federal, não impede a responsabilização do provedor de serviços por outras formas de atos ilícitos, que não se limitam ao descumprimento da ordem judicial a que se refere o dispositivo da lei especial.

É necessário frisar que a responsabilização dos agentes deverá se dar de acordo com as suas atividades (Art. 3º, VI, do MCI) e possibilidades concretas de atuação sobre o conteúdo disponibilizado em seu ambiente. Aumentar o rol de exceções ao art. 19, de forma a estabelecer a remoção extrajudicial de determinados conteúdos, a partir de parâmetros claros e

---

15 PEREIRA, F. Q.; LARA, M. A. A responsabilidade civil dos provedores de aplicação por conteúdo envolvendo crianças e adolescentes: análise do REsp n. 1.783.269/MG. *civilistica.com*, v. 11, n. 3, p. 1-11, 26 dez. 2022.

específicos, apresenta importância prática. Isso não significa, porém, alterar o sistema de responsabilidade criado no Marco Civil da Internet.

Conclusões

Diversos aspectos de nossa vida e sociedade vêm sofrendo interferências de algoritmos e serviços de plataformas. O mercado de tecnologia e seus sujeitos estabelecem continuamente tendências e necessidades, especialmente diante da concentração de players e atividades por eles desenvolvidas. Há, cada vez mais, tanto a análise e predição de comportamentos quanto a captura de nossa atenção.

Nesse cenário, muito se tem questionado acerca do papel das mídias sociais e dos canais de comunicação no debate público. Acerca da moderação de conteúdos e do desenvolvimento de políticas internas e normas legais, cabe indagar: Como desenvolver um processo mais responsivo, transparente e participativo? Ter uma entidade ou órgão específico responsável por tal análise seria salutar na atual conjuntura?

Não parece interessante que o controle acerca da moderação de conteúdos seja integralmente transferido aos agentes de mercado. Cabe também ao Estado, às instituições públicas democráticas e entidades independentes apontarem premissas e orientarem plataformas e intermediários na questão, por meio, por exemplo, de políticas públicas, reuniões multissetoriais, resoluções e normas legais.

Proteger os direitos humanos no ambiente digital mostra-se urgente e necessário, por meio de normas equilibradas e aplicáveis de forma ampla às diversas problemáticas. Normas e interpretações casuísticas, de viés autoritário ou meramente importadas sem um debate consistente, devem ser afastadas. É, aqui, que a discussão ampla, séria e acadêmica apresenta o seu relevo. Traçar as diretrizes desse debate é tarefa fundamental e exige uma reflexão constante, alinhada ao desenvolvimento tecnológico e às mudanças sociais, políticas e culturais.

Referências

BAHRKE, Johannes; REGNIER, Thomas. Digital Services Act: Commission designates first set of Very Large Online Platforms and Search Engines. *European Comission*. 25 abr. 2023. Disponível em: <https://ec.europa.eu/commission/presscorner/detail/en/ip_23_2413>. Acesso em: 04.07.23.

BRANCO, Sérgio; TEFFÉ, Chiara Spadaccini de; FERNANDES, E. R.; LATERCA, P. *Privacidade e proteção de dados de crianças e adolescentes*. Rio de Janeiro: Obliq, 2021.

EUROPEAN COMISSION. *The Digital Services Act: ensuring a safe and accountable online environment*. 2023. Disponível em: <https://commission.europa.eu/strategy-and-policy/priorities-2019-2024/europe-fit-digital-age/digital-services-act-ensuring-safe-and-accountable-online-environment_en> Acesso em: 29.06.23.

EARLEY, Richard. *Meta's Submission to the Online Safety Bill Committee*. 16 jun. 2022. Disponível em: <https://bills.parliament.uk/publications/46955/documents/2012>. Acesso em: 28.05.23.

LEMOS, Ronaldo; ARCHEGAS, João. A Constitucionalidade do Artigo 19 do Marco Civil da Internet. In: BRITTO, Carlos Ayres (Coord.). Supremo 4.0: Constituição e Tecnologia em Pauta. São Paulo: Revista dos Tribunais, 2022.

LIBERTY ET AL. *Joint Second Reading Briefing On The Online Safety Bill For The House Of Lords: Private Messaging*. jan. 2023. Disponível em: <https://www.libertyhumanrights.org.uk/wp-content/uploads/2022/04/Joint-civil-society-briefing-on-private-messaging-in-the-Online-Safety-Bill-for-Second-Reading-in-the-House-of-Lords-January-2023.pdf>. 28.05.23.

NESCHKE, Sabine; DRAPER, Danielle; LONG, Sean. Summarizing the Amicus Briefs Arguments in Gonzalez v. Google LLC. *Bipartisan Policy Center*, 21 fev. 2023. Disponível em: <https://bipartisanpolicy.org/blog/arguments-gonzalez-v-google/> Acesso em: 29.06.23.

O'DONOVAN, Katie. *Google's written evidence to the Online Safety Bill Public* Bill. 31 mai. 2022. Disponível em: <https://bills.parliament.uk/publications/46675/documents/1885>. Acesso em: 28.05.23.

PEREIRA, F. Q.; LARA, M. A. A responsabilidade civil dos provedores de aplicação por conteúdo envolvendo crianças e adolescentes: análise do REsp n. 1.783.269/MG. civilistica.com, v. 11, n. 3, p. 1-11, 26 dez. 2022.

POLK, Ryan. *70 organizations, cyber security experts, and elected officials sign open letter expressing dangers of the UK's Online Safety Bill*. 24 nov. 2022. Disponível em: <https://www.globalencryption.org/2022/11/70-organizations-cyber-security-experts-and-elected-officials-sign-open-let-

ter-expressing-dangers-of-the-uks-online-safety-bill/>. Acesso em: 28.05.23.

STJ. REsp 1840848 / SP. Ministro Paulo de Tarso Sanseverino. Terceira Turma. DJe 05/05/2022

SUPREME COURT OF THE UNITED STATES. *TWITTER, INC. v. TAAMNEH ET AL.* 18 mai. 2023. Disponível em: <https://www.supremecourt.gov/opinions/22pdf/21-1496_d18f.pdf> Acesso em: 29.06.23.

TEFFÉ, Chiara Spadaccini de; VASCONCELLOS, Bernardo. Fake news e o mercado de desinformação In: *Supremo* 4.0: Constituição e tecnologia em pauta.1 ed. São Paulo: Thomson Reuters, 2022, v.1, p. 147-172.

TEFFÉ, Chiara Spadaccini de; SOUZA, Carlos A. P. Responsabilidade civil de provedores na rede: análise da aplicação do Marco Civil da Internet pelo Superior Tribunal de Justiça. Revista IBERC, Belo Horizonte, v. 1, p. 1-28, 2018.

TEFFÉ, Chiara Spadaccini de. Marco Civil da Internet: considerações sobre a proteção da liberdade de expressão, neutralidade da rede e privacidade. In: BECKER, Daniel; FERRARI, Isabela. (Org.). *Regulação* 4.0: Novas tecnologias sob a perspectiva regulatória. São Paulo: Revista dos Tribunais, 2019, v. 1, p. 133-160.

8.

DIREITOS FUNDAMENTAIS E NOVAS TECNOLOGIAS: ATUALIZAÇÕES NECESSÁRIAS NA RESPONSABILIDADE DE INTERMEDIÁRIOS

Yasmin Curzi de Mendonça
Walter Britto Gaspar

Introdução

A regulação de plataformas no Brasil é um tema multifacetado e que desperta crescente interesse, particularmente dada a importância cada vez maior dessas plataformas no tecido econômico, social e político do país. Este ensaio procura lançar luz sobre as várias dimensões da regulação de plataformas no Brasil, considerando dois diferentes eixos de regulação: a responsabilidade civil de intermediários e o estabelecimento de deveres de transparência e de devida diligência às plataformas digitais.

O primeiro tema é definido pelo Marco Civil da Internet, Lei nº 12.965/2014, também conhecida como "MCI", que está em processo de ser complementado pelo Projeto de Lei nº 2.630/2020, também conhecido como "PL das Fake News". O PL 2630/2020 também avança em temas como direitos dos usuários e deveres para as plataformas. Dessa forma, junto ao PL 2.338/2023, que versa sobre regulação de inteligência artificial, e a Lei Geral de Proteção de Dados, esta proposição legislativa traz inovações relevantes para o tratamento de tais atores no país, as quais o artigo pretende discutir.

Diante destas duas frentes de inovações jurídicas relevantes para a regulação de plataformas no Brasil, o ensaio tem como principal objetivo contribuir para este debate fornecendo uma análise das principais questões atinentes ao tema. Assim, em um primeiro momento o ensaio visa discutir a atualidade e eficácia do regime de responsabilidade civil para provedores de aplicações na internet estabelecido pelo Marco Civil da Internet (MCI) na ordem jurídica brasileira. Em seguida, procura analisar a evolução legislativa subsequente, tendo como principal objeto o PL 2.630/2020 e a consulta pública conduzida pelo Comitê Gestor da Internet em 2023 para a regulamentação da internet. Por fim, procura fornecer recomendações de políticas públicas que reflitam a complexidade do cenário atual.

Ao abordar tanto os mecanismos de responsabilização civil quanto os deveres de transparência e diligência, este ensaio pretende auxiliar na compreensão de questões cruciais à luz das leis atuais e futuras. De tal maneira, este ensaio espera contribuir para esse debate importante e em andamento, fornecendo uma visão abrangente dos principais eixos da regulação de plataformas no Brasil. Ao fazer isso, esperamos inspirar novas ideias e soluções para os desafios que enfrentamos na regulação de plataformas no século XXI.

1. Marco Civil da Internet: novos debates sobre a liberdade de expressão

Conhecido como a "Constituição da Internet", o Marco Civil da Internet (Lei nº 12.965/2014, doravante "MCI") é responsável por desempenhar um papel vital na definição da relação entre usuários, provedores de aplicação e o Estado. A lei estabelece princípios para garantir uma internet aberta, plural e neutra, proporcionando um ambiente favorável para a liberdade de expressão, a inovação e o desenvolvimento econômico.

Um dos elementos mais importantes do MCI é o estabelecimento de um sistema de aviso e retirada judicial, conforme estabelecido no Artigo 19. Este artigo estipula que os provedores de aplicação só podem ser responsabilizados pelo conteúdo gerado pelos usuários se não cumprirem ordens judiciais para a remoção de conteúdo específico dentro de 24 horas, desde que tenham a capacidade técnica para fazê-lo. A lógica por trás desta disposição é que ela pode filtrar pedidos abusivos e garantir que apenas demandas válidas sejam apresentadas ao Judiciário, proporcionando segurança jurídica para as empresas.

No entanto, a constitucionalidade do Artigo 19 está atualmente em análise pelo Supremo Tribunal Federal brasileiro, através dos Recursos Extraordinários nº 1.037.396/SP e nº 1.057.258/MG. Ambos questionam o papel dos intermediários na amplificação de violações dos direitos dos usuários.

Nesta seção, nos debruçarmos sobre este marco legislativo e os principais dilemas da alteração do modelo de responsabilidade.

O Marco Civil da Internet (MCI), Lei nº 12.965/2014, estabelece um arcabouço regulatório abrangente para a governança da internet no Brasil, incluindo o papel de várias entidades do poder executivo e o uso de mecanismos judiciais para a resolução de disputas1. No âmbito do Poder Executivo, o Comitê Gestor da Internet no Brasil (CGI.br) e a Agência Nacional de Telecomunicações (ANATEL) têm papéis fundamentais na supervisão e regulação da internet. O CGI.br é encarregado de estabelecer diretrizes estratégicas para o uso e o desenvolvimento da internet no Brasil.[1] Por outro lado, a ANATEL, como órgão regulador das telecomunicações, possui um papel importante na supervisão da infraestrutura de internet.[2]

Judicialmente, o MCI delineia um sistema geral de notificação e retirada de conteúdo (*judicial notice-and-takedown*) no artigo 19, que impõe aos provedores de aplicação a responsabilidade pela remoção de conteúdos especificados mediante ordem judicial.[3] Embora o Judiciário seja um meio comum para a resolução de conflitos nas plataformas digitais, o MCI também incentiva a resolução alternativa de controvérsias, visando agilidade e custo-benefício.[4] Por este motivo, os parágrafos 2 e 3 do artigo 19 estabelecem, respectivamente, mecanismos especiais para a gestão de conflitos relacionados a direitos autorais e o acesso a Juizados Especiais e justiça gratuita.[5]

Além disso, o artigo 21 do MCI trata de casos de imagens íntimas não consentidas,[6] definindo a responsabilidade dos provedores de aplicação para a remoção de conteúdo íntimo compartilhado sem o consentimento da vítima, após a notificação.[7]

Apesar da relevância indiscutível do Marco Civil da Internet (MCI) como um instrumento jurídico que tem como objetivo prevenir abusos judiciais que possam impactar de forma desproporcional à coletividade, é impor-

---

1 CGI.br (n.d.). O CGI.br. Recuperado de: https://www.cgi.br/o-cgi-br/

2 ANATEL (n.d.). *O que faz a Anatel.* Recuperado de: https://www.anatel.gov.br/institucional/index.php?option=com_content&view=article&id=39&Itemid=333

3 BRASIL. Lei nº 12.965, de 23 de abril de 2014. Estabelece princípios, garantias, direitos e deveres para o uso da internet no Brasil. *Diário Oficial da União*, 24 de abril de 2014.

4 HARTMANN, I. et al. Moderação de conteúdo online: contexto, cenário brasileiro e suas perspectivas regulatórias. São Paulo: *Editora Alameda*, 2022.

5 BRASIL. Lei nº 12.965, de 23 de abril de 2014. Estabelece princípios, garantias, direitos e deveres para o uso da internet no Brasil. *Diário Oficial da União*, 24 de abril de 2014.

6 NERIS, Natália; RUIZ, Juliana P.; VALENTE, Mariana g.. Enfrentando Disseminação Não Consentida de Imagens Íntimas: Uma análise comparada. *InternetLab. Consultado el*, v. 9, 2018.

7 BRASIL. Lei nº 12.965, de 23 de abril de 2014. Estabelece princípios, garantias, direitos e deveres para o uso da internet no Brasil. *Diário Oficial da União*, 24 de abril de 2014.

tante destacar que, no momento de sua concepção, a escala do avanço tecnológico e a amplitude do poder de mercado e monopólio das chamadas "grandes empresas de plataformas" não eram plenamente visíveis.[8] Essas entidades, por sua vez, tornaram-se poderosos atores globais, exercendo um controle sem precedentes sobre a infraestrutura digital e, por extensão, sobre a sociedade e a economia. O desenvolvimento e uso avançado de sistemas de inteligência artificial por essas empresas também têm levantado questões complexas em relação à liberdade de expressão, privacidade e direitos humanos.[9]

O Marco Civil da Internet (MCI) no Brasil se ergueu com um objetivo louvável de "salvaguardar a liberdade de expressão e coibir a censura" (art. 19), um postulado estabelecido a partir de um exame minucioso das consequências potenciais das normas que determinam a responsabilidade dos provedores de aplicativos.[10] Contudo, esse exame estava voltado primariamente para um aspecto específico do panorama da liberdade de expressão na internet, isto é, a potencial restrição direta do discurso por provedores de aplicativos. O curso do tempo e a evolução tecnológica demonstraram que a interface entre usuários e plataformas digitais, assim como a interação dos direitos fundamentais concernidos, é de uma complexidade consideravelmente maior.[11]

A doutrina jurídica dos "efeitos resfriadores" (*chilling effects*), um argumento jurídico familiar e recorrente, particularmente em território norte-americano, esteve na base do modelo de responsabilidade que o MCI adotou.[12] De acordo com esta perspectiva, existe uma preocupação intrínseca de que uma determinada regra, em sua aplicação prática, possa resultar, mesmo que inadvertidamente, na supressão de expressões legítimas.[13] No que concerne às regras de responsabilidade dos provedores, o temor de uma responsabilização mediante uma simples notificação (*notice-and-take-down*) poderia incitar os provedores a adotarem uma postura mais cautelosa, removendo conteúdo de maneira proativa como estratégia de precaução.[14]

---

8 MANSELL, R. Platforms, power, and policy: Rethinking the protection of freedom of expression and market competition. New Media & Society, 22(8), 1467-1483. 2020.

9 GILLESPIE, Tarleton. Custodians of the Internet: Platforms, content moderation, and the hidden decisions that shape social media. *Yale University Press*. 2018.

10 SOUZA, Carlos Affonso; LEMOS, Ronaldo. Marco civil da internet: construção e aplicação. Juiz de Fora: *Editar*, 2016.

11 FRANKS, Mary Anne. The Cult of the Constitution: Our Deadly Devotion to Guns and Free Speech. *Stanford University Press*, 2019.

12 SOUZA, Carlos Affonso; LEMOS, Ronaldo. Marco civil da internet: construção e aplicação. Juiz de Fora: *Editar*, 2016.

13 GOLDMAN, Eric. Content moderation remedies. *Mich. Tech. L. Rev.*, v. 28, p. 1, 2021.

14 FRANKS, Mary Anne. The Cult of the Constitution: Our Deadly Devotion to Guns and Free Speech. *Stanford University Press*, 2019.

Porém, é crucial destacar, conforme apontado por Franks,[15] que a doutrina dos "efeitos resfriadores", embora frequentemente assumida como um dado da realidade, tem sido alvo de contestação quanto à sua comprovação empírica. As contribuições de Franks também fornecem um contraponto à ideia tradicionalmente aceita de liberdade de expressão como um direito inalienável, com o objetivo de questionar a adoção do regime de isenção de responsabilidade de terceiros da Seção 230 nos Estados Unidos.[16] A autora advoga por uma concepção mais abrangente da liberdade de expressão, que engloba não apenas o direito de verbalizar ideias, mas também o direito de evitar a exposição indesejada ao discurso alheio. Esta perspectiva é referida pela autora como "liberdade da expressão" (*freedom from speech*).

No entendimento de Franks,[17] a liberdade da expressão pode ser subdividida em três aspectos distintos. Primeiro, há uma proteção contra a expressão enganosa, como vista em proibições contra conteúdo obsceno, fraude, e determinadas formas de propaganda comercial e política. Em segundo lugar, há uma proteção contra ser alvo de discurso, como ilustrado por proibições contra difamação, roubo de identidade, falsa atribuição e invasões de privacidade. Por último, existe uma proteção contra ser abordado por discurso, como representado por proibições contra provocação intencional de sofrimento emocional, ameaças reais, extorsão, perseguição e assédio.

Esta perspectiva oferece uma maneira renovada de entender a liberdade de expressão, especialmente no ambiente digital, onde as interações estão frequentemente mediadas por algoritmos e o impacto do discurso pode ser amplificado de maneiras sem precedentes.[18] Além disso, esse entendimento expande o conceito de liberdade de expressão para abranger não apenas o direito de se expressar, mas também o direito de se abster de expressar-se e, de forma mais significativa, o direito de não ser sujeito ao discurso prejudicial de terceiros.[19] É preciso, portanto, reconsiderar os mecanismos jurídicos atuais de proteção da liberdade de expressão, especialmente no

---

15 FRANKS, Mary Anne. The Cult of the Constitution: Our Deadly Devotion to Guns and Free Speech. *Stanford University Press*, 2019; FRANKS, Mary Anne. Freedom from Speech. *Geo. JL & Pub. Pol'y*, v. 20, p. 865, 2022.

16 FRANKS, Mary Anne. The Cult of the Constitution: Our Deadly Devotion to Guns and Free Speech. *Stanford University Press*, 2019; FRANKS, Mary Anne. Freedom from Speech. *Geo. JL & Pub. Pol'y*, v. 20, p. 865, 2022.

17 FRANKS, Mary Anne. Freedom from Speech. *Geo. JL & Pub. Pol'y*, v. 20, p. 865, 2022, p. 870.

18 TUFEKCI, Zeynep. Twitter and tear gas: The power and fragility of networked protest. *Yale University Press*, 2017.

19 FRANKS, Mary Anne. Freedom from Speech. *Geo. JL & Pub. Pol'y*, v. 20, p. 865, 2022.

contexto das plataformas digitais, e buscar formas de garantir uma aplicação mais equitativa e abrangente deste direito fundamental.

Nesse mesmo sentido, o estudo de Penney[20] apresenta evidências que apontam para a direção contrária à ideia de que a moderação de conteúdo pode ter um impacto negativo sobre a liberdade de expressão. O estudo, uma pesquisa representativa com a população norte-americana usuária da internet, demonstrou que regulamentações voltadas para o controle de conteúdo ofensivo e cyberbullying podem, na verdade, incentivar a participação online de grupos vulneráveis, particularmente as mulheres. Ou seja, em um ambiente online onde publicações contendo ameaças e ofensas não são protegidas pela liberdade de expressão, elas se sentem mais à vontade para se expressarem. Esses dados revelam uma necessidade de repensar a forma como as interações entre usuários e plataformas digitais e como os direitos fundamentais são aplicados nesse contexto.[21]

Em relação à concepção tradicional a respeito dos efeitos resfriadores, i.e., a possibilidade de que regras que restringem discurso necessariamente desencadeiam falsos positivos, importa ressaltar que a governança de plataformas,[22] dada à evolução tecnológica, é atualmente constituída por uma multiplicidade de estratégias técnicas disponíveis para a moderação de conteúdos nocivos. O artigo 19 do MCI – devido à época de sua redação –, no entanto, opera a partir de uma lógica binária de remoção ou não-remoção de conteúdo.

No contexto dos argumentos apresentados por Franks[23] e a complexidade inerente à moderação de conteúdo, fica claro que a orientação normativa do MCI pode ser revisitada. Neste cenário, a noção de liberdade de expressão pode ser ampliada para abranger tanto o direito de expressar quanto o direito de evitar a exposição ao discurso alheio. Esta reformulação leva à necessidade de explorar alternativas à abordagem binária do artigo 19, tirando proveito do poder estrutural das plataformas para fornecer soluções mais adequadas a cada contexto e com menos efeitos colaterais. Adicionalmente, importa ressaltar que a possibilidade de que grupos politicamente minoritários deixem de participar de espaços digitais é o verdadeiro efeito resfriador cujos efeitos nocivos são intangíveis e dificilmente mitigáveis.

---

20 PENNEY, Jon. Internet surveillance, regulation, and chilling effects online: A comparative case study. *Regulation, and Chilling Effects Online: A Comparative Case Study (May 27, 2017)*, v. 6, n. 2, 2017.

21 HARTMANN, I. et al. Moderação de conteúdo online: contexto, cenário brasileiro e suas perspectivas regulatórias. São Paulo: *Editora Alameda*, 2022.

22 HARTMANN, I. et al. Moderação de conteúdo online: contexto, cenário brasileiro e suas perspectivas regulatórias. São Paulo: *Editora Alameda*, 2022.

23 FRANKS, Mary Anne. Freedom from Speech. *Geo. JL & Pub. Pol'y*, v. 20, p. 865, 2022.

2. Quadro normativo para a regulação de plataformas

Para lidar com os desafios postos pelo aumento da relevância e uso pervasivo das plataformas digitais na comunicação pública, tais como o aumento da desinformação e do discurso de ódio, o Legislativo brasileiro inseriu na reforma da Lei Eleitoral em 2017 a vedação à publicidade paga na internet. Esta modificação, no entanto, acabou por fortalecer excessivamente as plataformas digitais, ao institucionalizá-las enquanto mediadoras principais do debate político online. De acordo com Lefevre,[24] isso ocorreu devido, em particular, à inserção do artigo 57-C, introduzido na Lei nº 9.504/1997 a partir de lobby de grupos que representam os interesses do setor privado. O artigo cristaliza na legislação eleitoral a expressão "impulsionamento de conteúdos", ferramenta que deve ser contratada por candidatos nas redes sociais para a execução de suas campanhas.

Ao institucionalizar as plataformas como mediadoras da campanha política publicitária, a reforma eleitoral, no entanto, deixou de estabelecer regras claras para tal procedimento. De tal forma, deixou de lado mecanismos para mitigar potenciais efeitos negativos das postagens impulsionadas, abrindo caminho para a ampla disseminação de conteúdos altamente financiados e parciais, disfarçados de jornalismo, que favorecem determinados candidatos[25] e para determinar deveres de transparência das plataformas na contratação e utilização de tais serviços. A notável ausência de obrigações legais claramente definidas, capazes de operacionalizar e estruturar as práticas de transparência para as plataformas digitais, desempenha um papel crucial na perpetuação da falta de controle social e na ausência de legitimidade democrática dessas entidades.[26]

Atualmente, o sistema legal brasileiro recorre principalmente ao Código de Defesa do Consumidor (CDC) para sanar controvérsias relacionadas a abusos das plataformas. Seu artigo 14 tem servido para responsabilizar empresas por quaisquer falhas ocorridas durante a prestação de serviços. Contudo, apesar do dispositivo servir para situações em que há dano

---

24 LEFEVRE. Flavia. Desinformação nas eleições e o plano B do governo Lula. *Mobile Time*, 25 jul. 2023. Disponível em: <https://www.mobiletime.com.br/colunistas/25/07/2023/desinformacao-nas-eleicoes-e-o-plano-b-do-governo-lula/>. Acesso em: 25 jul. 2023.

25 Lefevre cita o exemplo do canal Brasil Paralelo, que impulsionou de forma volumosa conteúdos com tendências políticas específicas, sem a devida supervisão do Tribunal Superior Eleitoral (TSE) e defende a necessidade de regras mais claras e abrangentes para garantir equilíbrio no processo eleitoral, especialmente no que diz respeito ao impulsionamento de conteúdos na internet.

26 HAGGART, Blayne; KELLER, Clara Iglesias. Democratic legitimacy in global platform governance. *Telecommunications Policy*, v. 45, n. 6, p. 102152, 2021

evidente na ação de uma plataforma em relação a um usuário, como, por exemplo, na interrupção de serviço de monetização de criador de conteúdo de forma arbitrária e sem justificativa, ele não é capaz de responder adequadamente para situações em que o dano não é claro, ou o nexo de causalidade entre ação da plataforma e dano não é claro, como, por exemplo, em caso de modificações na recomendação de conteúdo que, por sua vez, é baseada em sistemas algorítmicos de difícil inspeção, controle ou compreensão até mesmo por desenvolvedores.[27]

Ademais, uma dificuldade enfrentada pela legislação atual é a capacidade de definir e avaliar objetivamente o que constitui um "risco" no contexto da internet. Nesse sentido, denota-se que o cenário legal brasileiro não tem contemplado suficientemente deveres às plataformas, como obrigações de cuidado e transparência na sua operação e na moderação de conteúdo.

Com tais lacunas na legislação, decisões arbitrárias, opacas e abusivas de plataformas continuam a comprometer significativamente o exercício de direitos fundamentais. Para dar maior destaque a este problema, Belli[28] traz o conceito de "poder estrutural" para definir a capacidade que plataformas digitais possuem de não só influenciar comportamentos dos usuários, mas também de modelar o ambiente digital em escala global. Adicionalmente, Belli elucida que estas entidades detêm a capacidade de definir suas próprias regras, a partir de suas políticas de comunidade e termos de serviço (poder *quasi* legislativo), de ponderar sobre questões relacionadas aos direitos fundamentais dos usuários e fazer julgamentos que impactam diretamente esses direitos (poder *quasi* judicial) e, por fim, de aplicar sanções aos usuários com base em suas regras e diretrizes, muitas vezes sem a necessidade de qualquer intervenção externa (poder *quasi* executivo). Esta conjunção de poderes em mãos das plataformas digitais ocorre sem que exista um mecanismo eficaz de freios e contrapesos para controlar ou mitigar possíveis abusos. Isso pode resultar em um cenário de desequilíbrio, no qual as próprias plataformas têm liberdade para atuar como legisladores, juízes e executores, ao mesmo tempo, sem a supervisão adequada e a *accountability* necessárias para garantir práticas justas e democráticas.

Diante deste cenário, com denúncias frequentes de *whistleblowers*, de jornalistas e da sociedade civil sobre os múltiplos riscos e danos a direitos fundamentais produzidos por plataformas, têm surgido no cenário nacional e internacional iniciativas para conter os seus arbítrios. Tais legislações têm focado no estabelecimento de direitos aos usuários e deveres de trans-

---

27 SEAVER, Nick. Algorithms as culture: Some tactics for the ethnography of algorithmic systems. *Big data &society*, v. 4, n. 2, p. 2053951717738104, 2017.

28 BELLI, Luca et al. Structural power as a critical element of social media platforms' private sovereignty. Constitutionalising Social Media. Oxford: *Hart Publishing*, 2022.

parência e de cuidado, assim como obrigações de devida diligência em direitos humanos.

A Alemanha foi o primeiro país a aprovar uma legislação com obrigações básicas de transparência e dever de cuidado sobre conteúdos nocivos, em 2017. A apelidada "NetzDG"[29] obriga as plataformas de redes sociais a removerem conteúdo ilegal dentro de um prazo estipulado, sob pena de multas significativas, além de trazer obrigações de relatórios semestrais às principais companhias.

Na União Europeia, a recém-aprovada "Digital Services Act" (DSA) é o marco regulatório responsável pela regulação abrangente dos serviços digitais. A lei inova ao trazer obrigações de diligência, transparência e responsabilidade na maneira como moderam o conteúdo, além de sistemas de reclamações e reparação para usuários afetados por decisões sobre o conteúdo.

Em relação às obrigações de devida diligência em direitos humanos, o conceito se refere ao processo pelo qual as empresas devem identificar, prevenir e mitigar impactos adversos sobre direitos humanos. A ideia de "diligência devida em matéria de risco" da DSA, por exemplo, exige que as plataformas digitais realizem uma avaliação contínua dos riscos sistêmicos que seus serviços possam representar e implementem medidas para mitigá-los. Isto significa que as empresas não apenas devem monitorar ativamente os possíveis danos que suas operações podem causar, mas também tomar medidas preventivas para evitar esses danos.

No que se refere à inteligência artificial, vários regulamentos têm exigido Avaliações de Impacto na Inteligência Artificial (AIAs). As AIAs são procedimentos que permitem às empresas avaliarem os potenciais impactos adversos que seus sistemas de IA podem ter sobre os direitos humanos e outros aspectos sociais e éticos antes de sua implementação. A proposta de regulamentação da União Europeia para a IA é um exemplo notável, pois estabelece que os sistemas de IA de alto risco, como aqueles usados para a vigilância em massa ou para a tomada de decisões automatizadas com impacto significativo na vida das pessoas, passem por uma AIA antes de serem implementados. Esta é uma forma de ampliar as obrigações de devida diligência para incluir a tecnologia de inteligência artificial, reconhecendo os impactos potencialmente profundos que a IA pode ter sobre os direitos humanos.

No Brasil, em 2020, o senador Alessandro Coronel apresentou ao Senado Federal brasileiro o Projeto de Lei nº 2.630/2020, encaminhando-o à

---

29 HELDT, Amélie Pia. Reading between the lines and the numbers: an analysis of the first NetzDG reports. *Internet Policy Review*, v. 8, n. 2, 2019.

Câmara Nacional em 3 de julho para apreciação. O texto original do projeto foi criticado por especialistas e organizações da sociedade civil devido a disposições problemáticas como rastreabilidade de comunicações para combater a desinformação e sua respectiva criminalização, além da ausência de disposições mais sofisticadas sobre transparência e direitos dos usuários ou de um modelo de governança adequado.

Atualmente, o Projeto de Lei está sob debate na Câmara Nacional, tendo como relator o Deputado Orlando Silva. Em 2021, a Câmara realizou diversas audiências públicas com a participação de organizações da sociedade civil e especialistas para aprimorar o Projeto, culminando em novas versões. Na versão apresentada em 27 de abril de 2023 pelo seu relator, identifica-se melhorias em relação à sua versão original: a revogação da disposição sobre a criminalização da disseminação de desinformação, obrigações de relatórios de transparência, o Projeto exige informações sobre a quantidade total de medidas de moderação, além de contexto básico sobre a forma como a moderação é exercida.

Além destas obrigações, o PL 2.630/2020 também traz a necessidade de auditorias externas. Estas auditorias, que devem ser publicadas anualmente, têm como objetivo principal avaliar se os provedores estão cumprindo as obrigações estabelecidas na proposta em discussão, nos códigos de conduta e na regulamentação. Fatores-chave a serem analisados incluem a eficácia na observância das obrigações de análise e atenuação de riscos sistêmicos, a eficiência, precisão e cobertura das medidas de mitigação adotadas, além das ações para garantir a não-discriminação e a inexistência de vieses em suas decisões de moderação.

Embora a ideia de auditorias externas e independentes seja promissora em termos de promover a responsabilidade e a transparência dos provedores de serviços online, há alguns pontos críticos que devem ser considerados. Primeiro, a eficácia das auditorias depende da independência e competência dos auditores. A seleção e o controle dos auditores externos podem ser elementos contenciosos, capazes de comprometer a credibilidade e a utilidade dos resultados da auditoria.

Além disso, a própria natureza das auditorias poderia torná-las menos eficazes do que o desejado: auditorias são, por natureza, retroativas e podem não ser capazes de capturar completamente a dinâmica e a rapidez das mudanças no ambiente digital. Portanto, embora as auditorias possam ajudar a identificar e corrigir problemas, elas não necessariamente previnem violações de direitos humanos ou vieses nos sistemas de moderação.

Por fim, enquanto a proposta ressalta a necessidade de publicação dos resultados da auditoria, não há clareza sobre o nível de detalhamento desses relatórios. Sem uma estrutura clara e detalhada do que deve ser incluído, existe o risco de que os relatórios de auditoria possam se tornar superficiais e não proporcionar o nível de transparência esperado.

Outra inovação trazida pelo PL 2.630/2020 é em relação à responsabilização civil dos provedores, que altera significativamente o regime geral do artigo 19 do MCI. Os provedores passam a poder ser responsabilizados civilmente de forma solidária pela reparação dos danos causados por conteúdos gerados por terceiros cuja distribuição tenha sido realizada por meio de publicidade de plataforma (PL 2.630/2020, art. 6º, inciso I). Além disso, poderiam ser responsabilizados por danos decorrentes de conteúdos gerados por terceiros quando houver descumprimento das "obrigações de dever de cuidado", na duração do "protocolo de segurança" de que trata a Seção IV (Art. 6º, inciso II).

A nova lei aumenta a responsabilidade dos provedores, impondo-lhes um dever de cuidado mais estrito e maior responsabilização por danos causados por terceiros. A modificação trazida no inciso I, a respeito da publicidade, traz em seu bojo a ideia de que as plataformas digitais, ao permitirem publicidade paga, passam a ser "coprodutoras" do conteúdo impulsionado. O dispositivo tem como intenção vedar o lucro destes atores a partir da circulação e amplificação de publicidade ilegal, o que vai em uma direção acertada e harmonizada com as regras para a publicidade definidas pelo CONAR e com a segurança do consumidor, conforme disposto no CDC. Não obstante, importa ressaltar que uma definição precisa sobre o que é "publicidade" deve ser provida pela legislação, a fim de evitar que conteúdos que habitam zonas cinzentas, como campanhas de movimentos sociais, humor e sátira, possam ser desmonetizados, vigiados e removidos pelas plataformas, sem que necessariamente se tratem de conteúdo ilegal.

Em relação ao inciso II, importa ressaltar que o critério de descumprimento das obrigações de dever de cuidado, proposto para a responsabilização dos provedores, pode ser vago e sujeito a diversas interpretações. A incerteza e a falta de concretude nessas obrigações podem ser problemáticas, gerando uma atmosfera de insegurança jurídica.

Finalmente, conforme apontado por Balkin,[30] ao invés de buscar responsabilizar as plataformas de modo abrangente e indeterminado, seria mais produtivo estabelecer regimes de responsabilidade regulatória específicos que sejam fundamentados na natureza do dano e na capacidade da plataforma de prevenir esse dano. Este tipo de abordagem regulatória seria capaz de fornecer um equilíbrio adequado entre a necessidade de responsabilidade das plataformas e a proteção dos direitos dos usuários.

---

30 BALKIN, Jack M. Digital speech and democratic culture: A theory of freedom of expression for the information society. In: Law and society approaches to cyberspace. *Routledge*, 2017. p. 325-382.

Diante de tais desafios e nuances, a responsabilização civil de provedores de plataforma poderia ser definida a partir de avaliações contínuas sobre devida diligência em direitos humanos e avaliações de impacto algorítmico. Em última análise, a regulamentação das plataformas digitais requer uma abordagem cuidadosa que equilibre uma série de fatores complexos. A implementação de um regime de responsabilidade focado na natureza do dano e na capacidade de prevenção das plataformas, aliado a um processo de avaliação contínua e diligente, pode representar um passo significativo nessa direção. É crucial que esse equilíbrio seja mantido para garantir que as plataformas digitais possam operar de forma a beneficiar tanto os indivíduos quanto a sociedade como um todo, mantendo-se responsáveis por suas operações e impactos.

Conclusões

À medida em que a tecnologia se desenvolve, é necessário que a legislação esteja aberta o suficiente para abranger novas situações, ao mesmo tempo em que deve se manter eficiente para a responsabilização adequada de atores relevantes, de modo a promover a proteção adequada dos direitos fundamentais.

No contexto brasileiro, argumentamos que a legislação brasileira, tal como formulada no MCI, necessita de uma reinterpretação para acompanhar as nuances trazidas pela transformação digital. Seguindo Franks (2019; 2022), compreendemos que o direito à liberdade de expressão deve ser cuidadosamente balanceado para que grupos politicamente minoritários não sejam impactados negativamente pela garantia absoluta a determinados grupos do exercício deste direito. A verdadeira proteção da liberdade de expressão envolve a sua garantia para todos os grupos – o que, necessariamente, traz a necessidade de restringir determinados tipos de expressão.

Buscando acompanhar as inovações tecnológicas e atualizar o marco regulatório vigente, o Projeto de Lei 2.630/2020, atualmente em debate, propõe modificações ao regime de responsabilidade de intermediários, as quais este texto se propôs a examinar. No entanto, apesar de suas várias disposições, é imprescindível que o projeto seja aprimorado e alinhado a outros esforços legislativos, como o Projeto de Lei 2.338/2023, a fim de formar um conjunto consistente e efetivo de regulamentos. Isto inclui considerações sobre Avaliação de Impacto Algorítmico (AIA) e análises de risco dos direitos humanos em relação aos aplicativos em desenvolvimento, antes que sejam lançados ao público. Tal abordagem holística é vital para lidar de forma adequada com os desafios envolvidos na regulação das plataformas digitais e para garantir uma internet segura e inclusiva para todos os usuários.

Referências

ANATEL (n.d.). *O que faz a Anatel.* Recuperado de: https://www.anatel.gov.br/institucional/index.php?option=com_content&view=article&id=39&Itemid=333

BALKIN, Jack M. Digital speech and democratic culture: A theory of freedom of expression for the information society. In: Law and society approaches to cyberspace. *Routledge,* 2017. p. 325-382.

BELLI, Luca; VENTURINI, Jamila. Private ordering and the rise of terms of service as cyber-regulation. BELLI, L. & VENTURINI, J.(2016). Private Ordering and the Rise of Terms of Service as Cyber-Regulation. *Internet Policy Review,* v. 5, n. 4, 2016.

BELLI, Luca et al. Structural power as a critical element of social media platforms' private sovereignty. Constitutionalising Social Media. Oxford: *Hart Publishing,* 2022.

BRASIL. Lei nº 12.965, de 23 de abril de 2014. Estabelece princípios, garantias, direitos e deveres para o uso da internet no Brasil. *Diário Oficial da União,* 24 de abril de 2014.

CGI.br (n.d.). O CGI.br. Recuperado de: https://www.cgi.br/o-cgi-br/

FRANKS, Mary Anne. The Cult of the Constitution: Our Deadly Devotion to Guns and Free Speech. *Stanford University Press,* 2019.

FRANKS, Mary Anne. Freedom from Speech. *Geo. JL & Pub. Pol'y,* v. 20, p. 865, 2022.

GILLESPIE, Tarleton. Custodians of the Internet: Platforms, content moderation, and the hidden decisions that shape social media. *Yale University Press.* 2018.

GOLDMAN, Eric. Content moderation remedies. *Mich. Tech. L. Rev.,* v. 28, p. 1, 2021.

HAGGART, Blayne; KELLER, Clara Iglesias. Democratic legitimacy in global platform governance. *Telecommunications Policy,* v. 45, n. 6, p. 102152, 2021

HARTMANN, I. et al. Moderação de conteúdo online: contexto, cenário brasileiro e suas perspectivas regulatórias. São Paulo: *Editora Alameda,* 2022.

HELDT, Amélie Pia. Reading between the lines and the numbers: an analysis of the first NetzDG reports. *Internet Policy Review,* v. 8, n. 2, 2019.

LEFEVRE. Flavia. Desinformação nas eleições e o plano B do governo Lula. *Mobile Time,* 25 jul. 2023. Disponível em: <https://www.mobiletime.com.br/colunistas/25/07/2023/desinformacao-nas-eleicoes-e-o-plano-b-do-governo-lula/>. Acesso em: 25 jul. 2023

MANSELL, R. Platforms, power, and policy: Rethinking the protection of freedom of expression and market competition. New Media & Society, 22(8), 1467-1483. 2020.

NERIS, Natália; RUIZ, Juliana P.; VALENTE, Mariana g.. Enfrentando Disseminação Não Consentida de Imagens Íntimas: Uma análise comparada. *InternetLab. Consultado el,* v. 9, 2018.

PENNEY, Jon. Internet surveillance, regulation, and chilling effects online: A comparative case study. *Regulation, and Chilling Effects Online: A Comparative Case Study (May 27, 2017),* v. 6, n. 2, 2017.

SEAVER, Nick. Algorithms as culture: Some tactics for the ethnography of algorithmic systems. *Big data & society,* v. 4, n. 2, p. 2053951717738104, 2017.

SOUZA, Carlos Affonso; LEMOS, Ronaldo. Marco civil da internet: construção e aplicação. Juiz de Fora: *Editar,* 2016.

TUFEKCI, Zeynep. Twitter and tear gas: The power and fragility of networked protest. Yale University Press, 2017.

9.

REFLEXÕES SOBRE A REGULAÇÃO DA ATIVIDADE DE MODERAÇÃO DE CONTEÚDO

João Pedro Favaretto Salvador

Neste ensaio, pretendo trazer algumas reflexões sobre a construção de regimes de responsabilização de plataformas digitais por defeitos na sua atividade de moderação de conteúdo. Com a intensificação de discussões judiciárias e legislativas sobre como regular plataformas digitais, o debate público brasileiro sobre o tema atingiu um interessante ponto de inflexão. Dificilmente construiremos soluções consensuais, coerentes e efetivas sem antes nos posicionarmos quanto à seguinte pergunta: qual o tipo de regime de responsabilização que traz os incentivos adequados para uma boa atividade de moderação de conteúdo?

Trato de incentivos, pois, na prática, são as plataformas que detêm o poder sobre o conteúdo publicado por usuários. A quantidade colossal de informação que circula nos servidores das plataformas impede que o Estado verifique caso a caso a ilicitude do conteúdo, de forma que lhe resta a posição de coordenador da atividade de moderação das plataformas. Sua função principal, portanto, não é mais a de determinar individualmente a compatibilidade da expressão do usuário com seus limites constitucionais. Seu maior poder está em direcionar (com maior ou menor detalhamento) o poder das plataformas de moderar conteúdo através da criação de regimes de responsabilidade e diretrizes de comportamento que incentivem uma ou outra abordagem.

E o que é uma boa moderação de conteúdo? A meu ver, a qualidade da moderação de conteúdo não pode ser medida meramente por um critério de eficiência na remoção de conteúdo potencialmente lesivo. Uma boa moderação não é aquela que remove todo conteúdo lesivo o mais rápido possível, mas sim aquela que faz isso enquanto é capaz de distinguir adequadamente entre conteúdo lesivo e conteúdo permitido, preservando a liberdade de expressão daqueles que não estão agindo em desacordo com o Direito e as regras da plataforma. Em geral, a remoção excessiva acaba por ocorrer em detrimento do cuidado técnico em identificar conteúdo verdadeiramente nocivo.

Dito isso, organizo minhas reflexões em três partes. Primeiro, descrevo por que acredito ser necessária uma regulação das plataformas que crie incentivos claros e precisos que levem a uma boa moderação, em oposição a um cenário de pura autorregulação. Depois, apresento argumentos contrários ao posicionamento comum de que responsabilizar as plataformas por cada conteúdo nocivo que escapa a seu filtro criaria incentivos positivos para a atividade de moderação de conteúdo. Por fim, defendo a adoção de um regime de responsabilidade que avalie os esforços contínuos das plataformas em mitigar conteúdo nocivo e preservar conteúdo lícito, em detrimento de um regime que puna a plataforma por cada erro decorrente dos defeitos do sistema de moderação.

1. Por que regular?

Embora as plataformas digitais sejam frequentemente (e justificadamente) criticadas por errar na moderação de conteúdo, é importante reconhecer os progressos significativos feitos na última década. As grandes redes sociais, que nem sequer disponibilizavam suas políticas de moderação ao público até meados da década de 2020, agora possuem regulamentos sofisticados e acessíveis, empregam grandes equipes de revisores de conteúdo e investem muitos recursos em cooperação e no desenvolvimento de ferramentas para superar os desafios inerentes à sua atividade.

Grande parte dessa evolução parece ter ocorrido antes da existência de diretrizes expressamente direcionadas a essa atividade (com exceção, talvez, do estabelecimento dos regimes basilares de responsabilidade de intermediários, que não ditam com precisão o que as plataformas devem ou não fazer). Isso poderia levar alguém a argumentar que a intervenção do Estado na forma de diretrizes formais é desnecessária e que as plataformas são capazes de determinar o melhor caminho e buscar a solução dos defeitos da moderação por conta própria. Com o tempo, quaisquer problemas seriam resolvidos e as empresas colaborariam voluntariamente com o poder público, fornecendo informações ou modificando seus regulamentos conforme necessário, de maneira informal.

No entanto, essa visão de que a autorregulação é suficiente não considera que esses avanços não ocorreram na ausência total de incentivos externos. Eles são, na verdade, o resultado de anos de pressão econômica e governamental não formal sobre as plataformas que se refletiram em incentivos para agir de maneira mais rigorosa, colaborativa ou transparente.

Na prática, as regras e os sistemas de moderação das plataformas são profundamente vulneráveis a influências externas. A necessidade de cumprir legislação e jurisdição local, além de influências mais sutis, como lobby governamental, interferem em como as regras e sistemas de moderação são construídos.[1] A ação coletiva dos usuários, por meio de boicote ou de exposição midiática, assim como a ação de parceiros comerciais influenciam as plataformas a direcionarem sua atividade para a obtenção de maior receita, o que, por vezes, traz resultados desejáveis.[1]

Essa vulnerabilidade pode parecer positiva à primeira vista. Quando usuários sentem que as empresas respondem a estímulos de indivíduos propulsionados pela mídia, sua confiança nas plataformas pode ser fortalecida. Da mesma forma, quando as plataformas respondem a pressões governamentais, elas podem se aproximar dos interesses públicos sem a necessidade de regulação. Contudo, existem dois problemas em defender a manutenção desse cenário, para além do fato de que a crença em seu sucesso depende de certo otimismo.

Em primeiro lugar, a falta de formalidade nas intervenções e a expectativa de resultados positivos apenas provenientes da pressão política, econômica ou ameaças pouco claras, embora possam trazer bons resultados, também trazem incerteza e confusão. As plataformas estão operando em meio a um turbilhão de posições, debates e perspectivas sobre os limites da liberdade de expressão, um tópico extremamente controverso. Impulsionadas por incentivos muitas vezes contraditórios, resultantes das diferenças culturais, das diferenças entre sistemas jurídicos e das divergências entre agentes políticos (as vezes representantes do mesmo Estado) e econômicos, as plataformas podem ser levadas a agir excessivamente sobre o conteúdo dos usuários. Restringiriam, assim, a liberdade de expressão de seus usuários para evitar tanto a regulação quanto a perda de parceiros comerciais, deixando em segundo plano o rigor procedimental, transparência, controle e fundamentação adequada de suas decisões.

Isso não significa que a intervenção formal não pode incorrer em alguns desses problemas, afinal, regulamentos e diretrizes oficiais contraditórios

1 Kate Klonick, por sua vez, investigou os efeitos das pressões econômicas sobre os sistemas de moderação de conteúdo. Ver KLONICK, K. The New Governors: The People, Rules, and Processes Governing Online Speech. Rochester, NY: *Social Science Research Network*, 20 mar. 2017.

e descoordenados também podem causar confusão e incentivar a remoção excessiva de conteúdo. No mínimo, no entanto, a intervenção formal é resultado de um processo democrático, permitindo um debate público minimamente transparente sobre a regulamentação das plataformas que não é possível quando sua atividade é direcionada apenas por pressões difusas e opacas. O segundo problema do cenário descrito acima é exatamente esse: se a intervenção do Estado na atividade das plataformas ocorre por meio de ameaças de regulamentação e outras pressões informais, então essa intervenção não está sujeita ao controle democrático, afastando ainda mais o usuário da gestão de sua expressão nos espaços digitais de comunicação. Entendo, por isso, que deve haver alguma forma de intervenção formal na atividade de moderação.

Destaco que não estou rejeitando a ideia de que as plataformas seguem um ideal de responsabilidade corporativa que por si só contribui para o aprimoramento da moderação do conteúdo. Na verdade, costumo compartilhar da visão otimista de que a atividade das plataformas tende a melhorar com o tempo, e acredito que aqueles encarregados de construir e manter os sistemas de moderação de conteúdo estão preocupados com valores democráticos essenciais.[2] Contudo, não é só essa preocupação que exerce influência sobre os sistemas de moderação de conteúdo, de forma que a manutenção do cenário atual significa manter pressões difusas e incertas que podem ser profundamente prejudiciais ao exercício da livre expressão. Se o Estado deve influenciar a moderação do conteúdo, então deve fazê-lo sob o escrutínio do processo democrático e com o objetivo de guiar as plataformas para uma atividade preventiva eficaz, oferecendo orientações claras que garantam segurança jurídica.

2. Punir erros específicos pode criar incentivos problemáticos

O Estado pode legislar para obrigar as plataformas a alterarem seus regulamentos, divulgarem informações periodicamente, cumprirem determinadas metas para julgamento de conteúdo ou até mesmo modificarem

2 A partir de entrevistas com as pessoas responsáveis pela construção dos primeiros modelos de moderação de conteúdo de grandes plataformas como YouTube, Twitter e Facebook, Klonick notou que as decisões sobre que conteúdo é ou não aceitável foram fundamentadas principalmente na doutrina americana da liberdade de expressão. Em outras palavras, partia-se do pressuposto de que conteúdo lícito não seria removido a não ser que desrespeitasse as regras da plataforma, de forma a evitar censura da expressão dos usuários (KLONICK, K. The New Governors: The People, Rules, and Processes Governing Online Speech. Rochester, NY: Social Science Research Network, 20 mar. 2017. p. 1620).

a arquitetura dos espaços digitais. Antes mesmo de estabelecer diretrizes concretas, porém, ele pode construir regimes gerais de responsabilização para incentivar as plataformas a agirem de maneira mais ou menos rigorosa na moderação do conteúdo publicado por seus usuários.

Nesse sentido, a criação de regras especiais de responsabilidade civil para incentivar ou desincentivar determinados comportamentos das plataformas foi particularmente relevante no início dos esforços de regulamentação. No Brasil, o artigo 19 do Marco Civil da Internet (Lei 12.965/2014)[3] estabelece que os provedores de aplicação só são responsáveis por danos causados por conteúdo publicado por terceiros se não cumprirem uma ordem judicial de remoção. A legislação brasileira é parcialmente inspirada na Seção 230(c)(1)[4], introduzida no ordenamento jurídico dos EUA pelo *Communications Decency Act*, de 1996, que afasta dos provedores de serviço a condição de serviço editorial, isentando-os de responsabilidade por conteúdo publicado por terceiros.

A opção por isentar as plataformas de responsabilidade visava, na época de sua implementação, dois objetivos: (i) viabilizar a moderação, evitando que as plataformas fossem responsabilizadas por sua atividade ser, para alguns intérpretes, análoga à atividade de edição; e (ii) evitar que os provedores removessem conteúdo excessivo para evitar a responsabilização, concentrando a palavra final sobre os limites da liberdade de expressão no âmbito do judiciário.[5]

Um equilíbrio entre o respeito pela liberdade de expressão e a responsabilidade corporativa de garantir um ambiente seguro para os usuários impulsionaram os primeiros anos da moderação, de forma que havia uma percepção social de que essas regulações foram bem-sucedidas. Ocorre que, com o aumento dos problemas relativos a conteúdo problemático em plataformas nos últimos anos (em particular a desinformação em contexto eleitoral), certos grupos sociais e políticos passaram a argumentar que a imunidade oferecida por legislações como o Marco Civil da Internet seria responsável pela suposta omissão das plataformas em solucionar os problemas provocados por seus usuários.

---

3 Art. 19. Com o intuito de assegurar a liberdade de expressão e impedir a censura, o provedor de aplicações de internet somente poderá ser responsabilizado civilmente por danos decorrentes de conteúdo gerado por terceiros se, após ordem judicial específica, não tomar as providências para, no âmbito e nos limites técnicos do seu serviço e dentro do prazo assinalado, tornar indisponível o conteúdo apontado como infringente, ressalvadas as disposições legais em contrário.

4 *"No provider or user of an interactive computer service shall be treated as the publisher or speaker of any information provided by another information content provider."*

5 KLONICK, K. The New Governors: The People, Rules, and Processes Governing Online Speech. Rochester, NY: Social Science Research Network, 20 mar. 2017. p. 1608.

Hoje, críticas a essa isenção de responsabilidade são frequentes tanto no Brasil quanto nos EUA e, normalmente, se fundamentam na ideia de que, se fossem responsabilizadas pelos danos causados pelo conteúdo publicado por seus usuários, as plataformas passariam a agir com mais rigor na prevenção e remoção de discursos de ódio, desinformação e outras manifestações problemáticas, para evitar sua própria responsabilização.

Acredito que essas críticas partem de uma compreensão errada do que é uma boa atividade de moderação de conteúdo. Aqueles que defendem uma responsabilização civil das plataformas por mero conhecimento da publicação de conteúdo lesivo por terceiros acreditam que isso incentivará as plataformas a removerem todo e qualquer conteúdo problemático para evitar a própria responsabilização. Com a possibilidade de punição pela manutenção de qualquer conteúdo problemático na plataforma, as empresas seriam incentivadas a criar sistemas cada vez mais sofisticados para remoção e filtragem de publicações ilícitas.

Contudo, o modelo de responsabilização civil por mero conhecimento de conteúdo nocivo, nesse sentido, até pode estimular a plataforma a ser mais rigorosa na remoção de conteúdo, mas não premia a plataforma por preservar conteúdo permitido.

Em outras palavras, a expectativa daqueles que defendem esse modelo é apenas parcialmente realista. Se a plataforma pode ser punida se mantiver conteúdo ilícito, mas não tem motivos para manter conteúdo lícito para além de se ater a um ideal de liberdade de expressão, o regime de responsabilidade estimula a remoção excessiva de conteúdo, pois a plataforma tem poucos incentivos para ser cuidadosa na avaliação de sua licitude. Quando mais conteúdo for removido, menor a chance de responsabilização.

Na prática, basear a regulação das plataformas em discussões sobre sua responsabilidade por casos específicos pode levar à conclusão de que elas estão sendo omissas no combate a manifestações problemáticas quando isso não é necessariamente verdade. Responsabilizar as plataformas por casos individuais que escaparam do filtro da moderação significa ignorar a existência de verdadeiros esforços para construir uma estrutura de autorregulação, esforços esses que devem ser recompensados para que sejam multiplicados.

3. Uma abordagem melhor

Existem duas atividades que demandam uma observação do comportamento das plataformas, mas que são de naturezas diferentes: a primeira é a identificação dos problemas existentes, suas causas e efeitos, para a proposição de soluções. A segunda é a avaliação da atuação das plataformas, julgando seus esforços como suficientes ou insuficientes, para fins de regulação, responsabilização ou aplicação de sanções.

A tarefa de identificação de problemas pode ser realizada através de um olhar estático sobre como as plataformas atuam: como a realidade hoje está diferente de como, como sociedade, acreditamos que deva ser a moderação de conteúdo? O que precisa melhorar para atingirmos um padrão aceitável de qualidade? Para respondermos a essas questões, é necessário um olhar que compare a fotografia do presente com nossa idealização de um futuro. Essa fotografia do presente, naturalmente, conterá os diversos erros cometidos pelas plataformas, mas a compreensão adequada desses erros individuais pode ser útil para extrapolar como a moderação deve ser melhorada como um todo.

A avaliação da conduta das plataformas, para fins de regulação e responsabilização, a meu ver, exige um olhar diferente. Aqui, não basta nos perguntarmos quais são os atuais problemas da moderação, já que todo processo (público ou privado) de identificação, análise e sanção de conteúdo inevitavelmente vai apresentar defeitos, sejam eles falsos positivos (remoção de conteúdo lícito) ou falsos negativos (manutenção de conteúdo ilícito). O que está em questão, para fins de responsabilização e construção de incentivos, é se as plataformas se esforçam para evitar a ocorrência desses erros, se elas buscam evitá-los e corrigi-los, e se esse esforço está dando frutos. Para sabermos disso, precisamos olhar também para o passado, e não só para o presente, para entender se a moderação tem melhorado e se consideramos essa melhora suficiente.

Ou seja, é importante registrar e analisar os casos em que as plataformas deixam de remover conteúdo nocivo ou removem conteúdo lícito, pois esses casos indicam defeitos nos sistemas de moderação que podem ser eventualmente corrigidos. Mas responsabilizar a plataforma por cada um desses erros é desconsiderar que nenhum sistema de moderação de conteúdo é perfeito e que, na verdade, a plataforma pode estar implementando sistemas de melhoria ao longo do tempo. O erro descontextualizado, nesse caso, não pode ser visto como evidência de omissão. A regulação das plataformas deveria premiar esforços de melhoria e punir a inação e o desinteresse em colaboração, a partir de uma análise da atividade de moderação ao longo do tempo.

Um modelo de responsabilidade que parece atender a essas exigências é o proposto no *Digital Services Act*, de 2022, da União Europeia.[6] Nesse mo-

---

6 Ver EUROPEAN COMISSION. The Digital Services Act package | Shaping Europe's digital future. Disponível em: <https://digital-strategy.ec.europa.eu/en/policies/digital-services-act-package>. Acesso em: 14 jul. 2023.

delo, a plataforma tem um dever geral de mitigar riscos associados à sua atividade (riscos normalmente listados pela legislação, como a propagação de conteúdo ilícito, o prejuízo à livre expressão e o uso problemático dos dados pessoais dos usuários). Esse dever geral até pode vir acompanhado de hipóteses de responsabilidade por casos específicos, já que não há incompatibilidade evidente, mas, como já argumentado, isso não seria ideal.

Uma vantagem desse modelo é que o Estado não precisa determinar diretrizes extremamente detalhadas e vinculantes a respeito de como a plataforma deve mitigar os riscos. Cabe a ela modificar suas regras e sistemas da maneira que acredita que leva a melhores resultados. Avalia-se a plataforma, portanto, pelo conjunto de esforços empreendidos para buscar o resultado.

De tempos em tempos, a plataforma deve emitir um relatório explicando as atitudes que tem tomado para mitigar esses riscos para uma determinada autoridade pública que será encarregada de avaliar esse relatório. Essa autoridade deverá decidir se as atitudes apresentadas pela plataforma são consideradas suficientes para o cumprimento da obrigação geral de mitigação de riscos. Se forem suficientes, a plataforma não será punida e manterá a autonomia quanto a seus sistemas. Se não forem, a autoridade poderá tanto aplicar sanções para punir a omissão da plataforma quanto exigir alterações específicas nos sistemas de moderação de conteúdo que reduzam os riscos previstos em lei.

A maior desvantagem desse modelo, a princípio, é que a ausência de previsão legal clara sobre o que se consideram esforços suficientes para o cumprimento da obrigação de mitigação de risco pode gerar insegurança. Na prática, isso será decidido pela autoridade responsável pela avaliação dos relatórios emitidos pelas plataformas. Se a autoridade for excessivamente branda, a regulação pode ser ineficaz. Se for excessivamente rigorosa, as plataformas podem ter custos altos demais para o cumprimento adequado de seus deveres. Pior ainda, se a autoridade avaliadora não determinar critérios claros em suas decisões periódicas, ou forem frequentemente inconsistentes, pode ser difícil para as plataformas identificarem quais alterações devem ser feitas em suas regras e sistemas de moderação para adequação.

A solução para essas desvantagens deverá ser encontrada na construção dos procedimentos e deveres da autoridade competente para a avaliação das atitudes das plataformas. Neste breve ensaio, não há espaço para determinar os detalhes sobre como essa autoridade deve ser e agir. Porém, é possível destacar algumas sugestões basilares:

(i) a autoridade deverá ser transparente e clara em suas decisões e fundamentações, já que são essas decisões que pautarão o futuro da moderação de conteúdo e os custos dele decorrentes. Para além das sanções, é importante que a autoridade sugira mudanças quando identificar defeitos corrigíveis;
(ii) a autoridade deve ser rigorosa quanto a consistência de sua "jurisprudência", para evitar ao máximo insegurança jurídica; e
(iii) a autoridade deverá ser independente e multissetorial, composta por representantes do poder público, do setor privado e do terceiro setor, já que suas decisões impactam as plataformas e a sociedade civil e dependem de um diálogo frequente com esses setores.

Apesar dessas dificuldades, acredito que, se construído ao redor de procedimentos claros e adequados, o modelo de mitigação de riscos pode atingir resultados muito melhores do que a mera responsabilização por danos causados por conteúdo específico. Esse modelo cria incentivos que promovem a verdadeira melhora progressiva da moderação (punindo a verdadeira omissão e premiando a proatividade) e estimula o diálogo entre os setores público e privado.

Referências

CITRON, D. K. Extremist Speech, Compelled Conformity, and Censorship Creep. Rochester, NY: *Social Science Research Network*, 2018.

EUROPEAN COMISSION. The Digital Services Act package | Shaping Europe's digital future. Disponível em: https://digital-strategy.ec.europa.eu/en/policies/digital-services-act-package. Acesso em: 14 jul. 2023.

KLONICK, K. The New Governors: The People, Rules, and Processes Governing Online Speech. Rochester, NY: *Social Science Research Network*, 20 mar. 2017.

10.

DESAFIOS E PERSPECTIVAS PARA UMA MODERAÇÃO DE ESPAÇOS DIGITAIS SISTÊMICA EX-ANTE VOLTADA À PREVENÇÃO EM ESCALA

Daniele Kleiner Fontes[1]

Introdução

A moderação de espaços digitais é um processo cada vez mais desafiador – especialmente em plataformas com milhões de usuários e uma enorme quantidade de conteúdo gerado diariamente e em tempo real – e cada vez mais questionado e sob escrutínio público, seja porque existe uma desconfiança sobre como esses processos são feitos sob acusações de vieses ou de ceder a pressões externas, seja porque o público tem uma percepção de que não são processos transparentes,[1] representativos e que sofrem da falta de uma supervisão ou escrutínio.[2]

Este ensaio propõe primeiro contextualizar o leitor sobre o que é a moderação de espaços digitais e seus principais desafios, inclusive desmistificando falsos dilemas. Em seguida, este ensaio se propõe a desafiar e ampliar o escopo da atual discussão sobre moderação que tem sido focada na visão binária de remoção vs. manutenção de conteúdos, sob uma

1 BAKER-WHITE, Emily. *Meta Wouldn't Tell Us How It Enforces Its Rules In VR, So We Ran A Test To Find Out.* Artigo publicado em fevereiro de 2022 no BuzzfeedNews. Disponível em: https://www.buzzfeednews.com/article/emilybakerwhite/meta-facebook-horizon-vr-content-rules-test

2 PAN, Christina, Sahil Yakhmi, Tara P. Iyer, Evan Strasnick, Amy X. Zhang, and Michael S. Bernstein. 2022. *Comparing the Perceived Legitimacy of Content Moderation Processes: Contractors, Algorithms, Expert Panels, and Digital Juries.* Proc. ACM Hum.-Comput. Interact. 6, CSCW1, Article 82 (Abril 2022).

perspectiva de casos individuais e *ex-post*, para trazer uma visão mais abrangente e sistêmica sobre moderação que seja focada principalmente na prevenção em escala de comportamentos abusivos (*ex-ante*) com base na visão sistêmica proposta inicialmente por Douek.[3] Por fim, o ensaio traz sugestões de esforços técnicos de segurança (*trust & safety*) que poderiam ser mais explorados pelo setor para a adequação de seus serviços, no intuito de avançar uma abordagem e compromisso de segurança em primeiro lugar (*safety by design*).

1. Moderação de espaços digitais: desafios e falsos dilemas

Essencialmente, quando falamos em moderação de espaços digitais nos referimos aos processos pelos quais as plataformas avaliam, revisam e tomam decisões sobre o conteúdo postado ou as interações feitas pelos usuários com a finalidade de garantir que sejam seguras, adequadas e de acordo com as políticas estabelecidas pelas plataformas. Essa moderação pode ser *ex-ante*, o que basicamente envolve sistemas de tecnologia como inteligência artificial ou aprendizado de máquina com intuito de prevenir, por exemplo, comportamentos abusivos (falaremos com mais detalhes sobre esses sistemas ao longo deste artigo), ou *ex-post*, quando a moderação é feita de maneira mais reativa após a ocorrência da situação que viola a política da plataforma em que o método mais comum é remoção do conteúdo após revisão humana.[4]

Além disso, as decisões de moderação podem ser totalmente automatizadas, feitas por humanos ou uma mistura dos dois. Em sua maior parte, as empresas usam uma combinação de emprego de tecnologia com recursos humanos, isto é, podem incluir o uso de algoritmos de inteligência artificial e aprendizado de máquina para detectar e sinalizar conteúdo potencialmente problemático, bem como moderadores humanos que podem revisar e tomar decisões sobre o conteúdo sinalizado com base nas políticas estabelecidas pelas plataformas. Algumas plataformas também usam moderação baseada na comunidade, onde os usuários podem sinalizar e denunciar o conteúdo ou contas que acreditam violar as políticas da plataforma.

3 DOUEK, Evelyn, *Content Moderation as Systems Thinking* (janeiro, 2022). Forthcoming Harvard Law Review Vol. 136.

4 KLONICK, Kate. *The New Governors: The People, Rules, and Processes Governing Online Speech*, 131 HARV. L. REV. 1598, 1647 (2018).

Em realidade, este modelo em que as plataformas são os "novos governadores", para usar o termo cunhado por Klonick,[5] ou seja, em que as plataformas constroem sistemas de governança semelhantes ao sistema de justiça offline no qual "os moderadores de conteúdo atuam em uma capacidade muito semelhante à dos juízes",[6] parece não dar conta da complexidade que envolve a moderação de espaços digitais e nem reflete a atual conformação desse sistema.

Nesse sentido, Douek[7] contra argumenta que as pessoas e os processos que determinam a moderação de espaços digitais são muito mais heterogêneos: moderadores de conteúdo incluem engenheiros que, por exemplo, escrevem os algoritmos e tecnologias de filtragem de conteúdo, autoridades governamentais, como as autoridades judiciárias, parceria com checadores de fato (o que denota uma tendência de terceirização de julgamentos, a fim de evitar a responsabilidade pelos resultados), entre outros. Além disso, envolve processos muito mais elaborados com maior confiança na moderação automatizada, olhando não apenas o conteúdo das postagens, mas também como os usuários se comportam online para determinar o que deve ser removido[8] – tema que será abordado no próximo item deste ensaio.

Outro fator que agrega complexidade ao tema é a moderação diante de novos arranjos tecnológicos como, por exemplo, as plataformas de realidade imersivas (realidade virtual ou aumentada e mesmo o que se cunhou de metaverso) que trazem desafios adicionais. Primeiro porque os incidentes ocorrem em tempo real e geralmente não são registrados, pois os jogadores usam chat de voz e gestos realizados com o avatar que são difíceis de moderar em tempo real, diferente de um chat de textos, por exemplo, em que o conteúdo poderia ser revisado ou mais facilmente detectado por tecnologia. Há nesse ponto também um desafio enorme em termos de privacidade: ainda que as plataformas pudessem rastrear e gravar todas as interações na plataforma de realidade virtual, seria desejável que fosse assim?

A complexidade da moderação de espaços digitais preocupa as grandes plataformas. Em 2021, o CTO da Meta (anteriormente Facebook), Andrew Bosworth, alertou os funcionários de que a criação de experiências seguras de realidade virtual era uma parte vital de seu plano de negócios – mas

5 Idem.

6 Idem.

7 DOUEK, Evelyn, *Content Moderation as Systems Thinking* (janeiro, 2022). Forthcoming Harvard Law Review Vol. 136.

8 Nesse sentido DOUEK (2022) ressalta que moderação de conteúdo "não é apenas a agregação de muitas (muitas!) decisões binárias para derrubar ou deixar pedaços individuais de conteúdo (o que este artigo chamará de "casos paradigma"). É um vasto sistema de administração que inclui uma gama muito mais ampla de decisões e tomadores de decisão do que a imagem padrão admite".

também potencialmente impossível em grande escala.[9] Tudo indica que ele teria evocado o "Teorema da Impossibilidade de Masnick", uma máxima, cunhada pelo fundador da Technology News, Mike Masnick.[10] Segundo Masnick, a moderação de espaços digitais em escala sempre será insatisfatória primeiro porque a moderação de conteúdo é uma prática subjetiva e "sempre dependerá de julgamentos, e muitos dos julgamentos acabarão em áreas cinzentas onde as opiniões de muitas pessoas podem diferir muito".[11] Segundo porque existe, em sua opinião, um dilema entre escala e precisão na aplicação da moderação:

> Obter 99,9% das decisões de moderação de conteúdo em um nível "aceitável" provavelmente funciona bem para situações em que você está lidando com 1.000 decisões de moderação por dia, mas grandes plataformas estão lidando com muito mais do que isso. (...) Somente no Facebook, um relatório recente observou que há 350 milhões de fotos carregadas todos os dias. E isso são apenas fotos. Se houver uma taxa de precisão de 99,9%, [a plataforma] ainda cometerá "erros" em 350.000 imagens. (...) adicione outros 350.000 erros no dia seguinte. E no seguinte. E no seguinte. E assim por diante.[12]

Estas questões trazidas por Masnick são pertinentes e refletem a complexidade que envolve a moderação de conteúdo em escala, contudo, ignoram perspectivas importantes sobre a moderação, o que acaba por criar um falso dilema. Nesse sentido, um aspecto que a visão de Masnick ignora é que erros sobre a moderação de um determinado conteúdo podem ser o resultado de um mecanismo de moderação preventivo que prioriza a velocidade e a escala. Colocando numa balança, uma parcela de erros de moderação seriam toleráveis para que a prevenção massiva de um conteúdo prejudicial possa ocorrer ou mesmo para impedir que conteúdos prejudiciais tenham alcance massivo, posto que a viralização de um conteúdo pode ocorrer em

---

9 ROBERTSON, Adi. *Meta CTO thinks bad metaverse moderation could pose an 'existential threat'*. Artigo publicado no The Verge em novembro de 2021. Disponível em https://www.theverge.com/2021/11/12/22779006/meta-facebook-cto-andrew-bosworth-memo-metaverse-disney-safety-content-moderation-scale

10 MASNICK, M. *Masnick's Impossibility Theorem: Content Moderation At Scale Is Impossible To Do Well.* Artigo publicado no Techdirt em novembro de 2019. Disponível em: https://www.techdirt.com/2019/11/20/masnicks-impossibility-theorem-content-moderation-scale-is-impossible-to-do-well/

11 Idem.

12 Idem.

minutos e, portanto, rapidez da ação é um valor de extrema importância quando falamos de moderação de espaços digitais. Ou seja, não se ignora o fato de que quase tudo em moderação de espaços digitais envolve *trade offs* – pelo contrário, é crucial assumir isto como premissa e através de um olhar sistêmico e abrangente determinar o melhor curso de ação.

Portanto, sopesar erros de casos individuais como uma métrica mais importante do que um acerto sistêmico em escala não parece a abordagem mais produtiva e frutífera para lidar com o tema. Uma métrica mais interessante seria a prevalência destes conteúdos na plataforma, ou seja, quanto de um conteúdo prejudicial impactou ou foi visto pelos usuários. Em um modelo que visa prevenir riscos sistêmicos em escala, diminuir ao máximo o número de prevalência seria um objetivo essencial. A meta publicou em seu último relatório de transparência,[13] por exemplo, que no primeiro trimestre de 2023 o limite máximo de prevalência foi de 0,05% para violações da política de terrorismo no Facebook. Isso significa que, de cada 10.000 visualizações de conteúdo no Facebook, eles estimam que não mais do que 5 dessas visualizações continham conteúdo que violava a política.

Nesse sentido vale mencionar também que nem todo conteúdo é altamente dependente de interpretação contextual – e, portanto, não estão sempre sujeitos a subjetividade e tampouco são extremamente dependentes de decisões humanas como afirmado por Manisck. Em verdade, conteúdos extremamente graves como, por exemplo, exploração sexual infantil e terrorismo já são moderados severamente por meio de tecnologias de reconhecimento e correspondência de imagens e vídeos já identificados[14] e mesmo novos.[15] Zuckerberg, CEO da Meta, afirmou que 98 ou 99% do conteúdo terrorista que removido pela plataforma é identificado por uma Inteligência Artificial e não por uma pessoa.[16]

---

13 Relatório de Transparência da Meta. Disponível em https://transparency.fb.com/data/community-standards-enforcement/child-nudity-and-sexual-exploitation/facebook/

14 Meta blogpost, dezembro de 2022. Disponível em https://about.fb.com/news/2022/12/meta-launches-new-content-moderation-tool/

15 Nesse aspecto vale ressaltar a aplicação de tecnologia pela Meta para combater novos materiais de exploração infantil: "Além da tecnologia de correspondência de fotos, estamos usando inteligência artificial e aprendizado de máquina para detectar proativamente a nudez infantil e o conteúdo anteriormente desconhecido de exploração infantil quando ele é carregado. Estamos usando essa e outras tecnologias para identificar mais rapidamente esse conteúdo e denunciá-lo ao NCMEC, além de encontrar contas que se envolvam em interações potencialmente inapropriadas com crianças no Facebook, para que possamos removê-las e evitar danos adicionais". Meta blogspot, Outubro de 2018. Disponível em https://about.fb.com/news/2018/10/fighting-child-exploitation/

16 CANALES, K. *Mark Zuckerberg said content moderation requires 'nuances' that consider the intent behind a post, but also highlighted Facebook's reliance on AI to do that job.* Artigo publicado na Business Insider em março de 2021. Disponível em https://www.businessinsider.com/zuckerberg-nuances-content-moderation-ai-misinformation-hearing-2021-3

Importante mencionar também que estudos iniciais da Meta[17] apontam que a grande maioria do conteúdo de exploração sexual infantil em suas plataformas (cerca de 90%) são cópias de materiais (fotos e vídeos) já previamente identificados. Isso quer dizer que o contínuo desenvolvimento das tecnologias de reconhecimento e correspondência de imagem e vídeo pode levar a um alto nível de precisão de moderação destes conteúdos ao mesmo tempo em que ajuda a combater a maior parte destes conteúdos nocivos nas plataformas. Mesmo em casos de tempo real, como vídeos ao vivo, avanços importantes foram feitos como, por exemplo, o *Amazon Rekognition* que permite a moderação em praticamente tempo real de vídeos ao vivo.[18]

Outro falso dilema apresentado para a indústria é de que não é possível cumprir com altos padrões de privacidade e oferecer segurança para as pessoas ao mesmo tempo, uma vez que a moderação de conteúdo seria severamente afetada. Quando a Meta anunciou em 2019 que a empresa seria reorientada a priorizar a privacidade e sistemas criptografados,[19] autoridades como o Procurador-Geral e a Segurança Interna do Reino Unido e da Austrália fizeram uma chamada pública[20] a Mark Zuckerberg em que corroboraram com ideia de que a moderação de conteúdo é fundamentalmente incompatível com a criptografia de ponta a ponta.

Nesse sentido, diversos especialistas já se posicionaram com análises técnicas[21] sobre a viabilidade de formas de moderação que podem ser compatíveis com mensagens criptografadas de ponta a ponta, sem comprometer importantes princípios de segurança deste sistema como, por exemplo, o aprimoramento de sistemas de denúncia, o uso de identificação de

---

17 A Meta realizou uma análise do conteúdo de exploração infantil em suas plataformas entre outubro e novembro de 2020 e descobriram que mais de 90% desse conteúdo era igual ou visualmente semelhante ao conteúdo já denunciado anteriormente pela plataforma ao Centro Nacional para Crianças Desaparecidas e Exploradas (NCMEC). Blogspot da Meta de fevereiro de 2021. Disponível em https://about.fb.com/news/2021/02/preventing-child-exploitation-on-our-apps/

18 Blogpost da Amazon. Disponível em https://aws.amazon.com/pt/blogs/media/live-content-moderation-using-ai/

19 Matéria publicada no Washington post em março de 2019. Acessível em: https://www.washingtonpost.com/technology/2019/03/06/facebooks-mark-zuckerberg-says-hell-reorient-company-towards-encryption-privacy/

20 Carta aberta disponível em https://www.justice.gov/opa/press-release/file/1207081/download

21 MAYER, Jonathan. *Content moderation for end-to-end encrypted messaging.* Artigo publicado no The Center for Internet and Society at Stanford Law School em outubro de 2019.

hashings (*photoDNA,22* por exemplo), gerar classificadores que poderiam prever a probabilidade de ser um conteúdo danoso e automaticamente reportar para revisão humana e uma área bastante interessante que vou explorar melhor no tópico seguinte que é o uso de metadados[23] para moderar comportamentos – uma tendência que se consolida na indústria.

O ponto aqui é menos o conjunto de argumentos técnicos usados e mais a narrativa que se cria de que a moderação não é possível com os avanços tecnológicos e a escala, o que acaba favorecendo modelos de negócios com menos investimentos na área de moderação. É dizer, o reforço destas narrativas acaba por criar um falso dilema para a indústria de que, se a moderação em escala é impossível e ineficiente, então investimentos em moderação deveriam ser reduzidos porque também são ineficientes e, ao invés disso, as empresas deveriam focar, por exemplo, em dar ferramentas para que as pessoas possam se proteger de situações abusivas transferindo para os usuários a responsabilidade pela sua própria proteção ou, então, investir em modelos de negócio que priorizem apenas a privacidade das pessoas com a redução da moderação sem que sejam apresentadas alternativas.

Porém, como veremos a seguir, a moderação de espaços digitais é não apenas possível nessas novas conformações tecnológicas como também continua sendo extremamente necessária para que tenhamos espaços digitais seguros. Em vez de pedir que a indústria pare de investir em privacidade, por exemplo, reforçando a narrativa de que a moderação nesses novos arranjos tecnológicos não é possível ou não é eficiente, devemos pedir que a indústria necessariamente invista como prioridade em novas formas de moderar interações prejudiciais em suas plataformas e, além disso, que levem em consideração uma análise sistêmica de riscos pervasivos com a consequente mitigação destes riscos. A seguir aponto algumas ideias novas para essa abordagem.

---

22 PhotoDNA é um sistema de reconhecimento de imagens criado pela Microsoft com o intuito de combater materiais de exploração sexual infantil e hoje é adotado por várias empresas da indústria. Segunda a Microsoft, o PhotoDNA "cria uma assinatura digital única (conhecida como "hash") de uma imagem que é então comparada com assinaturas (hashes) de outras fotos para encontrar cópias da mesma imagem. Quando combinado com um banco de dados contendo hashes de imagens ilegais identificadas anteriormente, o PhotoDNA é uma ferramenta incrível para ajudar a detectar, interromper e relatar a distribuição de material de exploração infantil." Disponível em https://www.microsoft.com/en-us/photodna

23 Metadados são dados relacionados a um conteúdo como a hora de envio, qual o formato do conteúdo (se um texto, uma foto ou vídeo), quem enviou etc. No exemplo clássico para explicar os metadados é como se a mensagem em si fosse uma carta e os metadados são o envelope que revelam muitos dados adicionais sem, contudo, ser necessário ler o conteúdo da carta.

2. Uma nova abordagem para moderação dos espaços digitais

Douek tem defendido uma abordagem bastante interessante para a regulação e aplicação da moderação que saia desse foco da decisão binária entre manutenção ou remoção de conteúdo com base em caso a caso e na esfera individual dos usuários para que passemos a olhar a moderação como um sistema complexo e dinâmico, propondo uma abordagem regulatória sistêmica – o que ela denomina de "*systems thinking approach*".[24]

Esta abordagem, segundo Douek, concentra-se em sistemas – mecanismos estruturais e processuais[25] – e não em casos individuais, ou seja, "concentra-se nas escolhas de *design* institucional *ex ante* envolvidos na criação de um sistema de administração de massa, ao invés de *ex post para* correção individual de erros".[26] Segundo ela, tal abordagem "reconhece que erros individuais podem ser o canário na mina de carvão de falha sistêmica, mas não são por si evidências de sistemas inadequados de moderação de conteúdo"[27] e que corrigir estes erros de casos individuais não necessariamente trará um sistema mais responsável e transparente para todos.

Na sua visão, em vez de buscarmos um modelo ideal de regulação do discurso em espaços digitais – missão praticamente impossível – deveríamos nos concentrar na responsabilidade procedimental (*procedural accountability*), o que seria mais viável e eficiente ao permitir, entre muitas outras coisas, a identificação de riscos sistêmicos com a possibilidade de se criar mitigação destes riscos em escala por meio de sistemas *ex-ante*. Ou seja, em última instância a proposta de Douek é que procuremos desenvolver soluções preventivas massivas ao mesmo tempo em que buscamos uma regulação que permita transparência e responsabilidade (*accountability*) dos processos de decisões envolvidos, incluindo de todos os atores envolvidos nesses processos decisórios (que, como vimos, não são apenas as plataformas), bem como dos resultados.

---

24 DOUEK, Evelyn, *Content Moderation as Systems Thinking* (janeiro, 2022). Forthcoming Harvard Law Review Vol. 136.

25 Sobre isso, ela afirma que o "*systems thinking approach*" se concentra "na necessidade que ocorre em qualquer caso individual de olhar para os mecanismos estruturais e processuais que visam as principais decisões *ex ante* e sistêmicas." Cf. DOUEK, Evelyn, *Content Moderation as Systems Thinking* (janeiro, 2022). Forthcoming Harvard Law Review Vol. 136.

26 Aqui vale mencionar que quando Douek fala em ex-ante ela se refere a sistemas de moderação de conteúdo que atuam de forma preventiva, ao passo que ex-post seria aquela abordagem focada em corrigir erros já ocorridos. Cf. DOUEK, Evelyn, *Content Moderation as Systems Thinking* (janeiro, 2022). Forthcoming Harvard Law Review Vol. 136.

27 Idem.

O que isso quer dizer na prática? Tomemos como exemplo o problema da desinformação. Um discurso desinformativo pode não conter qualquer ilegalidade e, muitas vezes, entra em uma zona cinzenta de difícil definição sobre constituir ou não liberdade de expressão. Nem por isso, é um discurso que deveria circular livremente, especialmente quando pode causar danos claros. Para estes casos, a abordagem binária de remoção vs. manutenção de conteúdo olhando caso a caso individualmente, prova-se extremamente ineficiente.

Primeiro porque remover uma postagem com discurso supostamente desinformativo e prejudicial não resolve o principal problema da desinformação, que é a escala e rapidez com que estes conteúdos são espalhados. Segundo porque uma desinformação não deixa de existir quando removemos uma postagem – rumores existem muito antes da internet e sabemos que a forma mais eficiente de acabar com um rumor falso é com informação de qualidade e educação sobre o tema.

Então vejam que a desinformação é tipicamente um problema sistêmico que apenas pode ser mitigado com uma abordagem também sistêmica. Sabendo que conteúdos desinformativos e sensacionalistas tendem a ser virais, a abordagem adotada por algumas plataformas têm sido por meio de intervenção algorítmica para reduzir seu alcance. Isso significa que se um conteúdo é considerado de baixa qualidade e potencialmente desinformativo, ele receberá uma redução na sua distribuição para os usuários de forma a criar desincentivos para que este tipo de conteúdo seja publicado ou compartilhado.

Além disso, uma abordagem educacional tem sido utilizada, embora de maneira tímida sob meu ponto de vista, etiquetando conteúdos como desinformativos e, em alguns casos, oferecendo informação de qualidade. O Twitter durante as eleições de 2022 no Brasil colocou avisos em tweets questionáveis ou enganosos com base em sua política de integridade cívica, bem como reduziu a visibilidade de tais Tweets com o objetivo de diminuir seu potencial de causar danos.[28] Outro exemplo interessante, que será mais bem abordado no próximo tópico, é olhar e pensar como interromper o *modus operandi* dos atores que visam promover a desinformação mais do que combater individualmente conteúdos desinformativos, ou seja, atacar a fonte diretamente destes conteúdos.

Nesse processo de tomada de decisão sobre quais conteúdos devem receber este tratamento (redução de alcance e sinalização, por exemplo) existem uma série de atores envolvidos: times de engenharia que elaboram os algoritmos (típico processo de decisão *ex-ante*), times de produtos que ela-

---

28 Disponível em https://help.twitter.com/pt/using-twitter/brazil-elections

boram as etiquetas ou sinalizações, times que cuidam do canal de comunicação com checadores de fato, os próprios checadores de fato que sinalizam estes conteúdos, um autoridade (como, por exemplo, foi o caso do Tribunal Superior Eleitoral durante as eleições no Brasil[29]), entre muitos outros. Não obstante, não é claro para as pessoas como estes processos são feitos, quem participa dessas decisões, como e por que determinado conteúdo recebe este protocolo de tratamento.

Talvez nossa energia como sociedade neste tema seria melhor empregada ao se debater publicamente as melhores formas de se desenvolver responsabilidade (*accountability*) e transparência destes processos com os consequentes e necessários sistemas para identificação de riscos e mitigações sem, contudo, perder-se de vista que todos estes processos decisórios impactam em escala e devem ser pensando desta maneira. Portanto, casos individuais podem e devem ser usados como paradigmáticos, mas não como únicos guias para a regulação ou mitigação de riscos.

Além disso, mais esforços em pensar soluções escaláveis e de rápido efeito deveriam ser empregados, especialmente no que tange romper o *modus operandi* de maus atores não apenas no caso da desinformação, mas em todos os casos que apresentam riscos pervasivos. Para que isso ocorra, é preciso estudar mais comportamentos nocivos e como estes atores operam e se inter-relacionam com outros usuários para pensar em estratégias de mitigação que num primeiro momento previnam comportamentos abusivos. Ou seja, o que proponho é efetivamente um pensamento sistêmico de riscos e soluções para a prevenção de situações prejudiciais.

Estes são alguns pensamentos experimentais e inovadores no campo de como regular espaços digitais e é com base neste pensamento sistêmico proposto por Douek que pretendo avançar contribuições no campo técnico para as plataformas. A seguir apresento algumas ideias de moderação *ex-ante* visando a prevenção de riscos.

29 O Tribunal Superior Eleitoral firmou parcerias com as plataformas para combater a desinformação sobre o processo eleitoral de 2022. Disponível em https://www.tse.jus.br/comunicacao/noticias/2022/Fevereiro/eleicoes-2022-tse-e-plataformas-digitais-firmam-parceria-para-combate-a-desinformacao

2.1. moderação de conteúdo vs. moderação de comportamentos: uma abordagem sistêmica *ex-ante* centralizada na prevenção de comportamentos abusivos

Embora a tecnologia existente hoje seja ainda limitada na capacidade de entender as nuances e contextos culturais e linguísticos específicos, o que dificulta a moderação de conteúdos altamente dependentes de contexto adicional como, por exemplo, o discurso de ódio – e, nesses casos, a revisão humana ainda é necessária –, ela é bastante eficiente em detectar conteúdos que não dependem tanto de contexto, como, por exemplo, nudez e exploração infantil. Além disso, a moderação não necessariamente precisa ser tão dependente de análise de conteúdo para prevenir comportamentos abusivos. Há um campo inovador na área de prevenção e educação de comportamentos e de uso de metadados, como veremos a seguir, que pode ser um caminho interessante a ser mais bem explorado e desenvolvido.

As plataformas, cada vez mais, têm intervindo com base no comportamento de grupos de contas e dos atores ou associações por trás deles. Uma área em que essa abordagem vem sendo usada amplamente há anos é no combate ao conteúdo de spam em que o comportamento importa muito mais que o conteúdo *per se* e, por isso, é feito de forma quase toda automatizada. Nesse sentido, se olharmos o que há público de grandes plataformas, como a Meta, sobre combate ao spam, notamos que as regras de moderação são voltadas para comportamentos como, por exemplo, "publicar, compartilhar, interagir com conteúdo (...), manual ou automaticamente, em frequências muito elevadas".[30] Ou seja, o *modo* como estas contas operam – frequência muito elevada – tem um peso relevante para identificar e moderar contas *spammers*.

Neste aspecto, uma importante distinção entre a moderação de conteúdo e a moderação de comportamentos é que a última permite identificar de maneira sistêmica comportamentos abusivos que individualmente não necessariamente seriam moderados ou percebidos como abusivos, posto que a escala e *modus operandi* importam mais nesses casos que o conteúdo em si.

Explico com um exemplo: uma postagem individual trazendo um comentário em tom ofensivo, porém não violador per se, pode não implicar grandes repercussões para um determinado usuário. Mas o que acontece quando dezenas de usuários postam de forma coordenada e sistemática comentários em tom ofensivo com a clara intenção de intimidar determinado usuário? Provavelmente este usuário se sentirá acuado, assustado e

30 Política de combate ao spam da Meta. Disponível em: https://transparency.fb.com/pt-br/policies/community-standards/spam/

até mesmo poderá perceber esse comportamento coordenado como uma tentativa de silenciar ou ameaçar sua existência na plataforma. A questão, então, ganha uma outra proporção, visto que tal comportamento em conjunto pode vir a constituir uma situação abusiva de assédio em massa que pode levar a efetiva intimidação, ameaça e até silenciamento de pessoas. Portanto, não apenas comportamentos importam, mas também a escala e coordenação, ou seja, o *modus operandi*, entre estes comportamentos também importam.

As plataformas têm testado este olhar mais sistêmico e formas de moderar comportamentos e trago dois exemplos concretos: a Meta criou uma política de "dano social coordenado" visando combater redes de usuários que envolvem contas autênticas, mas que "se organizam para violar sistematicamente nossas políticas para causar danos dentro ou fora de nossa plataforma".[31] Neste caso, a plataforma em questão reconhece que o potencial de dano causado pela totalidade da atividade da rede excede em muito o impacto de cada postagem ou conta individual. O Twitter também criou uma política chamada "atividade prejudicial coordenada" para remover uma série de contas coordenadas, medida que, no entanto, sofreu críticas pela falta de transparência sobre a política e sua implicação.[32]

Essa abordagem, claro, traz seus desafios e um bastante evidente é como dar mais transparência a sistemas e regras de moderação de comportamentos às pessoas sem que isso implique permitir que maus atores possam, com base nesta informação, burlar os sistemas de prevenção. Mas por outro lado, traz perspectivas interessantes para abordar outros impasses. Um dilema essencial já mencionado quando falamos sobre moderação de espaços digitais é referente a coleta de dados e a privacidade dos usuários. Ao passo que coletar e guardar todas as interações e conteúdos entre usuários não parece desejável do ponto de vista da privacidade, quão confortáveis estaríamos se certos metadados fossem utilizados por tecnologia para ajudar a prevenir um potencial comportamento abusivo, inclusive por meio de medidas educativas?

Coloco esta questão porque alguns usos iniciais de metadados nesse sentido têm sido explorados por grandes plataformas para criar mecanismos de prevenção – o Instagram, por exemplo, anunciou em março de 2021 que estava "explorando maneiras de tornar mais difícil para adultos que exibem comportamento potencialmente suspeito interagir com adolescen-

---

31 Blogpost da Meta. Disponível em: https://about.fb.com/news/2021/09/removing-new-types-of-harmful-networks/

32 Matéria da Lawfareblog. Disponível em https://www.lawfareblog.com/twitter-brings-down-banhammer-qanon

tes" na plataforma.[33] É difícil afirmar o que levaria o Instagram a classificar um adulto como "potencialmente suspeito", uma vez que não é dado público para evitar, segundo a empresa, que maus atores possam burlar o sistema. Contudo, é possível imaginar alguns usos interessantes de metadados para isso, tais como: proporção de contas de adolescentes que uma conta pertencente a um adulto segue (por exemplo, uma conta que envia uma alta porcentagem de suas solicitações para seguir para adolescentes); combinado com porcentagem de mensagens enviadas a estas contas, especialmente quando são contas de adolescentes que não fazem parte da sua rede; porcentagem de contas que bloquearam ou reportaram este usuário, entre outros sinais combinados que podem ser melhor interpretados com estudos de *benchmarks* internos de contas que cometeram casos graves como, por exemplo, *grooming* ou aliciamento de crianças e adolescentes[34] – quais foram os passos que esta conta violadora tomou antes de chegar neste ponto? Como se comporta esta conta para alcançar potenciais vítimas? Existe um padrão de *modus operandi*?

A combinação destes dados, que não envolvem necessariamente a análise de conteúdo tradicionais como a troca de mensagens em si, permitiria, por exemplo, criar um classificador automático que poderia destacar contas com comportamentos de risco em potencial para, então, poder-se pensar em medidas preventivas como, por exemplo, medidas educacionais como um aviso para educar adolescentes sobre potenciais contas suspeitas e alertá-los sobre abordagens perigosas. Este é um exemplo de uma medida que potencialmente poderia equilibrar melhor a moderação de conteúdo e a privacidade dos usuários. Sem mencionar que a educação sobre como se proteger de situações de risco (exemplo dado) tende a ser medida com impacto mais perene.

A mesma lógica, em teoria, poderia ser aplicada para contas de assediadores – a conta procura interagir exclusivamente com mulheres, é bloqueada por um número significativo de mulheres, já foi reportada anteriormente, e outros sinais combinados poderiam ser usados para tentar criar uma gradação de ações educativas e preventivas de acordo com a gravidade do

---

33 Instagram blogspot de março de 2021 e Meta blogspot de fevereiro de 2023. Acessível respectivamente em https://about.instagram.com/blog/announcements/continuing-to-make-instagram-safer-for-the-youngest-members-of-our-community e https://about.fb.com/news/2023/02/helping-prevent-the-spread-of-young-peoples-intimate-images-online/

34 *Grooming* é um termo em inglês que significa aliciamento e é um processo que pode ser facilitado pela tecnologia onde um adulto busca ganhar a confiança de uma criança ou adolescente com o propósito de abuso e exploração sexual deste jovem em vulnerabilidade (Chiu e Quayle, 2022). No Brasil, o termo mais aproximado seria aliciamento sexual de crianças e adolescentes.

incidente. Por exemplo, primeiro a conta recebe um aviso educativo de impacto sobre como comportamentos abusivos não serão tolerados – usos iniciais desses avisos, que se baseiam na teoria de economia comportamental denominada de "*nudges*",[35] são promissores e apontam significativa redução de comportamentos tóxicos. O Instagram, por exemplo, desde 2021 implementa avisos educativos sobre potencial conteúdo ofensivo.[36] Segundo a plataforma, 50% das pessoas impactadas por esses avisos editam ou deletam seus comentários. Vale mencionar também a experiência do Twitter que desde 2020 aplica um aviso educativo caso as pessoas estejam prestes a retwittar um link sem abrí-lo, incentivando as pessoas a primeiro leiam o conteúdo antes de compartilhar. Segundo a empresa, 40% das pessoas impactadas pela mensagem educativa tendem a abrir o link antes de compartilhar.[37]

E por que não ir além? Sabemos que a prevenção passa necessariamente por uma mudança de cultura e de comportamento, por que não pensar em exigir que, para poder voltar a interagir na plataforma, o usuário com potencial comportamento de risco deve passar por um circuito educativo sobre, por exemplo, as políticas de assédio e como agir de forma respeitosa na plataforma? Uma segunda violação pode levar a medidas mais drásticas como bloqueio temporário, ou acesso limitado a determinadas ferramentas (como *view only* ou proibição para fazer vídeos ao vivo), assim por diante. E, claro, em casos graves as penalidades devem ser mais definitivas, como exclusão da conta e, dependendo do caso, notificação a autoridades.

Tudo isso são ideias novas que devem ser mais aprofundadas, mas que apontam potenciais caminhos a serem explorados em termos de moderação em espaços digitais. Emprestando a ideia de Douek anteriormente mencionada sobre uma abordagem sistêmica *ex-ante*, acrescento que esta abordagem de moderação de espaços digitais seja focada em prevenir situações abusivas e incentivar comportamentos positivos e responsáveis (por meio, por exemplo, de *nudges*) que levem a mudanças de comportamentos e que seja pensada e aplicada em escala.

---

35 Nudges são intervenções, grandes e pequenas, destinadas a levar as pessoas a agir em seu próprio interesse segundo a teoria de economia comportamental (behavioral economics) introduzida por Cass Sunstein e Richard Thaler em livro publicado em 2008. Cf. Thaler, R. H., & Sunstein, C. R. (2008). *Nudge: Improving decisions about health, wealth, and happiness.* Yale University Press.

36 Blogspot do Instagram de agosto de 2021. Disponível em: https://about.instagram.com/blog/announcements/introducing-new-ways-to-protect-our-community-from-abuse

37 Matéria do The Verge. Disponível em: https://www-theverge-com.translate.goog/2020/9/25/21455635/twitter-read-before-you-tweet-article-prompt-rolling-out-globally-soon?_x_tr_sl=en&_x_tr_tl=pt&_x_tr_hl=pt-BR&_x_tr_pto=sc&_x_tr_hist=true

Conclusões

A moderação de espaços digitais é tema complexo e cada vez mais questionado e sob escrutínio público. Este ensaio se propôs a situar o leitor sobre as grandes questões e desafios que envolvem a moderação, bem como ampliar o escopo do debate em torno da regulação e implementação de moderação. Este ensaio demonstrou que a abordagem limitada às decisões binárias entre manutenção ou remoção de conteúdo sob uma perspectiva de casos individuais mostra-se ineficiente ao se considerar a escala e a rapidez que a moderação de espaços digitais demanda cada vez mais. Este ensaio se propôs a ampliar este debate abarcando uma perspectiva sistêmica, avançando a proposta inicial de Douek para se pensar soluções técnicas que possam melhor contribuir para uma moderação de espaços digitais centrada em avançar mitigação e prevenção de comportamentos abusivos de forma sistêmica avançando também a ideia de uma abordagem de segurança em primeiro lugar (*safety by design*).

Referências

BAKER-WHITE, Emily. *Meta Wouldn't Tell Us How It Enforces Its Rules In VR, So We Ran A Test To Find Out.* BuzzfeedNews, fev. 2022. Disponível em: <https://www.buzzfeednews.com/article/emilybakerwhite/meta-facebook-horizon-vr-content-rules-test>. Acesso em: 20 abr. 2023.

CANALES, K. *Mark Zuckerberg said content moderation requires 'nuances' that consider the intent behind a post, but also highlighted Facebook's reliance on AI to do that job.* Business Insider, mar. 2021. Disponível em: <https://www.businessinsider.com/zuckerberg-nuances-content-moderation-ai-misinformation-hearing-2021-3 >. Acesso em: 25 abr. 2023.

CHIU, Jonie & QUAYLE, Ethel. *Understanding online grooming: An interpretative phenomenological analysis of adolescents' offline meetings with adult perpetrators,* Child Abuse & Neglect, Volume 128, 2022, 105600, ISSN 0145-2134. Disponível em: <https://www.sciencedirect.com/science/article/pii/S014521342200120X>. Acesso em: 12 abr. 2023.

DOUEK, Evelyn. *Governing Online Speech.* Columbia Law Review, Vol. 121, No. 3 (Abril, 2021), pp. 759-834. Disponível em: <https://www.jstor.org/stable/10.2307/27007631>. Acesso em: 20 abr. 2023.

DOUEK, Evelyn, *Content Moderation as Systems Thinking* (janeiro, 2022). forthcoming Harvard Law Review Vol. 136, Disponível em: <https://ssrn.com/abstract=4005326>. Acesso em: 14 jun. 2023.

INSTAGRAM Blogspot. *Continuing to Make Instagram Safer for the Youngest Members of Our Community.* Publicado em março de 2021. Disponível em: <https://about.instagram.com/blog/announcements/continuing-to-make-instagram-safer-for-the-youngest-members-of-our-community>. Acesso em 25 abri. 2023.

KLONICK, Kate. *The New Governors: The People, Rules, and Processes Governing Online Speech*, 131 HARV. L. REV. 1598, 1647 (2018). Disponível em: <https://harvardlawreview.org/print/vol-131/the-new-governors-the-people-rules-and-processes-governing-online-speech/>. Acesso em: 14 jun. 2023.

MASNICK, M. *Masnick's Impossibility Theorem: Content Moderation At Scale Is Impossible To Do Well*. Artigo publicado no Techdirt em Novembro de 2019. Disponível em: <https://www.techdirt.com/2019/11/20/masnicks-impossibility-theorem-content-moderation-scale-is-impossible-to-do-well/>. Acesso em: 25 abr. 2023.

MAYER, Jonathan. *Content moderation for end-to-end encrypted messaging*. Artigo publicado no The Center for Internet and Society at Stanford Law School. The Center for Internet and Society, out. 2019. Disponível em: <https://cyberlaw.stanford.edu/publications/content-moderation-end-end-encrypted-messaging>. Acesso em: 25 mai. 2023.

META Blogspot by Antigone Davis. *New Updates to Help Prevent the Spread of Young People's Intimate Images Online*. Publicado em fevereiro de 2023. Disponível em: <https://about.fb.com/news/2023/02/helping-prevent-the-spread-of-young-peoples-intimate-images-online/ >. Acesso em 25 abr. 2023.

META Blogspot by Antigone Davis. *Preventing Child Exploitation on Our Apps*. Publicado em fevereiro de 2021. Disponível em: <https://about.fb.com/news/2021/02/preventing-child-exploitation-on-our-apps/>. Acesso em: 25 abr. 2023.

META Blogspot by Antigone Davis. *New Technology to Fight Child Exploitation*. Publicado em outubro de 2018. Disponível em: <https://about.fb.com/news/2018/10/fighting-child-exploitation/ >. Acesso em: 25 abr. 2023.

META Blogspot by Nick Clegg. *Meta Launches New Content Moderation Tool as It Takes Chair of Counter-Terrorism NGO*. Publicado em dezembro de 2022. Disponível em: <https://about.fb.com/news/2022/12/meta-launches-new-content-moderation-tool/ >. Acesso em 25 abr. 2023.

META Relatório de transparência. Disponível em: <https://transparency.fb.com/data/community-standards-enforcement/child-nudity-and-sexual-exploitation/facebook/>. Acesso em: 25 jun. 2023.

MICROSOFT. *How photodna works*. Disponível em: <https://www.microsoft.com/en-us/photodna>. Acesso em: 20 jun. 2023.

PAN, Christina, Sahil Yakhmi, Tara P. Iyer, Evan Strasnick, Amy X. Zhang, and Michael S. Bernstein. 2022. *Comparing the Perceived Legitimacy of*

Content Moderation Processes: Contractors, Algorithms, Expert Panels, and Digital Juries. Proc. ACM Hum.-Comput. Interact. 6, CSCW1, Article 82 (April 2022). Disponível em: <https://doi.org/10.1145/3512929>. Acesso em: 20 abr. 2023.

ROBERTSON, Adi. *Meta CTO thinks bad metaverse moderation could pose an 'existential threat'*. The Verge, nov. 2021. Disponível em: <https://www.theverge.com/2021/11/12/22779006/meta-facebook-cto-andrew-bosworth-memo-metaverse-disney-safety-content-moderation-scale>. Acesso em: 25 abr. 2023.

THALER, R. H., & SUNSTEIN, C. R. (2008). Nudge: Improving decisions about health, wealth, and happiness. Yale University Press.

11. MODERAÇÃO DE CONTEÚDO NAS PLATAFORMAS: UM OLHAR DA SOCIEDADE CIVIL SOBRE TRANSPARÊNCIA E DIREITOS

Ramênia Vieira da Cunha Gallas

Introdução

As plataformas digitais desempenham importante papel na comunicação na sociedade contemporânea, fornecendo um espaço virtual para o compartilhamento de informações, interações sociais e acesso a uma variedade de conteúdos. Com o crescente poder e influência dessas plataformas, surge a necessidade urgente de garantir que o conteúdo apresentado seja moderado de maneira transparente. A moderação de conteúdo desempenha uma função crítica na filtragem de informações prejudiciais, enganosas ou ofensivas, protegendo a integridade do ambiente on-line e, principalmente, a segurança dos usuários.

Esse tema tem sido objeto de debates e controvérsias nos últimos anos. Afinal, a moderação sem transparência também leva à limitação da liberdade de expressão, especialmente de grupos "marginalizados". A velocidade e a escalada das atividades on-line, aliadas à presença hegemônica das plataformas digitais, deixaram o desafio da moderação cada vez mais complexo. Por isso a importância fundamental da transparência nesse processo. A transparência na moderação de conteúdo não apenas promove a responsabilidade das plataformas, mas também fortalece a confiança dos usuários no ambiente digital.

Ao fornecer informações claras sobre as diretrizes, políticas e procedimentos adotados para a moderação, as empresas digitais demonstram um compromisso com a prestação de contas e a proteção dos direitos dos usuários. A falta de transparência, por outro lado, tende a levar a decisões arbitrárias, opacas e potencialmente discriminatórias, minando a confiança nas plataformas e gerando preocupações sobre o controle excessivo de conteúdo, ou até mesmo com a manipulação do debate público.

Com uma compreensão clara de como o conteúdo é filtrado e moderado, os usuários podem tomar decisões sobre sua participação nas plataformas e avaliar se a segurança das informações foi atendida. A transparência permite, portanto, que os usuários identifiquem possíveis discrepâncias na moderação, garantindo um ambiente mais equilibrado no espaço digital.

Por fim, a transparência na moderação do conteúdo também permite um maior envolvimento da sociedade. Ao criar um canal de diálogo aberto e inclusivo com os usuários, as plataformas digitais podem receber feedbacks valiosos e, desta forma, aprimorar constantemente suas políticas de moderação. O compartilhamento de informações sobre as decisões tomadas, a justificativa por trás delas e a oportunidade de apelação ajudam a criar um ambiente colaborativo, no qual a responsabilidade é compartilhada entre plataforma e usuários.

Em síntese, a transparência desempenha um papel fundamental na moderação de conteúdo nas plataformas digitais. Ao promover responsabilidades e restabelecer confianças, a transparência estabelece as bases para um ambiente on-line seguro, inclusivo e mais confiável. À medida em que a sociedade continue a evoluir digitalmente, é imperativo que as plataformas priorizem o caminho da responsabilidade social, visando maior interação com os usuários.

1. Defesa dos Direitos Digitais

Nos últimos anos, testemunhamos uma rápida evolução do cenário digital, o que trouxe inúmeras oportunidades e desafios para os direitos humanos. A sociedade civil organizada tem desempenhado um papel crucial nesse aspecto, especialmente no contexto dos direitos digitais. Exemplos disso são a Coalizão Direitos na Rede (CDR),[1] a Sala de Articulação contra a Desinformação (SAD)[2] e a Rede Nacional de Combate à Desinformação (RNCD),[3] que têm se engajado ativamente na proteção dos direitos digitais e influenciado a formulação de políticas e a conscientização pública.

1 Ver: https://direitosnarede.org.br/

2 Ver: https://contradesinformacao.com/

3 Ver: https://rncd.org/

Nesses e em outros casos, a sociedade civil organizada age como uma voz para garantir a proteção dos direitos individuais e coletivos no ambiente digital. São organizações que têm trabalhado diligentemente para promover a liberdade de expressão, a privacidade, a acessibilidade, a segurança e a igualdade na era digital.

Para isso, tais organizações empregam uma variedade de estratégias, entre as quais: *advocacy*, litígio estratégico, monitoramento de políticas, pesquisa e produção de relatórios, campanhas de conscientização pública e ações de colaboração com outras partes interessadas, como governos, universidades e as próprias empresas. Por meio dessas abordagens, a sociedade civil busca garantir que os direitos digitais sejam respeitados e protegidos em todo o mundo.

Os desafios para a defesa dos direitos digitais são muitos, incluindo a falta de recursos financeiros, pressões políticas e legais, ameaças à segurança dos ativistas digitais, opacidade das políticas de governos e empresas, além da rápida evolução tecnológica – que pode superar a capacidade de resposta das organizações.

Ainda assim, a sociedade civil organizada tem alcançado conquistas notáveis, influenciando políticas, promovendo mudanças legislativas e contribuindo para a conscientização pública sobre questões cruciais relacionadas aos direitos digitais. O trabalho das organizações tem colaborado decisivamente para a criação de uma internet mais aberta, inclusiva e segura.

2. Desafios da Moderação de Conteúdo

A moderação de conteúdo enfrenta diversos desafios. A velocidade e o volume das informações geradas pelos usuários é o primeiro deles, tornando difícil a identificação e remoção rápida de conteúdo prejudicial. Outra preocupação é a possibilidade de censura e de restrição da liberdade de expressão.

Além disso, a avaliação de conteúdo "controverso" e o equilíbrio entre liberdade de expressão e proteção de direitos são questões complexas. A transparência e a prestação de contas por parte das plataformas são igualmente desafios a serem enfrentados, pois a falta de clareza sobre as políticas de moderação pode gerar equívocos, além de questionamentos sobre imparcialidade e critérios adotados.

Embora seja necessário combater discursos prejudiciais, existe um debate sobre onde traçar a linha, os limites, entre a remoção legítima do conteúdo e a supressão injustificada das opiniões divergentes. Como dissemos, a definição de critérios claros e transparentes é fundamental para evitar abusos e garantir a liberdade de expressão dos usuários.

3. Princípios para uma Moderação Transparente e Responsável

A sociedade civil organizada tem apresentado propostas para uma moderação de conteúdo mais justa e equilibrada, defendendo princípios que incluem transparência, responsabilidade, proporcionalidade e respeito aos direitos humanos. Além disso, propõe a colaboração junto às plataformas para a troca de conhecimento, compartilhamento de boas práticas e o estabelecimento de diretrizes comuns. Também enfatiza a importância da participação pública na definição das políticas de moderação, garantindo a inclusão de diferentes perspectivas e diversidade de vozes.

A transparência na moderação de conteúdo é a base para a construção de uma comunidade on-line saudável e inclusiva. Ao permitir que os usuários vejam como as decisões são tomadas, promovemos a confiança, o entendimento e a responsabilidade mútua. A transparência não apenas garante que os princípios de moderação sejam seguidos de maneira justa, mas também capacita os usuários a participarem ativamente do processo, promovendo, assim, a liberdade de expressão e a diversidade de opiniões.

Com base nas perspectivas da sociedade civil organizada, percebemos alguns princípios fundamentais para uma moderação de conteúdo que não viole direitos:

- Transparência: As plataformas digitais devem ser transparentes em relação às suas políticas de moderação, explicando claramente as diretrizes utilizadas para determinar o que é permitido ou não. A transparência promove a confiança dos usuários e permite que eles compreendam as decisões tomadas.
- Responsabilidade: As plataformas devem assumir a responsabilidade pela moderação de conteúdo, garantindo que ela seja conduzida de forma imparcial, sem discriminação ou viés algorítmico. A responsabilidade inclui a revisão regular das políticas de moderação e a adoção de medidas corretivas quando necessário.
- Participação dos usuários: As plataformas devem envolver os usuários no processo de moderação, permitindo que apresentem apelações e forneçam *feedback* sobre as decisões tomadas. A participação dos usuários promove a inclusão e dá voz àqueles que são diretamente afetados pelas políticas de moderação.

- Transparência algorítmica: Quando a moderação de conteúdo é realizada por algoritmos, as plataformas devem ser transparentes em relação ao funcionamento desses algoritmos, garantindo que sejam imparciais e auditáveis. A transparência algorítmica evita a opacidade e o potencial viés algorítmico.

4. Desafios Legais e Éticos

A moderação de conteúdo em plataformas digitais é uma tarefa desafiadora, já que pressupõe encontrar um equilíbrio entre a regulação necessária e a preservação dos direitos fundamentais.

A moderação automatizada, baseada em algoritmos, pode levar a situações discriminatórias. Os algoritmos podem apresentar preferências ou reproduzir preconceitos existentes na sociedade, resultando em censura ou tratamento desigual aos usuários. A identificação e correção desses vieses são desafios significativos nesta busca por uma moderação justa e equilibrada.

Além disso, garantir a transparência e exigir a responsabilidade das plataformas na moderação de conteúdo são preceitos fundamentais para que o ambiente digital seja mais democrático. As plataformas devem ser transparentes sobre suas políticas e práticas, notificar o usuário quando ocorrer a moderação de conteúdo e disponibilizar a ele mecanismos de recurso, além de assumir a responsabilidade por erros que venham acontecer e tomar medidas para corrigi-los. Os usuários têm o direito de entender como as decisões de moderação são tomadas, bem como de apelar dessas decisões.

A proteção dos usuários e a preservação dos seus direitos fundamentais, como a liberdade de expressão e a privacidade, devem constituir elementos norteadores da moderação de conteúdo. Ao considerar a regulamentação governamental, o viés algorítmico, o risco de censura e a transparência, é essencial que se adote abordagens equilibradas, reflexivas e baseadas em princípios éticos. A discussão e a contínua colaboração entre plataformas, sociedade civil e autoridades governamentais são fundamentais para o enfrentamento a esses desafios e a promoção de uma moderação de conteúdo transparente e responsável.

Conclusões

A moderação de conteúdo é uma responsabilidade fundamental para garantir a segurança, a integridade e o respeito nos ambientes on-line. Em decorrência disso, a transparência emerge como um princípio a orientar as práticas de moderação. Ao promover a transparência, as plataformas digitais estabelecem uma base sólida de confiança com os usuários, fornecendo informações claras sobre políticas, processos e critérios de moderação.

A transparência não apenas fortalece a confiança, mas também permite que os usuários compreendam melhor as decisões de moderação, entendam os motivos por trás da remoção de determinado conteúdo e tenham acesso a mecanismos eficazes de apelação. Além disso, a transparência algorítmica desempenha um papel fundamental na mitigação de vieses e na promoção de um ambiente equilibrado e inclusivo.

No entanto, a busca pela transparência enfrenta desafios complexos, como a proteção à privacidade dos usuários, a gestão de informações sensíveis e a adaptação a um cenário digital em constante evolução. Para preservar direitos digitais, portanto, é essencial que as plataformas encontrem um equilíbrio adequado entre a transparência na moderação e a proteção às necessidades e aos interesses dos usuários.

Além da transparência, também a prestação de contas desempenha um papel complementar e igualmente importante na moderação de conteúdo. As plataformas devem ser responsáveis por suas ações, investigar adequadamente as denúncias, corrigir erros e estabelecer um diálogo aberto com os usuários e a sociedade civil. A prestação de contas não se limita apenas a reconhecer falhas, mas também envolve o aprimoramento contínuo das práticas de moderação e a aprendizagem com as experiências passadas.

Em resumo, a moderação de conteúdo eficaz e responsável requer transparência e prestação de contas. As plataformas digitais devem adotar políticas claras, processos transparentes e algoritmos modulados para o equilíbrio e a preservação de direitos. Esse deve ser um esforço contínuo e colaborativo, envolvendo, além das plataformas, também usuários, sociedade civil e autoridades reguladoras. Somente por meio dessa abordagem coletiva e reflexiva poderemos garantir um ambiente on-line seguro, inclusivo e respeitoso, em que os direitos digitais sejam promovidos e estejam protegidos.

Referências

Carta Aberta: Regulação democrática das plataformas com urgência! Disponível em: <https://direitosnarede.org.br/2023/04/20/carta-aberta-regulacao-democratica-das-plataformas-com-urgencia/>. Acesso em 23 jun. 2023.

Desinformação: crise política e saídas democráticas para as fake news. Disponível em: <https://app.rios.org.br/index.php/s/KsXQecZCY7C0352>. Acesso em 26 jun. 2023.

Liberdade de Expressão e internet. Disponível em: <https//www.oas.org/pt/cidth/expres sao/docs/publicaciones/2014%2008%2004%20Liberdade%20de%20Express%C3%

A30%20e%20Internet%20Rev%20%20HR_Rev%20LAR.pdf>. Acesso em 13 jun. 2023.

Regulação da Plataformas Digitais no Brasil. Disponível em: <https://contradesinformacao.com/wp-content/uploads/2023/04/Regulacao-das-plataformas-digitais-no-Brasil.pdf>. Acesso em 05 jun. 2023.

GILLERSPIE, T. *Custodians of the internet: Platforms, content moderation, and the hidden decisions that shape social media*. Yale University Press. 2018.

GOODMAN, R., & Pande, R. *The power of transparency: How Google uses evidence to shape what you see*. Oxford Review of Economic Policy, 35(3), 2019, 444-462.

VALENTE, Jonas C L. *"Tecnologia, informação e poder: das plataformas online aos monopólios digitais"*. Editora Dialética, 2021.

12.

MUDANDO AS REGRAS DURANTE O JOGO: O CASO DA MODERAÇÃO DE CONTEÚDO NO YOUTUBE EM 2022

Marcelo Alves dos Santos Junior

Introdução

As políticas de moderação de conteúdo das plataformas digitais recentemente vêm recebendo cada vez mais escrutínio público e de pesquisas acadêmicas. No contexto nacional, a grande disseminação de desinformação eleitoral nas mídias sociais e aplicativos de troca de mensagens instantâneas durante e eleição presidencial de 2018 jogou luz sobre a necessidade da elaboração de mecanismos de governança dessas empresas com o objetivo de mitigar o estado de desordem informacional e violência política.[1] Isso se tornou ainda mais premente dada a instrumentalização destas mídias para fins de desestabilização de regimes democráticos, chegando ao limite da apologia aberta e sistemática pela intervenção militar contra o Supremo Tribunal Federal (STF).

O YouTube é um palco central destas disputas não somente por ser um dos principais canais de consumo de informação no Brasil, mas também por ser plataforma central em uma infraestrutura de propagação de desinformação articulada pela extrema-direita. Antes, durante e depois do processo eleitoral de 2022, a plataforma foi tomada por conteúdo que colocava em risco a integridade democrática do país, indo de informações falsas sobre fraudes nas urnas eletrônicas, teorias da conspiração sobre apuração enviesada dos votos e declarações fantasiosas sobre conchavos entre a elite política para impedir a reeleição do presidente então ocupante do Palácio

1 HARTMANN, I. et al. *Moderação de conteúdo online*: contexto, cenário brasileiro e suas perspectivas regulatórias. Rio de Janeiro: Alameda, 2023.

do Planalto. No limite, diversos canais do YouTube transmitiram ao vivo durante meses o cotidiano dos acampamentos antidemocráticos em frente aos quartéis militares, reivindicando um golpe de estado e a anulação da eleição presidencial.

Como as políticas de moderação do YouTube lidaram com este desafio? Este ensaio se propõe a analisar as modificações elaboradas pela corporação em seus termos de serviço e guias de comunidade nas seções de desinformação eleitoral e violência política. Dessa forma, estudamos o processo de publicação de novas regras durante o ano de 2022 e o desenvolvimento da campanha eleitoral. Além disso, apresentamos breve análise empírica da remoção de vídeos contendo afirmações de fraudes eleitorais sobre os anos de 2014 e 2018. Os dados são resultado parcial do projeto "Verificação e análise da remoção de conteúdo eleitoral no YouTube no Brasil" que realizou o arquivamento dinâmico de metadados de milhões de vídeos na plataforma entre 2021 e 2023.

1. O framework da moderação de conteúdo do YouTube

Há muitas estratégias de aplicação das políticas de moderação de conteúdo em plataformas digitais, com efeitos e implicações teóricas distintas entre si. Gillespie[2] divide as medidas em níveis: remoção (*hard*) e filtragem (*soft*). O autor desenvolve o argumento que a exclusão é uma intervenção mais perceptível para casos mais extremos, enquanto a filtragem (também chamada de *shadow banning*, que é o apagamento em mecanismos de busca em navegadores configurados com ou sem filtro de segurança) ou invisibilidade algorítmica são medidas aplicadas no código, portanto, subjacentes ao funcionamento dos sistemas e menos perceptíveis. Por isso, tais mecanismos podem ser considerados mais seguros do ponto de vista de relações públicas para as grandes corporações tecnológicas, na medida em que tendem a produzir menos efeitos colaterais e críticas. Outra categoria de moderação pouco intervencionista é a marcação ou rotulagem de publicações, isto é, um carimbo de informação falsa, geralmente realizada por agências de checagem, ou de sinalização de que o fato é disputado por outros insumos de evidência.[3]

2 GILLESPIE, T. *Custodians of the Internet: Platforms, Content Moderation, and the Hidden Decisions That Shape Social Media*. Yale University Press, 2019.

3 CRAWFORD, Kate; GILLESPIE, Tarleton. What is a flag for? Social media reporting tools and the vocabulary of complaint. *New Media & Society*, v. 18, n. 3, p. 410-428, 2016.

Este modelo mais geral vem recebendo detalhamentos à medida que as estratégias se tornam mais sofisticadas. Por exemplo, Goldman[4] sugere um modelo de classificação da moderação levando em conta cinco aspectos: a) regulação de conteúdo: ações sobre a informação publicada, que incluem medidas como: relocação, remoção, suspensão, legenda ou aviso; b) regulação de contas: atos que incidem sobre as pessoas, como o banimento de usuários, supressão de símbolos de credibilidade, como o verificado azul e a interrupção da função de publicação; c) redução de visibilidade: ato de efetivo controle na dimensão de alcance das mensagens, geralmente operado por algoritmos, ou aplicado em função de penalizações de checagem de fatos, além da remoção de contas ou conteúdos da busca (*shadowban*); d) desmonetização da conta ou imposição de multas; e) outros, como o sistema de aplicação de *strikes* e acúmulo de três sanções em 90 dias acarretando na exclusão da conta no YouTube. Do ponto de vista prático da aplicação, essas medidas podem interagir de forma dinâmica entre si, na medida em que a aplicação de redução da visibilidade pode ser seguida de um ato de desmonetização. Contudo, as diretrizes das plataformas não explicitam as formas específicas de como uma medida dialoga com a outra.

As tipologias elaboradas por Grimmelman,[5] Gillespie[6] e Goldman[7] mostram como os métodos de governança nas plataformas são extensos e variados. Sem dúvida, o YouTube é um dos principais exemplos dessa condução multifacetada, já que lança mão de amplo ferramental, mais ou menos invasivo, para os esforços de moderação. A empresa publicou em 2019 o documento "The Four Rs of Responsibility" listando os procedimentos de combate a conteúdo danoso em quatro dimensões: *remove* (remover), *raise* (amplificar), *reward* (recompensar) e *reduce* (reduzir).[8] É interessante notar que uma análise comparativa dos termos de serviços das plataformas *mainstream* e alternativas indicou que o YouTube possui um dos conjuntos de regras considerados mais compreensíveis, claros, granulares e ilustrados em relação às demais plataformas.[9]

---

4 GOLDMAN, E. Content moderation remedies. *Mich. Tech. L. Rev.*, v. 28, p. 1, 2021.

5 GRIMMELMANN, J. The virtues of moderation. *Yale JL & Tech.*, v. 17, p. 42, 2015.

6 GILLESPIE, T. *Custodians of the Internet: Platforms, Content Moderation, and the Hidden Decisions That Shape Social Media*. Yale University Press, 2019.

7 GOLDMAN, E. Content moderation remedies. *Mich. Tech. L. Rev.*, v. 28, p. 1, 2021.

8 YOUTUBE, The Four Rs of Responsibility, Part 1: Removing harmful content, 2019. Disponível em: https://blog.youtube/inside-youtube/the-four-rs-of-responsibility-remove/. Acesso em 02 de fevereiro de 2023.

9 SINGHAL, M. et al. *SoK: Content Moderation in Social Media, from Guidelines to Enforcement, and Research to Practice*. arXiv, , 27 out. 2022. Disponível em: <http://arxiv.org/abs/2206.14855>. Acesso em: 30 maio 2023.

A remoção é entendida pelo YouTube como uma das sanções possíveis contra pessoas e conteúdos que violem os guias de comunidade. Além disso, as principais métricas no relatório de transparência da empresa são a agilidade na exclusão e a redução de tempo de exposição de vídeos que não estão em conformidade com as normas. A política da plataforma demonstra alguns detalhes da criação das regras, afirmando que, em casos mais problemáticos, o desenvolvimento e revisão das regras podem tomar diversos meses, envolvendo a consulta de especialistas externos ao YouTube, criadores de conteúdo e especificidades regionais.[10] A exclusão ocorre em três níveis na plataforma: canais, vídeos e comentários, ou seja, de forma mais geral banindo todo o conteúdo de um canal de uma vez, a sanção mais grave, ou mais específica para determinados vídeos e comentários.

Todavia, há outros mecanismos de recompensa positiva que também fazem parte do modelo de governança na plataforma. A monetização é situada como uma medida que visa recompensar a criação de conteúdo entendido pela empresa como confiável e de autoridade. Dessa forma, fica clara a agência de poder de plataformas que operam como infraestruturas que classificam e organizam informações, atores e comportamentos, traçando linhas simbólicas e concretas entre o que é desejável e indesejável, produzindo sistemas de ordenamento e valoração.[11] O exercício de classificação se torna uma sanção na medida em que o YouTube revoga tais privilégios, a chamada desmonetização de um canal ou conteúdo em função da violação das regras da comunidade.[12] Por outro lado, há um elemento complicador se considerarmos que a recompensa pode se tornar um mecanismo de incentivo ao espalhamento da desinformação e discurso de ódio em casos de aplicação inconsistente da política ou, eventualmente, em caso de julgamentos incorretos ou enviesados, como foi o exemplo da Jovem Pan, que recebeu milhões de reais no YouTube e foi desmonetizada somente depois da eleição, no fim de novembro de 2022.

As duas últimas medidas representam as principais ações algorítmicas de *soft moderation* do YouTube: amplificação e democão. A amplificação é o impulsionamento da presença no mecanismo de busca e nos espaços de recomendação de vídeos de canais, supostamente classificados como de credibilidade pelo YouTube em temáticas específicas. Na política, a em-

---

10 YOUTUBE. *The Four Rs of Responsibility, Part 1: Removing harmful content.* Disponível em: <https://blog.youtube/inside-youtube/the-four-rs-of-responsibility-remove/>. Acesso em: 5 mar. 2023a.

11 BOWKER, Geoffrey C.; STAR, Susan Leigh. *Sorting things out: Classification and its consequences*. MIT press, 2000.

12 CAPLAN, Robyn; GILLESPIE, Tarleton. Tiered governance and demonetization: The shifting terms of labor and compensation in the platform economy. *Social Media+ Society*, v. 6, n. 2, p. 2056305120936636, 2020.

presa lista essas temáticas como: "notícia, ciência e eventos históricos", em que ressalta a importância da acurácia informacional para a sociedade.[13] O processo de gestão algorítmica do conteúdo levanta dois importantes efeitos epistêmicos. O primeiro é a própria definição de quais são as temáticas que são elegíveis para receber amplificação de conteúdo considerado como credível, o que é uma seleção entre categorias amplas que seriam alvo da amplificação, à medida que e não são relacionadas como, nota-se, saúde e cultura; e o segundo é o poder de definição que é exercido pela plataforma acerca de quais são as fontes informacionais classificadas como detentoras de credibilidade. Eventuais problemas nessa classificação também podem transformar uma recompensa em incentivo algorítmico à visibilidade da desinformação. No caso do YouTube, isso é particularmente evidente quando registramos que a Jovem Pan e Fox News são listadas pelo próprio YouTube como fontes de confiança: "In 2017, we started to prioritize authoritative voices, including news sources like CNN, *Fox News, Jovem Pan,* India Today and the Guardian, for news and information queries in search results and "watch next" panels"[14] (*itálicos adicionados*).

A redução de visibilidade é uma sanção utilizada para conteúdos que são classificados como limítrofes (*borderline*), isto é, são problemáticos, mas não chegam a violar os termos da política de moderação de conteúdo do YouTube. A companhia cita particularmente má-informação danosa (*harmful misinformation*) que é classificada com o auxílio de checadores externos e especialistas, podendo receber até nove opiniões.[15] As decisões consensuais são, posteriormente, utilizadas como base de dados para treinar algoritmos de aprendizado de máquina que irão automatizar a identificação de vídeos limítrofes e reduzir seu potencial de alcance. As exclusões também são base para um sistema de acúmulo de penalidades, chamados de *strikes*, em que três violações no período de 90 dias implicam obanimento permanente do canal.

---

13 YOUTUBE. *The Four Rs of Responsibility, Part 2: Raising authoritative content and reducing borderline content and harmful misinformation*. Disponível em: <https://blog.youtube/inside-youtube/the-four-rs-of-responsibility-raise-and-reduce/>. Acesso em: 5 mar. 2023.

14 YOUTUBE. *The Four Rs of Responsibility, Part 2: Raising authoritative content and reducing borderline content and harmful misinformation*. Disponível em: <https://blog.youtube/inside-youtube/the-four-rs-of-responsibility-raise-and-reduce/>. Acesso em: 5 mar. 2023.

15 YOUTUBE. *The Four Rs of Responsibility, Part 2: Raising authoritative content and reducing borderline content and harmful misinformation*. Disponível em: <https://blog.youtube/inside-youtube/the-four-rs-of-responsibility-raise-and-reduce/>. Acesso em: 5 mar. 2023.

2. As mudanças nas políticas de integridade eleitoral do YouTube

Analisamos as alterações nas políticas de moderação do YouTube pertinentes à eleição brasileira entre 2022 e 2023, documentadas no texto da página Election Misinformation Policies[16] divulgado pela empresa. Complementamos as informações com os dados do relatório "YouTube e as Eleições Brasileiras de 2022: Retrospectiva" elaborado pela plataforma para dar transparência aos esforços de moderação em âmbito da cooperação com o Tribunal Superior Eleitoral (TSE) para combate à desinformação.

As políticas de moderação de conteúdo sobre eleição focam em três categorias: a) políticas de práticas enganosas; b) violência, discurso de ódio e assédio; e c) falsificação da identidade e falsa interação. Especificamente, a primeira regra proíbe conteúdo manipulado, supressão do voto, informação falsa sobre elegibilidade de candidatos, incitação à interferência em processos democráticos (filas, hackeamento) e declaração de que as eleições foram fraudadas ou que falhas alteraram os resultados do pleito.

Em 21 de abril de 2022, a política foi atualizada para aplicar a cláusula de integridade eleitoral contra afirmações de fraudes às eleições de 2018. Em 10 de agosto, essa mesma norma foi aplicada também para a eleição de 2014. Enquanto em 31 de outubro, dia posterior à divulgação dos resultados do segundo turno pelo TSE, o YouTube inseriu o pleito de 2022 na política de integridade eleitoral, efetivamente proibindo a propagação de informações falsas sobre fraude sistêmica nas urnas eletrônicas e instrumentos de contagem e totalização dos votos daquele ano.

A plataforma possui uma regra de acúmulo de sanções em que os canais que receberem três avisos de remoção de conteúdo por violação dos termos de serviço dentro do período de 90 dias serão removidos permanentemente. Contudo, as alterações nas políticas de integridade eleitoral foram seguidas por períodos de tolerância de 30 dias em que os vídeos que quebrassem os termos poderiam ser excluídos do site, mas essas penalidades não seriam acumuladas para efeito de banimento da conta. De fato, como foram três mudanças em datas separadas, não foram aplicadas sanções cumulativas durante noventa dias, inclusive no mês posterior à eleição. "Isso significa que conteúdos que violaram nossas diretrizes postados entre 31 de outubro de 2022 e 30 de novembro de 2022 foram retirados de

16 Disponível em: https://support.google.com/youtube/answer/10835034?hl=en. Acesso em: 20 maio 2023.

nossa plataforma, mas os canais não tiveram outra penalização além da eliminação desses vídeos."[17]

Cabe questionar por que a corporação tomou decisões distintas para as disputas eleitorais de 2014 e 2018, o que duplicou o tempo de tolerância para 60 dias num ano central para a democracia brasileira. Ademais, chama atenção que o reconhecimento da lisura da eleição de 2022, ainda que rápido, tenha sido incluído na política somente depois do segundo turno, o que abriu um vácuo de não cobertura da política durante todo o ano, já que, até a promulgação do resultado, os termos só faziam referência à 2014 e 2018. Nesse caso, pode-se criar a conjuntura mais grave para a inação da plataforma que só tomaria medidas de moderação depois da certificação do resultado eleitoral pelo TSE, deixando em aberta a possibilidade de descredibilização do sistema eleitoral durante todas as eleições e na própria data de votação.

O YouTube indicou no relatório de transparência que mais de 10 mil vídeos e 2,5 mil canais foram removidos por terem violado as políticas sobre as eleições no Brasil. Segundo os dados da empresa, mais de 84% foram excluídos antes de alcançar 100 visualizações. Contudo, para além de esforços de arquivamento dinâmico como realizado nesta pesquisa, não há como obter esse banco de dados e verificar ou avaliar de forma independente os dados que são apresentados no relatório corporativo.

3. A leniência na aplicação das políticas de moderação no YouTube

Desde março de 2022, o YouTube vem atualizando suas políticas de moderação acerca da desinformação e da integridade eleitoral no Brasil. Entre os protocolos, é expressa a proibição de vídeos que afirmam que as urnas eletrônicas tenham sido fraudadas em pleitos eleitorais passados com resultado certificado pelo Tribunal Superior Eleitoral (TSE). No entanto, há poucos estudos empíricos que verificam a aplicação destas políticas em contexto nacional. Desde setembro de 2021, o projeto "Verificação e análise da remoção de conteúdo eleitoral no YouTube no Brasil" vem armazenando diariamente todos os vídeos publicados por uma extensa lista de canais e palavras-chave.

Para selecionar os vídeos a serem analisados neste estudo, utilizamos uma combinação de operadores de consulta ao YouTube. Determinamos a

17 YOUTUBE. *The Four Rs of Responsibility, Part 1: Removing harmful content.* Disponível em: <https://blog.youtube/inside-youtube/the-four-rs-of-responsibility-remove/>. Acesso em: 5 mar. 2023.

temática por meio da combinação de citações das palavras "urnas ou eleição" e suas variantes. Desse recorte, selecionamos os conteúdos com indicativo de fraude expresso pelos termos "atentado, fraude, esquema, viciada, crime, adulterada, venceu ou ganhou no primeiro turno, espionada, sala secreta, provas". Para excluir os vídeos que não se encaixavam na temática da pesquisa, utilizamos os seguintes critérios de exclusão por meio de leitura manual: "Bolívia, Trump, Estados Unidos, Colômbia, Senado, piada, Venezuela, não tem provas, sindicato, PSOL, prescrição, Kokay"; também removemos vídeos de canais jornalísticos que essencialmente reportavam fatos e declarações relacionadas às ações de descredibilização das urnas eletrônicas.

Em 05 de setembro, foi executado um mecanismo de verificação automática para identificar: 1) quantos vídeos haviam sido retirados do site; e 2) quais os motivos expressos para a retirada. Dos 184 vídeos publicados com afirmações de fraudes nas urnas no título, 67 estavam indisponíveis na plataforma, ou seja, 36% foram retirados. Essa exclusão impactou 43 canais, com total de 6.640.728 visualizações e 25.903 comentários. Isso representa 45% das visualizações em relação às que ainda estão online no YouTube.

Por outro lado, 117 vídeos ainda estavam online, de 58 canais, com total de 8,05 milhões visualizações e 16.568 comentários. De acordo com o estudo, apenas nove vídeos foram removidos devido a violações das políticas do YouTube, enquanto a maioria (44) estava indisponível, sem nenhuma mensagem explicativa. Em outras palavras, na maioria dos casos, há falta de transparência quanto ao motivo da exclusão, o que dificulta determinar se a indisponibilidade se deve à remoção iniciada pelo canal, indisponibilidade temporária, erro técnico ou outra causa. Outros 13 vídeos foram tornados privados pela própria gestão do canal. Alguns dos vídeos faziam afirmações flagrantes sobre fraude eleitoral, como "URGENTE! A EVIDÊNCIA QUE FALTAVA DE POSSÍVEL FRAUDE NAS MÁQUINAS DE VOTAÇÃO DURANTE O SEGUNDO TURNO!!! DIVULGUE O MÁXIMO POSSÍVEL!!!"

A base de dados do projeto está em atualização periódica e em dezembro de 2022 acumulava mais de um milhão de vídeos arquivados periodicamente. A extração é realizada diariamente e armazena metadados de vídeos para verificação e análise posterior.

Conclusões

Este ensaio relacionou as políticas de moderação de conteúdo com os modelos, conceitos e tipologias elaborados pela bibliografia especializada. Demonstramos que o YouTube possui um framework diversificado com quatro tipos de ações aplicadas para governar conteúdo. Todavia, indicamos que a proposição de regras para o contexto brasileiro aconteceu durante todo o ano de 2022, criando diversas janelas de 30 dias de não aplicação de sanções para canais que transgrediram as regras. Sem dúvidas, isso enfraqueceu os efeitos das medidas de combate à desinformação eleitoral e violência política. Ademais, é preocupante que a aplicação da regra que proíbe mensagens que declaram fraude generalizada no processo eleitoral só aconteça depois da certificação do resultado da votação pelo TSE em outubro de 2022. A não adoção preemptiva dessa regra, em acordo com as cortes nacionais, esvazia decisivamente a contenção de vídeos que impõem riscos democráticos no YouTube.

Os resultados de um recorte dos dados empíricos do projeto "Verificação e análise da remoção de conteúdo eleitoral no YouTube no Brasil" evidenciam, ainda, a leniência da remoção de vídeos com milhões de visualizações que infringiram as regras da própria plataforma sobre pleitos anteriores e já certificados pelo Tribunal. Ressaltamos a relevância de acesso amplo e regulamentado para pesquisadoras e pesquisadores conduzirem projetos científicos de aferição e auditoria das ações de moderação de conteúdo nas plataformas digitais, a fim de lançar transparência para a sociedade civil e jornalistas sobre o estado da propagação de desinformação, discurso de ódio e violência política nos espaços digitais.

Referências

BOWKER, Geoffrey C.; STAR, Susan Leigh. *Sorting things out: Classification and its consequences*. MIT press, 2000.

CAPLAN, Robyn; GILLESPIE, Tarleton. Tiered governance and demonetization: The shifting terms of labor and compensation in the platform economy. *Social Media+ Society*, v. 6, n. 2, p. 2056305120936636, 2020.

CRAWFORD, Kate; GILLESPIE, Tarleton. What is a flag for? Social media reporting tools and the vocabulary of complaint. *New Media & Society*, v. 18, n. 3, p. 410-428, 2016.

GILLESPIE, T. *Custodians of the Internet: Platforms, Content Moderation, and the Hidden Decisions That Shape Social Media*. Yale University Press, 2019.

GOLDMAN, E. Content moderation remedies. *Mich. Tech. L. Rev.*, v. 28, p. 1, 2021.

GRIMMELMANN, J. The virtues of moderation. *Yale JL & Tech.*, v. 17, p. 42, 2015.

HARTMANN, I. et al. *Moderação de conteúdo online*: contexto, cenário brasileiro e suas perspectivas regulatórias. Rio de Janeiro: Alameda, 2023.

SINGHAL, M. et al. *SoK: Content Moderation in Social Media, from Guidelines to Enforcement, and Research to Practice*. arXiv, 27 out. 2022. Disponível em: <http://arxiv.org/abs/2206.14855>. Acesso em: 30 maio 2023

YOUTUBE. *The Four Rs of Responsibility, Part 1: Removing harmful content*. Disponível em: <https://blog.youtube/inside-youtube/the-four-rs-of-responsibility-remove/>. Acesso em: 5 mar. 2023.

YOUTUBE. *The Four Rs of Responsibility, Part 2: Raising authoritative content and reducing borderline content and harmful misinformation*. Disponível em: <https://blog.youtube/inside-youtube/the-four-rs-of-responsibility-raise-and-reduce/>. Acesso em: 5 mar. 2023.

13.

ENTRE MEDIAÇÕES ININTERRUPTAS E MODERADORES PRECÁRIOS

Leonardo feltrin Foletto

Introdução

Em "On Technical Mediation"[1], o filósofo Bruno Latour apresenta uma ideia de mediação técnica que nos ajuda a entender como se dá a relação entre ser humano e a tecnologia. Para apresentar sua proposta, Latour analisa dois slogans relacionados a associações favoráveis e contrárias à venda de armas: "*Guns kill people*" e "*People kill people, not guns*". O primeiro seria identificado como materialista, pois considera que as armas de fogo (objetos) matam pessoas, enquanto o segundo seria humanista, ao dizer que pessoas – e não armas – matam pessoas, o que colocaria então a arma como neutra, apenas um meio para um fim.

Latour então vai dizer que nem arma nem cidadão são responsáveis pelo ato de matar: a responsabilidade é dividida entre os vários atores envolvidos na ação.

> Se eu definir você pelo que você tem (a arma), e pela série de associações em que entra quando usa o que tem (quando dispara a arma), então você é modificado pela arma – mais ou menos desta forma, dependendo do peso de outras associações que carrega. Esta tradução é toda simétrica. Você é diferente com uma arma na mão; a arma é diferente com você segurando-a. Você é um outro sujeito porque segurou a arma; a arma é outro objeto porque ela entrou em uma relação com você.[2]

1 LATOUR, Bruno. *On Technical Mediation*. Common Knowledge, Vol. 3 n. 2, p. 29-64, 1994.
2 LATOUR, Bruno. *On Technical Mediation*. Common Knowledge, Vol. 3 n. 2, p. 29-64, 1994.

A infiltração das tecnologias digitais na vida cotidiana de praticamente todo o planeta nas duas últimas décadas têm feito esta perspectiva de mediação técnica de Latour ser útil para explicar também como se dá a agência de uma dada tecnologia na ação humana. O quanto uma plataforma de rede social como o Instagram, uma assistente pessoal como a Alexa ou uma aplicação multiplataforma de troca de mensagens como o WhatsApp *fazem os seres humanos fazerem coisas*? Seria uma pessoa, uma rede social ou ambos os *responsáveis* pelo espalhamento de desinformação a respeito dos efeitos (comprovadamente ineficazes por diversas pesquisas científicas[3]) da Cloroquina no tratamento da covid-19? Uma pessoa sozinha em sua casa conseguiria espalhar desinformação para mais de 10 ou 15 pessoas de seu convívio de modo eficiente se não tivesse uma rede social ou um sistema como o WhatsApp a sua disposição em um dispositivo digital? Podemos "jogar a responsabilidade" pela morte de alguém – ou pela queda de um regime democrático, ou pela eleição de um político fascista – em uma rede social?

Se formos seguir a ideia de mediação técnica defendida por Latour, a resposta às perguntas do parágrafo anterior seria um sonoro (e às vezes frustrante) *depende*. Nesta perspectiva, a atenção é dada sempre ao movimento: o que está circulando nesta movimentação de atores[4] é que vai determinar quem age, e como. Só analisando cada caso é que saberemos quem tem maior ou menor *agência* – portanto, também responsabilidade v sobre uma dada ação. Entender quem está agindo numa dada ação que inclui muitos atores, humanos e não-humanos (como as plataformas de redes sociais) é um trabalho árduo em que os analistas precisam da maior documentação possível para classificar as partes envolvidas na ação, o que cada parte faz, como faz, quais atores fazem outros agirem e, por fim, qual o grau de responsabilidade de cada um na rede formada por diferentes humanos e não-humanos durante a existência e a permanência de um dado acontecimento. Para isso, é necessário seguir os rastros dessa teia complexa, buscando farta documentação (na observação da realidade, nas entre-

3 Para citar apenas uma delas: https://www.bbc.com/portuguese/geral-54360958 Acesso em: 26.06.2023

4 Termo originário da semiótica, atores são entendidos aqui, de maneira simples, como "a alguma coisa que age ou para qual a atividade é permitida a outros na rede". Não requer motivação especial nem é restrito a humanos: um objeto, uma máquina, ferramenta, animal, espírito ou deus podem ser atores HEMMINGWAY, Emma. Into the Newsroom: Exploring the Digital Production of Regional Television News. London: *Routledge*, 2007. p. 224. Como diz Emma Hemmingway, "Nós precisamos concentrar nossos esforços não apenas no papel que as tecnologias desempenham, mas, mais importante, nas associações que nós descobriremos entre os atores humanos e os tecnológicos" HEMMINGWAY, Emma. Into the Newsroom: Exploring the Digital Production of Regional Television News. London: *Routledge*, 2007, p. 8.

vistas com os atores, na documentação sobre como certos atores não-humanos funcionam, na cartografia das partes envolvidas na mediação, entre outros procedimentos). É somente desta maneira que os analistas vão conseguir apresentar uma versão coerente e a mais próxima possível de como funciona cada uma das partes envolvidas, e assim explicar o acontecimento analisado e alguns de seus desdobramentos.

Moderadores em plataformas de redes sociais são como analistas de redes de mediadores que não apenas analisam como *tomam decisões* sobre estas redes – que vão formar outras redes também a partir das decisões de moderação tomadas, de modo ininterrupto. Se a tarefa é complexa quando se trata de explicar ou analisar um dado acontecimento a partir de seus atores, duplica de dificuldade quando é preciso também tomar uma atitude nesta análise. Triplica quando se fala de casos que envolvem a realidade concreta das pessoas, caso de desinformação, discurso de ódio e outras violências que ocorrem aos milhões todos os dias em diversas plataformas de redes sociais como o Facebook e Instagram. E quadruplica quando as condições de trabalho destes moderadores não são adequadas à tarefa, o que significa horas de trabalho exaustivo, repetitivo e mal remunerado, como já relatado em pesquisas internacionais sobre os moderadores,[5] mesmo que estes contem com o apoio de sistemas de inteligência artificial durante o processo.[6]

1. Moderadores, "faxineiros precários" da rede social

O trabalho de analisar *e* agir nas redes que caracteriza a moderação de conteúdo em plataformas de redes sociais é constituído, grosso modo, de duas grandes etapas: a primeira é, imediatamente após a postagem, com a identificação do contexto – quem fala, de onde, quando, e o quê fala. Boa parte do contexto já é dado pelo meio, ou seja, a rede social em que a mensagem é veiculada, dado que as ferramentas que determinam o que "engaja" – ou seja, aquele conteúdo que tem maior potencial de visibilidade, interação, portanto acesso a mais pessoas e formação de mais redes de atores – são

5 ROBERTS, Sarah T. Behind the Screen: Content Moderation in the Shadows of Social Media. Yale University Press, 2019. Disponível em: <https://doi.org/10.2307/j.ctvhrczov>.

6 VIANA BRAZ, Matheus. TUBARO, Paola. CASILLI, Antonio A. Microtrabalho no Brasil: Quem são os trabalhadores por trás da Inteligência Artificial? Relatório de Pesquisa Diplab & Labtraps. Disponível em: <https://diplab.eu/wp-content/uploads/2023/06/Viana-Braz-Tubaro-Casilli_Microwork-in-Brazil_PT.pdf>.

apresentadas no mecanismo de funcionamento da rede social,[7] com participação decisiva do próprio design das plataformas.[8] A identificação do contexto e a primeira sinalização negativa ou positiva do conteúdo a ser publicado na plataforma (as "flags"), avaliada também a partir das denúncias dos usuários, costuma ser feito por sistemas de inteligências artificiais, que verificam aquele conteúdo que mais claramente não está de acordo com as regras de uso e códigos de conduta.[9]

Após a primeira identificação do contexto, aquilo que é classificado como potencialmente danoso às redes mobilizadas dentro de uma plataforma digital passa para uma segunda fase, feita por moderadores humanos, que a partir de princípios de moderação estabelecidos internamente fazem uma classificação e autorizam, ou não, o conteúdo a ser publicado. Mesmo com a catalogação prévia que os sistemas baseados em IAs fazem,[10] ainda é de se esperar que o conteúdo que estes moderadores humanos classificam seja violento em muitos aspectos: suicídios, estupros, cabeças decepadas, explosões, acidentes, mortes e discurso de ódio, entre muitas outras formas de violência explícita, além de discurso de ódio, pedofilia, propaganda terrorista e bullying diversos. Quanto mais complexo é um conteúdo, mais rede de mediadores ele mobiliza; assuntos envolvendo questões locais – como no caso da violenta disputa entre duas etnias em Myanmar[11] – envolvem tantos atores que a análise e a decisão a ser tomada se tornam mais difíceis do que uma imagem explícita de violência envolvendo armas de fogo, por exemplo.

O trabalho de moderação nas plataformas de redes sociais costuma ser realizado por pessoas contratadas a partir de empresas terceirizadas

---

7 Sobre isso, vale consultar a recente explicação da Meta, empresa que controla as redes sociais Facebook e Instagram, sobre (parte) do funcionamento do seu algoritmo. A divulgação ocorreu em antecipação à legislação da União Europeia sobre transparência algorítmica. https://tecnoblog.net/noticias/2023/06/29/meta-explica-recomendacao-do-feed-antes-da-ue-forcar-divulgacao-de-algoritmos/ Acesso em: 29 jun. 2023.

8 Entre outros: LOVINK, Geert. Sad by Design: On Platform Nihilism. *Pluto Press,* 2019. <http://www.jstor.org/stable/j.ctvg8p6dv>.

9 No caso do Facebook, esse código se chama "Padrões da Comunidade" e pode ser visto aqui: https://transparency.fb.com/pt-br/policies/community-standards/?source=https%3A%2F%2Fwww.facebook.com%2Fcommunitystandards Acesso em: 26 jun. 20.

10 Segundos dados de 2021, 95% dos conteúdos de discurso de ódio no Facebook são moderados por IAs. Fonte: https://www.businessinsider.com/zuckerberg-nuances-content-moderation-ai-misinformation-hearing-2021-3 Acesso em: 23 jun 2023.

11 O caso em Myanmar, ocorrido em 2017, é frequentemente citado como um dos mais graves envolvendo moderação de conteúdo e o Facebook.) Ver "Facebook foi crucial para limpeza étnica do século XXI em Myanmar", ver https://brasil.elpais.com/brasil/2018/04/12/internacional/1523553344_423934.html Acesso em: 18 jun. 2023.

das redes sociais.[12] Estas empresas são espalhadas por diversos países do mundo, com divisão de trabalho feita por línguas utilizadas na plataforma (português, inglês, espanhol etc.). Os países ditos de Terceiro Mundo, onde a mão de obra para este tipo de trabalho costuma ser ainda mais barata, detém várias destas empresas, como no caso do Quênia e da Filipinas. Nestes países, a vulnerabilidade dos moderadores de conteúdo é maior; ao contrário dos moderadores em outros grandes centros, como os da Índia ou dos Estados Unidos, que analisam principalmente o conteúdo compartilhado por pessoas nesses países, os funcionários dos escritórios em países com Quênia e Filipinas avaliam imagens, vídeos e postagens de todo o mundo,[13] o que torna mais difícil principalmente o entendimento do contexto local de cada uma das postagens.

Um retrato de algumas dessas empresas na Filipinas é apresentado em detalhes no documentário "The Cleaners", dirigido pelos alemães Moritz Riesewieck e Hans Block.[14] Lançado em 2018, o filme mostra como empresas de tecnologia dos Estados Unidos (especialmente a Meta) contratam empresas filipinas para excluir da rede casos de exploração infantil e apologia ao terrorismo. O país asiático era em 2018 (e ainda é em 2023) um polo dos moderadores de conteúdo, que neste ano somavam 15 mil pessoas espalhadas pelo mundo, contratados pela empresa presidida por Marck Zuckerberg para trabalhar, 24 horas por dia, 7 dias por semana, como "faxineiros" da rede social, vendo páginas e excluindo conteúdo que não está de acordo com as diretrizes da comunidade da empresa. Como uma espécie de *Tinder* da violência extrema, um moderador assiste uma imagem (foto ou vídeo, principalmente) e, em 9 segundos, precisa marcar "Delete" ou "Ignore" num software. Segundo o documentário, são cerca de 25 mil imagens

---

12 Sobre condições da moderação no Facebook, ver BARRET, Paul M. Who Moderates the Social Media Giants? A Call to End Outsourcing. Nova York; Center for Business and Human Rights, 2020.

13 Ver https://www.washingtonpost.com/technology/2019/07/25/social-media-companies-are-outsourcing-their-dirty-work-philippines-generation-workers-is-paying-price/ Acesso em: 24 jun. 2023.

14 Escrevi uma resenha sobre este documentário para uma mostra de filmes alemães em que abordo mais detalhes da moderação de conteúdo retratada no filme e alguns argumentos melhor desenvolvidos aqui neste ensaio. A resenha está disponível em https://www.goethe.de/ins/br/pt/sta/poa/ueb/prd/mdc/mdt.html Acesso em: 26 jun. 2023.

por dia. Não é difícil imaginar que são muitos os efeitos psicológicos de quem é exposto a esta quantidade de postagens por dia.[15]

É como se, a cada 9 segundos, os moderadores tivessem que analisar as redes de mediadores de um dado acontecimento; olhar uma imagem ou um vídeo (principalmente), entender o que está acontecendo, quem postou, onde (em que conta, grupo, etc), de que região do mundo, quando e como, se o conteúdo fere os Padrões da Comunidade, e então tomar uma decisão: autorizar ou não a postagem. Um trabalho completo de análise de redes em ação é feito em questão de segundos.

Se a tarefa já é difícil em condições ideais de trabalho, em condições em que as pessoas têm jornadas de trabalho cansativas expostas a imagens torturantes, com remuneração baixa (mesmo nos Estados Unidos, onde os moderadores de conteúdo ganham quase 10 vezes menos que a média dos empregados da Meta no país[16]), sem apoio psicológico adequado, é ainda pior. Assim, são cotidianos os episódios de "falsos positivos" e "falsos negativos" no processo de moderação, situações em que, respectivamente, um conteúdo é excluído mesmo sem violar regra da plataforma, ou é mantido mesmo violando a regra. O fato deste trabalho ser realizado a partir de empresas terceirizadas é determinante para a qualidade do trabalho e a manutenção dos lucros das empresas, segundo Barret, autor do estudo "Who Moderates the Social Media Giants?",[17] que acredita que as empresas (no caso específico, a Meta) deveriam acabar com a terceirização da moderação e trazer esses funcionários para estações de trabalho internas, com apoio, salário e benefícios justos.

2. Moderação: antes tarde que mais tarde

Quando voltamos à noção de Latour sobre mediação técnica, entendemos que, em casos como os acima e muitos outros, as plataformas de redes so-

15 A Meta, empresa que controla o Facebook, responde a processos há anos por danos causados à saúde mental de seus moderadores de conteúdo. Em março de 2020, fechou um acordo para pagar 52 milhões de dólares em indenizações a moderadores norte-americanos que desenvolveram transtornos mentais em decorrência do trabalho (Fonte: https://www.theverge.com/2020/5/12/21255870/facebook-content-moderator-settlement-scola-ptsd-mental-health). Até 2022 havia uma plataforma que organizava os processos de moderadores de conteúdo à empresa sediada nos Estados Unidos: https://contentmoderatorsettlement.com/

16 Fonte: https://www.theverge.com/2019/2/25/18229714/cognizant-facebook-content-moderator-interviews-trauma-working-conditions-arizona Acesso em: 24 jun. 2023.

17 BARRET, Paul M. Who Moderates the Social Media Giants? A Call to End Outsourcing.Nova York; Center for Business and Human Rights, 2020. Disponível em: <htps://static1.squarespace.com/static/5b6df958f8370af3217d4178/t/5ed9854bf618c710cb55be98/1591313740497/NYU+Content+Moderation+Report_June+8+2020.pdf>.

ciais já fizeram e seguem fazendo as pessoas fazerem muitas c farto material que mostra que as plataformas agem, muitas vez contrário aos direitos humanos e a instituições democráticas, cc sos divulgados das empresas Cambridge Analytica, que usou d lhidos nas redes sociais para modular as emoções dos usuários tar seus votos.[18] Como mostrado acima, há também relatos que que estes trabalhos, de enorme complexidade, são realizados d inadequada em diversas plataformas. Assim, passamos ao pont vel da questão: o que fazer com essa realidade. Nos últimos ano da moderação de conteúdo tem sido amplamente discutida por m tores da sociedade civil e da comunidade científica e jurídica, co próprio livro. Mas se são redes (das plataformas de redes sociais e diadores atuando) tão dinâmicas e ativas, se precisamos olhar pa está movendo em cada situação, seguir os rastros, fazer análises ráp contexto que envolvem acontecimentos extremamente complexos, vezes além da língua e da capacidade de entendimento dos atores hu envolvidos na ação, de que forma moderar?

Parece que a moderação passa, em primeiro lugar, por regular aque que é sabido que age, transformando a ação e fazendo outros fazerem as plataformas de redes sociais.[19] Se, para continuar a comparação do do texto, você é diferente com um computador e uma conta de Faceb disposição para publicar qualquer informação, se somos todos *outros* pc usamos redes sociais como o Facebook e o Instagram; e estas platafo de redes sociais são tecnologias (e atores não-humanos) cada vez mais *ou* quando entram em contato com mais e mais humanos sedentos por com car; então precisamos discutir que outros seremos, e que outras tecnolo queremos. O debate e a ação sobre a moderação de conteúdo passam, p tanto, por construir valores e padrões comuns e coletivos de humanida diretrizes do que queremos ser e do que queremos que o mundo seja.

Esta ação significa principalmente trabalhar a partir da transparênc A ideia de *desencaixapretar*, muito desenvolvida por Latour e outros da Te ria Ator-Rede (TAR, *ANT* em inglês), fala em evitar o obscurecimento da

18 SOUZA, Joyce; AVELINO, Rodolfo; AMADEU DA SILVEIRA, Sérgio. A sociedade de controle: manipulação e modulação nas redes digitais. São Paulo: Hedra, 2018.

19 Aqui vale lembrar das particularidades das plataformas de redes sociais como o Facebook, Twitter, Instagram, TikTok e YouTube, em relação às outras com um objetivo específico que não é o de ser uma arena de debate público. “Sites de receitas como TudoGostoso, por exemplo, não são voltados a isso, nem têm a mesma centralidade para a democracia — têm outra missão, o que não lhes faz ter menos valor. Plataformas colaborativas que compõem a infraestrutura informacional democrática como a Wikipedia, por sua vez, têm suas próprias dinâmicas e devem ser vistos como espaços de construção e expressão coletiva” (MONTEIRO, BRITO CRUZ, DA SILVEIRA, VALENTE, 2021). Acesso em: 24 jun. 2023.

ações, *fazer os atores falarem*, de modo a entender, continuamente, o movimento que está sendo realizado. É a partir do entendimento claro do movimento que as decisões a partir deste movimento terão melhores condições de serem tomadas, como é o caso da moderação. Isso significa, na prática, criar regulamentações que, primeiro, exijam que as plataformas de redes sociais compartilhem os modos de funcionamento de seus sistemas algorítmicos em detalhes, atualizado e acessível a todos, de modo que também possam ser utilizados por usuários para se defender (sobre o motivo e critérios da indisponibilização, as políticas específicas tidas por violadas e as oportunidades e mecanismos de recurso, por exemplo).

A transparência passa aqui também por outros três aspectos: as plataformas detalhar os critérios que utilizam para monetizar os dados circulantes em seus sistemas, já que o fomento a desinformação passa muitas vezes pela remuneração com que se pode obter na produção das chamadas *fake news.*[20] Tem se tornado consenso ser inaceitável que as plataformas ganhem dinheiro com publicidade de conteúdos que violem os direitos humanos, contrariem consensos científicos ou eventos históricos bem documentados, como holocausto, escravidão e ditadura militar.

Outro aspecto sobre a transparência diz respeito à criação de um órgão independente de fiscalização e cuidado da moderação, constituído por pessoas e organizações capacitadas para isso, a partir de uma organização que não fique na mão de governos, que contemple a sociedade civil, e que também submete às plataformas regras o suficiente para que estas não se automoderem, ou consigam facilmente exercer seu poder financeiro de controlar a participação para os seus próprios interesses. Sabemos das dificuldades da criação de um mecanismo como este e da discussão amplamente realizada na sociedade civil brasileira sobre o tema, a partir do PL nº 2.630/20,[21] mas demarcar aqui as melhores condições possíveis para a tarefa de moderação ser bem executada tem a função também de recordar as diferenças do que ela virá a ser.

Por fim, falar em melhores condições possíveis é trazer a transparência novamente para determinar melhores condições de trabalho na moderação

20 Nesse contexto, "a proliferação das informações falsas se consagra ao adquirir maior valor de troca do que as verídicas, sendo mais baratas para produzir e potencialmente mais fáceis de circular, direcionadas de acordo com os interesses de grupos específicos para reforçar suas perspectivas prévias sobre a realidade" em: FOLETTO, Leonardo. A Cultura é Livre: uma história da resistência antipropriedade. São Paulo; *Autonomia Literária/Fundação Rosa Luxemburgo*, 2021, p.187.

21 Conhecido como "PL das Fake News", o Projeto de Lei nº 2.630/20 está em discussão no Congresso Nacional desde 2020 e pretende instituir uma Lei Brasileira de Liberdade, Responsabilidade e Transparência na Internet, cujo principal objetivo é regulamentar e fiscalizar as atividades das plataformas digitais. Mais informações: https://pt.wikipedia.org/wiki/Projeto_de_Lei_2630/2020 Acesso em: 28 jun.2023

das plataformas de redes sociais. A regulamentação do trabalho de moderação é, principalmente, uma regulação trabalhista; condições adequadas para exercer a função, assim como remuneração compatível com o desafio da tarefa e apoio psicológico apropriado, são indicadores para *desencaixapretar* a função de moderador de conteúdo e torná-la, de fato, uma tarefa de escrutínio público, como a importância da função exige. A dificuldade de analisar a ação de diversas redes de atores humanos e não-humanos necessita uma ampla mobilização de pessoas, organizações, tecnologias, sociedades, governos na formação de uma rede forte o suficiente para conseguir agir e tomar decisões corretas em pouquíssimo tempo – pelo menos para que possamos diminuir algumas das dúvidas inevitáveis dessa análise e possamos falar menos *depende* em cada uma delas.

Referências

BARRET, Paul M. Who Moderates the Social Media Giants? A Call to End Outsourcing.Nova York; Center for Business and Human Rights, 2020. Disponível em: <https://static1.squarespace.com/static/5b6df958f8370af3217d4178/t/5ed9854bf618c710cb55be98/1591313740497/NYU+-Content+Moderation+Report_June+8+2020.pdf>.

HEMMINGWAY, Emma. Into the Newsroom: Exploring the Digital Production of Regional Television News. London: Routledge, 2007.

LATOUR, Bruno. *On Technical Mediation*. Common Knowledge, Vol. 3 n. 2, p. 29-64, 1994.

LOVINK, Geert. Sad by Design: On Platform Nihilism. *Pluto Press*, 2019. <http://www.jstor.org/stable/j.ctvg8p6dv>.

FOLETTO, Leonardo. A Cultura é Livre: uma história da resistência antipropriedade. São Paulo; Autonomia Literária/Fundação Rosa Luxemburgo, 2021.

MONTEIRO, Arthur P L; BRITO CRUZ, Francisco; SILVEIRA, Juliana Fonteneles da; VALENTE, Mariana G. Armadilhas e caminhos na regulação da moderação de conteúdo. Diagnósticos & Recomendações. São Paulo; InternetLab, 2021.

ROBERTS, Sarah T. Behind the Screen: Content Moderation in the Shadows of Social Media. Yale University Press, 2019. Disponível em: <https://doi.org/10.2307/j.ctvhrczov>.

SOUZA, Joyce; AVELINO, Rodolfo; AMADEU DA SILVEIRA, Sérgio. A sociedade de controle: manipulação e modulação nas redes digitais. São Paulo: Hedra, 2018.

VIANA BRAZ, Matheus. TUBARO, Paola. CASILLI, Antonio A. Microtrabalho no Brasil: Quem são os trabalhadores por trás da Inteligência Artificial? Relatório de Pesquisa Diplab & Labtraps. Disponível em: <https://diplab.eu/wp-content/uploads/2023/06/Viana-Braz-Tubaro--Casilli_Microwork-in-Brazil_PT.pdf>.

14.

VELEJANDO NA DIVERSIDADE CULTURAL ATRAVÉS DA MODERAÇÃO DE CONTEÚDO

Isabella Pereira de Moura Lima
José Garcez Ghirardi

Introdução

A temática das "fake news" se tornou onipresente no recente debate político brasileiro. Desde, sobretudo, os acontecimentos que marcaram o segundo turno da eleição presidencial de 2022, consolidou-se o entendimento de que as redes sociais podem ter efeito profundamente deletério para o funcionamento da democracia. Se utilizadas como instrumentos de desinformação deliberada e maliciosa, elas podem deturpar a manifestação da vontade popular, na medida em que induzem os cidadãos a fazerem suas escolhas com base em informações inverídicas.[1]

Nesse contexto, as plataformas digitais privadas se tornam atores centrais para a proteção e ampliação do espaço democrático de troca de ideias. Elas são chamadas a atuar como ferramentas de controle dos conteúdos que comunicam, devendo agir como mediadores que impeçam a disseminação de discursos de ódio e de inverdades dolosamente manifestadas.

Essa necessária moderação não se dá, no entanto, sem riscos, e riscos de natureza diversa. O combate à desinformação maliciosa não pode ser pretexto, por exemplo, para impedir a expressão de opiniões ou crenças, por mais equivocadas que elas possam parecer a alguns grupos, ou mesmo à maior parte da população. Além disso, os limites que separam discursos meramente rudes ou grosseiros de discursos que criminosamente incitem ao ódio são muitas vezes difíceis de traçar, sobretudo quando se quer equilibrar os imperativos de preservar, simultaneamente, a integridade do debate coletivo e a liberdade de expressão individual.

Essa última dificuldade se torna mais aguda quando observada desde a perspectiva dos meios automatizados de controle em ambientes de trocas pluriculturais. A lógica que rege os primeiros (algoritmos de base binária, compostos a partir de meios culturais específicos) não se coaduna facilmente com as características que informam o segundo (multiplicidade de valores, modos de expressão, crenças etc.). Sem que haja cuidado para evitá-lo, os mecanismos de moderação de conteúdo, operados por corporações privadas com sede, majoritariamente, no Atlântico Norte, podem atuar como um instrumento de silenciamento ou exclusão de perspectivas e de modos de ver o mundo que pareçam incompatíveis com valores *mainstream* das sociedades em que essas corporações se situam.

O controle de conteúdo nas plataformas, como se sabe, pode ser feito diretamente pela mão humana ou pode ficar a cargo da inteligência artificial. Nessa segunda modalidade, a possibilidade de silenciar discursos oriundos de culturas diversas parece se mostrar perigosamente elevada, uma vez que os programas desenhados para o controle de conteúdo em larga escala devem, forçosamente, realizar opções de regulação que têm por base os "limites do aceitável" dentro de uma cultura específica. Esse controle é automático e, o mais das vezes, não passa preliminarmente por um controle individual, realizado por um ser humano com — ao menos em tese — maior sensibilidade para avaliar a relação entre texto e contexto de enunciação.

Para que as plataformas alcancem o grande número almejado de usuários, também devem lidar com a escala de usuários e suas diferenças. Em primeira via, o conteúdo circulado em forma de produto e número, são efêmeros quando jogados na quantidade de circulação de postagens, clicks e compartilhamentos diários. Por outro lado, mas não contraditório, lidam com culturas, classes sociais e contextos políticos diversos — portanto, formas de se expressar que não cabem em linhas determinadas por um manual nos ensinando como viver em sociedade.

O risco existe, portanto, de se estabelecerem procedimentos discricionários na autorregulação das plataformas, e isso em diversos campos: impondo regras em política de privacidade, padrões de comunidade e termos de uso. Como observa Gillespie:

> À medida que cada vez mais nosso discurso público, nossa produção cultural e nossas interações sociais passam a ser on-line, e esse punhado de intermediários digitais de propriedade privada e massiva continua a crescer

em poder econômico e cultural, é fundamental que examinemos as escolhas que os moderadores fazem[1]

Uma tentativa de limitar a regulação arbitrária é por meio de seu enquadramento nas normas dos diferentes sistemas jurídicos nacionais. Os governos passam a se comunicar com as plataformas digitais na tentativa da construção conjunta ou cooperativa de uma regulação eficaz (dinâmica que muitas vezes toma a forma de *sandbox* regulatório).[2] O ente público pode atuar informando as plataformas sobre (i) possíveis ilegalidades por parte de conteúdos publicados pelos usuários que são violadores da própria política criada, (ii) assim como violação, negligência e ineficiências por parte da autorregulação em relação às leis que regem o espaço físico e normas fundamentais.

A sociedade civil também se vê envolvida nesse processo de busca de uma regulação mais adequada e mais sensível às diferenças de contexto. Isso é compreensível e necessário já que são sobretudo os cidadãos individuais, ao redor do mundo, que correm risco mais evidente de cerceamento ilícito de seu direito à livre expressão.

Esse capítulo busca contribuir para a reflexão sobre o risco que a moderação de conteúdo pode representar à expressão de valores de culturas não hegemônicas. A primeira sessão, que traz um breve apanhado da recente produção teórica sobre o tema, é seguida pelo relato de um caso ocorrido no Brasil e por breves considerações finais.

---

1 No original: *As more and more of our public discourse, cultural production, and social interactions move online, and this handful of massive, privately owned digital intermediaries continues to grow in economic and cultural power, it is crucial that we examine the choices moderators make.* Cf. GILLESPIE, T. *Custodians of the internet: platforms, content moderation, and the hidden decisions that shape social media.* New Haven: Yale University Press, 2018, p. 8.

2 O conceito de sandbox regulatório geralmente é pensado para regular FinTechs, que oferecem serviços financeiros completamente digitais. Ele é definido como "espaço seguro" regulatório para a experimentação de novas abordagens envolvendo a aplicação da tecnologia às finanças. No nível mais básico, o sandbox cria um ambiente para as empresas testarem produtos com menos risco de serem "punidas" pelo órgão regulador. Em troca, os órgãos reguladores exigem que os candidatos incorporem proteções adequadas." Cf. ZETZSCHE, D., BUCKLEY, R. P., ARNER, D. W. e BARBERIS, J. N. *REGULATING A REVOLUTION: FROM REGULATORY SANDBOXES TO SMART REGULATION.* Center for Business and Corporate Law (CBC) Working Paper Series 001/2017. 2017. p.13 No original: [...] a regulatory sandbox refers to a regulatory "safe space" for experimentation with new approaches involving the application of technology to finance. At the most basic level, the sandbox creates an environment for businesses to test products with less risk of being "punished" by the regulator. In return, regulators require applicants to incorporate appropriate safeguards.

1. Diversidade cultural como desafio

Quanto mais usuários em nível global utilizam as plataformas, mais pressão estas recebem para a regulamentação de suas trocas, uma vez que elas colocam potencialmente em contato culturas que têm entendimentos diversos sobre os códigos aceitáveis de interação social. Os aspectos regionais e culturais afetam uma enorme gama de temas e questões, uma vez que mesmo ações de regulação que pareceriam consensuais para uma grande número de usuários — como, por exemplo, a proibição da pornografia infantil ou da apologia ao terrorismo — manifestam um viés cognitivo particular e culturalmente determinado que torna possível essa tendência a um certo consenso.

Além da diversidade cultural, a moderação também deve garantir a transparência e prestação de contas de forma ética. Esses valores são expressos nos Princípios de Santa Clara, instrumento internacional de referência, que aponta a ótica de competência cultural como um dos princípios fundamentais, o qual:

> [...] requer, entre outros, que aqueles que tomam as decisões de moderação e apelação entendam a língua, cultura, e contexto político e social das mensagens que moderam. Empresas devem garantir que suas regras e políticas, e a fiscalização delas, consideram a diversidade de culturas e contextos nos quais suas plataformas e serviços se encontram e são utilizados, e devem divulgar informações sobre como tais considerações foram integradas em relação a todos os princípios operacionais.

Esse instrumento internacional resulta, entre outros aspectos, na liberdade de expressão, reflexo do triângulo feito por Balkin para ilustrar a pluralidade de atores envolvidos em rede e a necessidade de sua cooperação para a regulação desse espaço. Segundo o autor, essas relações se dão entre (i) a sociedade civil e organizações, (ii) os Estados e suas facetas inter e supranacionais, e (iii) a infraestrutura tecnológica e cibernética. Balkin ressalta a importância de pensar as diferentes nuances dessa interação, visto que o espaço digital não deve ser visto como mera representação de um ou vários países, mas como um lócus em que os usuários transitam, habitam e se deslocam em *sites* de diversas localidades.[3]

---

3 BALKIN, J. M. *Free Speech is a Triangle*. Columbia Law Review, v. 118, n. 7, 2018, p. 2036.

Pensar nessa dimensão mundial reforça a importância de se desenvolverem mecanismos de cooperação pública e privada (entre os Estados e as plataformas) que consigam adotar paradigmas que em não se limitem ao viés de uma única matriz cultural. Só assim se poderá avançar em um modelo de regulação que permita resguardar a riqueza representada pela diversidade cultural.

A construção desses mecanismos representa um enorme desafio. As empresas mais importantes do setor têm balizado pelas perspectivas do primeiro mundo, onde se situam e de onde regulam a expressão de uma parcela expressiva da população do globo.[4] A crítica de Castets-Renard à regulação europeia parece ter por base exatamente esse tipo de preocupação:

> *O legislador europeu afirma controlar a remoção de conteúdo ilegal em diferentes campos da lei.* Entretanto, uma primeira dificuldade ocorre ao decidir *o que é ilegal*. Como a Comissão Europeia aponta, a estrutura legal não define o que constitui conteúdo "ilegal". De fato, a legislação específica, tanto em nível da União Europeia quanto em nível nacional, determina o que é ilegal, *criando uma abordagem fragmentada dentro e fora da UE.*[5]

Os problemas ligados à imposição de noções culturalmente centradas sobre o que deva ser legal e ilegal — no caso, a concepção que a UE têm sobre esses limites — se tornam ainda mais complexos e urgentes porque modelos específicos de regulação, como já se destacou repetidamente, refletem e servem a modelos específicos de capitalismo. Assim, é possível postular o risco de que, por força de uma regulação potencialmente homogeneizante dos discursos na internet (por meio de uma definição hegemônica do que seja proibido ou permitido) faça com que o potencial democrático e empoderador das redes se torne não um instrumento de ampliação de horizontes e de visões de mundo, mas da paulatina redução da pluralidade das culturas ao redor do mundo ao tipo de credo liberal que caracteriza as grandes metrópoles do Atlântico Norte: são apenas arbitrários ou marcada-

---

4 Podemos citar como base a Seção 230 dos Estados Unidos e diretivas da União Europeia.

5 CASTETS-RENARD, C. Algorithmic Content Moderation on Social Media in EU Law: Illusion of Perfect Enforcement. University of Illinois: *Journal of Law, Technology & Policy*, v. 2020, n. 2, p. 283–324, 2020, p. 22. No original: The European lawmaker claims to control the removal of illegal content in different fields of law. However, a first difficulty occurs when deciding what is illegal. As the European Commission points out, the legal framework does not define what constitutes "illegal" content. Indeed, specific legislation at both the EU level and at national levels determine what is illegal, creating a fragmented approach within and outside the EU.

mente particulares, ou mesmo imperialistas. As pessoas por trás da máquina devem ter consciência disso para buscar formas de aprimorar recursos para diferentes línguas e complexidades da existência humana, ao mesmo tempo que devem buscar mecanismos para que a dimensão econômica dos serviços — isto é, a equalização que se dá pela possibilidade (para os que dispõem de meios de acesso) de expressão e, crucialmente, de consumo por meio das redes — não se sobreponha à responsabilidade social dessas empresas pela proteção e fomento de um mundo culturalmente mais plural e diverso:

> O reconhecimento econômico é um substituto pronto, mas inadequado, para a representação política e o poder social. Esse modelo transnacional de cidadania pressupõe que o valor principal das pessoas depende da capacidade de gastar dinheiro e, na era digital, de despender atenção... navegando, clicando e comprando (tradução livre).[6]

Essa cidadania transnacional — para utilizarmos a expressão de Benjamin — deve constituir o horizonte da moderação e regulação das redes. Assim, contemplar bandeiras é também democratizar e não hegemonizar. Em outras palavras, a tecnologia da moderação deve procurar ser suficientemente plural e justa, seguir padrões internacionais que respeitem ao máximo a diversidade dos grupos on-line, viabilizando a construção subjetiva dos usuários sem a interrupção de normas únicas ou genéricas que desabilitem essa capacidade.

> A mudança dominante em direção ao multiculturalismo foi marcada por um afastamento do marketing de massa de tamanho único em direção a nichos etnicamente adaptados que capitalizam os apelos à diversidade.[7]

A corrida ao multiculturalismo no âmbito digital passa pela etapa de desmascarar a neutralidade da moderação. As mudanças são úteis por parte dos usuários visto que são quem as plataformas recebem julgamentos:

> por permitir que uma cultura de assédio *não seja controlada em seus serviços*, especialmente contra mulheres,

---

6 BENJAMIN, R. *Race After Technology*. Polity Press, 2019, p. 19.
7 BENJAMIN, R. *Race After Technology*. Polity Press, 2019, p. 18.

> mas também contra a comunidade LGBTQ, minorias raciais e étnicas, participantes de várias subculturas e figuras públicas.[8]

Os contribuintes da literatura de moderação localizados na América do Sul, observam tanto os esforços dos Estados de acompanhar o mundo digital através da própria regulamentação, freando outros sistemas de aplicar suas regras em outros países, quanto o debate sobre a moderação de conteúdo e a custosa síntese entre um espaço que propaga a liberdade dos usuários em face dos direitos fundamentais, deparando-se com discurso de ódio e incitação de atrocidades.

> Quando uma plataforma decide impor categoricamente um conjunto de princípios de moderação em nível global, sem levar em conta os direitos humanos e o contexto cultural de cada país, isso causa uma série de efeitos aos direitos de liberdade de expressão e acesso à informação (tradução livre).[9]

Por isso lentes latino-americanas, por exemplo, são tão necessárias para pensar e demandar a "articulação social da diferença, da perspectiva da minoria, [onde] é uma negociação complexa, em andamento, que procura conferir autoridade aos hibridismos culturais que emergem em momentos de transformação histórica", lidando com o fato de que "os embates de fronteira acerca da diferença cultural têm tanta possibilidade de serem consensuais quanto conflituosos", como lembra Homi Bhabha em *O local da cultura.10*

---

8 No texto, o autor aponta as falhas do Twitter em manter a pluralidade no discurso. Logo, no original, encontra-se da seguinte maneira: For years Twitter had been criticized for allowing a culture of harassment to fester largely unchecked on its service, particularly targeting women, but also the LGBTQ community, racial and ethnic minorities, participants of various subcultures, and public figures. Cf. GILLESPIE, T. Custodians of the internet: platforms, content moderation, and the hidden decisions that shape social media. New Haven: *Yale University Press*, 2018, p. 24.

9 ELIZALDE, Vladimir Alexei Chorny; e LLANAS, Elizabeth Macias. *LA MODERACIÓN DE CONTENIDOS DESDE UNA PERSPECTIVA INTERAMERICANA*. Ciudad de México, México: R3D, 2022. No original: Cuando una plataforma decide imponer categóricamente una serie de principios de moderación globalmente, sin tomar en cuenta el contexto de derechos humanos y cultural de cada país, provoca una serie de afectaciones a los derechos de la libertad de expresión y del acceso a la información.

10 BHABHA, Homi K. *O local da cultura*. Belo Horizonte: Ed. UFMG, 1998, p. 21

2. O olhar de quem regula

A moderação de conteúdo é um recurso intensivo, como lembra Gillespie.[11] A preocupação é evidente tanto para os usuários quanto para os próprios funcionários dessas plataformas que decidem se manifestar. É o que revela Frances Haugen, ex-funcionária da Meta que decidiu divulgar uma série de documentos da empresa, em sua vinda ao Brasil.

A entrevista obtida pela Agência Pública com Frances Haugen[12] representa um sinal de alerta para os usuários provindos da América do Sul e de outros *loci não hegemônicos*. Isto porque, não basta o *law enforcement* governamental, mas também a potência do ator que está pressionando as plataformas. Segundo a entrevistada:

> [As plataformas digitais] estavam com medo da Alemanha e do DSA [Digital Services Act], então investiram mais recursos neles; também estavam com medo dos Estados Unidos, porque estão localizados lá, e aumentaram o gasto com segurança em inglês.

Mencionada a mobilização das plataformas a partir da relevância da intimidação recebida a partir de sua origem, a cientista de dados expõe sua ótica sobre o comportamento do Facebook em relação à segurança no Brasil: a alocação de recursos de segurança é feita com base no medo, em vez de ser orientada pelas necessidades específicas do país. Essa abordagem negligente por parte da empresa, é vista como uma falta de preocupação com a segurança e privacidade dos usuários brasileiros.

A língua e a linguagem se mostraram um tópico nivelador para as relações entre plataforma e países no ato de moderar: Haugen revela que as pessoas que usam as plataformas dessa empresa em idiomas diferentes do inglês estão enfrentando uma versão mais perigosa da rede. Em outro momento, com outros atores e entrevistas concedidas, apontou que "75% das publicações em árabe (com suas variações linguísticas) que [já] foram der-

11 GILLESPIE, T. Custodians of the internet: platforms, content moderation, and the hidden decisions that shape social media. New Haven: *Yale University Press*, 2018, p. 9

12 AGÊNCIA PÚBLICA. Frances Haugen: redes "não estão com medo suficiente do Brasil" para priorizar segurança. Por Laura Scofield. 8 de julho de 2022. Disponível em: Frances Haugen: redes "não estão com medo suficiente do Brasil" para priorizar segurança - Agência Pública (apublica.org)

rubadas por serem consideradas propaganda terrorista eram, na verdade, conteúdos antiterroristas".[13]

Os movimentos sociais, também impactados pela falta de identificação de contexto, também verbalizaram insatisfação: a Agência Pública recebeu de Frances Haugen informações que extraiu, a partir de outras reuniões entre a sociedade civil brasileira, o fato de um grupo de ativistas que trabalhava contra a violência contra as mulheres, que tiveram suas vozes abafadas e suas contas banidas. As lideranças do grupo ressaltaram a dificuldade de discutir sobre um assunto tão sensível sem usar certas palavras, que, infelizmente, levam à identificação e ao consequente banimento dessas contas.

De fato, a moderação se mostrou instrumento de responsabilidade cada vez maior das plataformas. Além disso, ela argumenta que o debate sobre a regulação das plataformas deve ir além da moderação de conteúdo e defende a implementação de mecanismos como restrições no número máximo de encaminhamentos ou a exigência de um clique adicional para compartilhar conteúdos, como forma de reduzir significativamente a circulação de desinformação nas redes, com resultados ainda piores.

Conclusões

Em conclusão, este ensaio apresentou um fluxo de ideias sobre o tema abordado, fornecendo insights importantes e destacando a importância do assunto para a sociedade *online*. Fica claro a importância de regular as plataformas digitais, entendendo-as enquanto atores niveladores das interações sociais e políticas.

Além disso, é demonstrada a necessidade de fomentar a moderação de conteúdo, automatizada ou não, para garantir a liberdade de expressão e a corrida ao multiculturalismo de forma eficiente, preservando a pluralidade e garantindo interações prudentes entre os usuários. Portanto, é fundamental a discussão sobre procedimentos para que o controle de postagens e interações aconteça.

Deve-se ressaltar que há, além da moderação, outras prestações de contas que as plataformas devem fazer e essas limitações tendem a impulsionar a importância do tema e seu debate contínuo em diferentes perspectivas e encaixá-los ao mundo real: a conexão entre a literatura e a realidade em que estamos como um ponto de partida.

---

13 * DESINFORMANTE. *"Eles temem ser transparentes", diz Frances Haugen sobre o Facebook*. Por: Rodolfo Vianna. 4 de julho de 2022. Disponível em: https://desinformante.com.br/eles-temem-ser-transparentes-diz-frances-haugen-sobre-o-facebook/

O contexto brasileiro trazido nos faz pensar a importância do debate entre instituições e sua cooperação, trazendo suas próprias experiências ao campo de audiência. É importante refletir em que pé estamos enquanto Estado, como estamos sendo conduzidos e como conduzimos nossas ações dentro das plataformas digitais, em uma nova configuração de cidadania que não deve seguir padrões específicos ou então genericamente.

Referências

AGÊNCIA PÚBLICA. *Frances Haugen: redes "não estão com medo suficiente do Brasil" para priorizar segurança.* Por Laura Scofield. 8 de julho de 2022. Disponível em: Frances Haugen: redes "não estão com medo suficiente do Brasil" para priorizar segurança - Agência Pública (apublica.org).

BALKIN, J. M. *Free Speech is a Triangle.* Columbia Law Review, v. 118, n. 7, 2018.

BENJAMIN, R. *Race After Technology.* Polity Press, 2019.

BHABHA, Homi K. *O local da cultura.* Belo Horizonte: Ed. UFMG, 1998.

CASTETS-RENARD, C. Algorithmic Content Moderation on Social Media in EU Law: Illusion of Perfect Enforcement. University of Illinois: *Journal of Law, Technology & Policy,* v. 2020, n. 2, p. 283–324, 2020.

DESINFORMANTE. *"Eles temem ser transparentes", diz Frances Haugen sobre o Facebook.* Por: Rodolfo Vianna. 4 de julho de 2022. Disponível em: https://desinformante.com.br/eles-temem-ser-transparentes-diz-frances-haugen-sobre-o-faceb ook/

ELIZALDE, Vladimir Alexei Chorny; e LLANAS, Elizabeth Macias. *LA MODERACIÓN DE CONTENIDOS DESDE UNA PERSPECTIVA INTERAMERICANA.* Ciudad de México, México: R3D, 2022.

GILLESPIE, T. Custodians of the internet: platforms, content moderation, and the hidden decisions that shape social media. New Haven: *Yale University Press,* 2018.

ZETZSCHE, D., BUCKLEY, R. P., ARNER, D. W e BARBERIS, J. N. *REGULATING A REVOLUTION: FROM REGULATORY SANDBOXES TO SMART REGULATION.* Center for Business and Corporate Law (CBC) Working Paper Series 001/2017. 2017. Disponóvel em: https://ssrn.com/abstract=3018534

15.

DIREITO AUTORAL E A MODERAÇÃO DE CONTEÚDO DAS PLATAFORMAS DIGITAIS: IMPACTOS E DESAFIOS PARA UMA REFORMA DA LEI DE DIREITOS AUTORAIS BRASILEIRA

Tatiane Guimarães

O Direito Autoral é o mecanismo jurídico que garante remuneração a autoras, garante a possibilidade de impacto de obras na sociedade (permitindo ou limitando a produção e a divulgação das obras), cria espaço para as obras derivadas (exceções aos usos de obras protegidas), entre outros aspectos da produção de conteúdo em geral. No Brasil, assim como ao redor do mundo, esta produção está cada vez mais dependente da internet, seja pela facilidade de produção (ferramentas baratas em comparação ao modelo computacional das mídias de massa), seja na divulgação e retorno financeiro (remuneração). Neste ensaio, teço uma análise do Direito Autoral Brasileiro, verificando brevemente suas funções e como elas se concretizam nas garantias e limitações à remuneração de autoras, com base na Lei de Direitos Autorais (Lei nº 9.610/98 – "LDA"). Esta discussão se mostra fundamental quando se verifica o protagonismo que as plataformas, intermediários, tiveram (e tem), hoje, na regulação e aplicação de regras para controlar o comportamento online.

1. O Direito Autoral

O Direito Autoral se encontra tradicionalmente dentre as chamadas Propriedades Intelectuais. Sua particularidade é que ele protege a ideia objetivada, a forma presente, ou seja, a obra criada em cima da ideia, e não a ideia em si. Para ser possível a proteção autoral sobre a atividade humana, é necessário a presença dos seguintes elementos: a exteriorização[1], o suporte[2] e a originalidade[3].

No ordenamento jurídico brasileiro, o direito de autor é consagrado como um direito fundamental, garantindo a quem cria "o direito exclusivo de utilização, publicação ou reprodução de suas obras, transmissível aos herdeiros pelo tempo que a lei fixar" (art. 5°, XXVII, CF). Em nível infraconstitucional, destacam-se a Lei 9.610/1998 (Lei dos Direitos Autorais – "LDA") e a Lei 9.609/1998 ("Lei do Programa de Computador"). A LDA prevê expressamente a dimensão moral e patrimonial dos direitos autorais (art. 22). A dimensão moral diz respeito aos direitos personalíssimos do(a) autor(a), que são inalienáveis e irrenunciáveis, como o direito de reivindicar a autoria, o direito de retirar a obra de circulação, o direito de se opor a alterações na obra que prejudiquem sua reputação, entre outros. A dimensão patrimonial corresponde aos direitos exclusivos concedidos ao(à) autor(a) para explorar economicamente sua obra: entre outros, são os direitos de reprodução, produção de obras derivadas, disponibilização da obra ao público e execução pública.

Para entender como o Direito Autoral pode ser visto como limitador e garantidor da produção de conteúdo, é necessária a análise das suas funções promocionais e sociais, que fazem parte da construção da lógica do instituto, limitando-o ou expandindo-o. Como afirma Carlos Liguori Filho, o Direito Autoral tem como uma de suas principais funções estimular os autores a criarem.[4]

O Direito Autoral tem uma função promocional, que visa incentivar as autoras a criarem obras originais, concedendo-lhes direitos e garantias sobre suas criações, conforme previsto na Constituição Federal, especial-

---

1 ASCENSÃO, José Oliveira. *Direito autoral*. Rio de Janeiro: Forense, 1980.

2 BARBOSA, Denis Borges. *Tratado da propriedade intelectual*. Tomo I. Rio de Janeiro: Lumen Juris, 2013, p. 7.

3 GRAU-KUNTZ, Karin. Domínio público e direito de autor: do requisito da originalidade como contribuição reflexivo-transformadora. *Revista Eletrônica do IBPI*, n. 6, 2012. pp. 5-67. Disponível em: <https://ibpieuropa.org/book/revista-eletronica-do-ibpi-nr-6>. Acesso em 25 jul. 2023. e BITTAR, Carlos Alberto. *Direito de autor*. 3ª ed. Rio de Janeiro: Forense Universitária, 2000.

4 LIGUORI FILHO, Carlos Augusto. Tente outra vez: O anteprojeto de reforma da lei de direitos autorais, sua compatibilidade. *Dissertação (mestrado) - Fundação Getulio Vargas, Escola de Direito de São Paulo*, 2016, p. 22.

mente no artigo 216, §3º. Porém, o Direito Autoral também deve considerar outros direitos que dizem respeito ao interesse da sociedade, como o acesso à cultura, a liberdade de expressão e o direito à educação, que envolvem o uso, a difusão e o aproveitamento de obras culturais, também garantidos pela Constituição Federal. Nesse sentido, o Direito Autoral assume uma função social, que busca equilibrar o interesse individual do autor com os interesses coletivos, conforme estabelecido no artigo 215 da Constituição Federal.

Para se conciliar os interesses individuais dos autores com os direitos constitucionais, é necessário harmonizar a proteção autoral, garantindo o interesse individual da autora e os interesses coletivos.[5] Assim, o legislador estabelece nos artigos 46 a 48 da LDA um rol de exceções e limitações ao Direito Autoral, no qual se estabelece uma lista, hoje, exemplificativa de utilizações de obras protegidas que não constituem violações dos direitos garantidos ao detentor. Também temos o Tratado de Marraqueche, vigente no Brasil desde 2020, com o escopo de ampliar o rol de limitações e exceções do Direito Autoral para possibilitar a adaptação e acesso à obras por determinados grupos de pessoas com deficiência.

Junto à recente movimentação do entendimento das interpretações das limitações à proteção de obras, o constante desenvolvimento e popularização de novas tecnologias de informação e comunicação possibilitaram a democratização do acesso à obras,[6] da produção de conteúdo pelos(as) usuários(as) de plataformas[7] e da criação de uma cultura de produção de obras a partir de obras existentes, a chamada cultura do remix.[8] A digitalização de mídias tradicionais, o compartilhamento e acesso à obras culturais por meios digitais e o barateamento de ferramentas digitais de produção cultural colocam em xeque a relação entre as funções do Direito Autoral e a

5 MORAES, Maria Celina Bodin de. A Caminho de um Direito Civil Constitucional. *Revista Estado, Direito e Sociedade*, vol. I, PUC-Rio, 1991. [versão eletrônica]. Disponível em: <http://www.grupoddp.com.br/resources/A%20Caminho%20do%20Direito%20CivilConstitucional%20-%20Maria%20Celina%20Bodin%20de%20Moraes.pdf>. Acesso em 25 jul. 2023, p. 4. e REIS, Jorge Renato. PIRES, Eduardo. O Direito de Autor Funcionalizado. In SANTOS, Manoel J. Pereira dos. (org.) *Direito de Autor e Direitos Fundamentais*. São Paulo: Saraiva, 2011, p. 213.

6 BENKLER, Yochai. The wealth of networks: how social production transforms markets and freedom. New Haven [Conn.]: *Yale University Press*, 2006, p. 484.

7 GERVAIS, Daniel. The tangled web of UGC: Making Copyright Sense of User-generated content. *Vanderbilt Journal of Entertainment and Technology Law*, v. 11, 2009. Pp. 841-870.

8 LESSIG, Lawrence. *Free Culture*. Nova York: The Penguin Press, 2006; LESSIG, Lawrence. *Remix: Making art and commerce thrive in the hybrid economy*. Londres: Bloomsbury, 2008. e HARPER, Emily. Music Mashups: Testing the Limits of Copyright Law as Remix Culture Takes Society by Storm. *Hofstra Law Review*, n. 39, 2010. Pp. 405-445.

forma com que ele é estruturado para que cumpra com suas funções promocional e social.

A tensão entre as duas funções do Direito Autoral é evidenciada quando falamos de produção online. Enquanto a função promocional representa os interesses da autora com relação a suas obras (seus interesses de remuneração por visualização e por uso de suas obras online) e a social representa os interesses da sociedade como um todo com relação ao acesso às obras intelectuais (vertente que defende a necessidade de se ampliar o rol de exceções e limitações, limitando os direitos da autora para se permitir a criação e compartilhamento de obras). Por meio do equilíbrio entre estes interesses e o devido cumprimento destas duas funções que se pode enfim cumprir o que Alessandra Tridente chama de última *ratio* do Direito Autoral, o desenvolvimento contínuo das ciências e das artes.

No próximo item, estudaremos o protagonismo das plataformas na regulação e aplicação de regras que controlem comportamentos online. Compreendendo o estado hoje da regulação privada desses comportamentos será possível pensarmos nos desafios hoje diagnosticados para uma reforma da Lei de Direitos Autorais.

2. A moderação de conteúdo realizada pelas plataformas

Autores como Jack M. Balkin[9] e Giancarlo Frosio[10] avançaram na discussão proposta por Lessig[11] na virada do século, sobre regulação da internet. Ao olhar para a atualidade eles pretendem entender como se dá a regulação da internet em diferentes contextos nacionais, verificando ainda como a comunidade acadêmica andou acertando e/ou errando nos diagnósticos feitos até hoje. Assim, esses e outros autores constataram que houve uma evolução na ideia de regulação de internet, em que os Estados deixaram de ser percebidos como agentes reguladores malvistos, passando por uma vi-

9 BALKIN, Jack M. Old School/New School Speech Regulation. Rochester, NY: *Social Science Research Network*, 2014.; BALKIN, Jack M. Free Speech is a Triangle. Rochester, NY: *Social Science Research Network*, 2018. e BALKIN, Jack M. How to Regulate (and Not Regulate) Social Media. Rochester, NY: *Social Science Research Network*, 2019.

10 FROSIO, Giancarlo. Why Keep a Dog and Bark Yourself? From Intermediary Liability to Responsibility. Rochester, NY: *Social Science Research Network*, 2017; FROSIO, Giancarlo. Algorithmic Enforcement Online. Rochester, NY: *Social Science Research Network*, 2019. e FROSIO, Giancarlo; HUSOVEC, Martin. Accountability and Responsibility of Online Intermediaries. Rochester, NY: *Social Science Research Network*, 2019.

11 LESSIG, Lawrence. *Free Culture*. Nova York: The Penguin Press, 2006. e LESSIG, Lawrence. *Remix: Making art and commerce thrive in the hybrid economy*. Londres: Bloomsbury, 2008.

são de agentes incapazes de regular direitos, pela distância do controle que deveria passar por intermediários, mas entendidos hoje como agentes que têm muito poder de regulação, mas não na forma que se pensava.

Diante da evolução da regulação da internet frente às pressões mercadológicas e governamentais, que acabam interferindo no comportamento de usuárias ao redor do mundo (ponto explorado especialmente, mas não exclusivamente, por Balkin), cria-se um descompasso entre a regulação privada e as regulações estatais locais. Inclusive Corinne Tan,[12] em seu relato de pesquisa fruto de seu PhD, diagnostica inconsistências entre a aplicação dos fatores regulatórios das plataformas, seja regulamento interno ou funcionamento das ferramentas de controle do conteúdo, com as leis de direitos autorais escolhidas para seu estudo. Com esse diagnóstico, a autora argumenta que essas inconsistências podem comprometer a eficácia das leis autorais nacionais na regulamentação de comportamentos geradores de conteúdo de usuárias de diferentes países, o que reforça a necessidade de se estudar a fundo essa temática, das regulações privadas frente as leis estatais, como meio de se avançar na garantia e proteção de direitos fundamentais *online* junto da segurança jurídica das cidadãs usuárias.

Percebemos, portanto, que Corinne Tan constatou o que Thomas Poell, David Nieborg e Erin Duffy chamam de "plataformização", ou seja,

> ... a penetração das extensões econômicas, infra-estruturais e governamentais das plataformas digitais nas indústrias culturais, bem como a organização de práticas culturais de trabalho, criatividade e democracia em torno de distintas plataformas.[13] (tradução livre)

Entendendo, portanto, que as plataformas se tornam o centro das formas de produção, divulgação, remuneração e controle do conteúdo online, percebemos o protagonismo que as plataformas assumem no controle, na prática, do Direito Autoral, dentre outros direitos. É importante, no entanto, ressaltar que a plataformização não afeta a todos de forma igual: o Brasil pode ser classificado como "dependente das plataformas",[14] por sua produção cultural se basear na chamada "cultura do remix"[15] – ou seja, utilizando

12 TAN, Corinne. *Regulating Content on Social Media: Copyright, Terms of Service and Technological Features*. London: UCL Press, 2018.

13 POELL, Thomas; NIEBORG, David B.; DUFFY, Brooke Erin. *Platforms and Cultural Production*. Cambridge, UK: Polity Press, 2022, p. 5.

14 POELL, Thomas; NIEBORG, David B.; DUFFY, Brooke Erin. *Platforms and Cultural Production*. Cambridge, UK: Polity Press, 2022, p. 13.

15 LESSIG, Lawrence. *Remix: Making art and commerce thrive in the hybrid economy*. Londres: Bloomsbury, 2008.

as ferramentas fornecidas pelas tecnologias digitais, qualquer pessoa pode criar obras utilizando imagens, músicas e vídeos, além de poder compartilhar sua criação com quem quer que seja. Assim, as produtoras de conteúdo brasileiras não conseguem se desvencilhar das regulações privadas das plataformas, porque elas são o meio de produção, compartilhamento e remuneração pela criação de conteúdo.

Sadowski[16] explica que as plataformas digitais buscam "facilitar as trocas de mercado e regular a ação social" por meio de "interfaces sem atrito" que diminuem os custos de transação, ao passo que criam condições para que as interações sejam mais digitalizadas, datificadas e monitoradas. Contudo, as plataformas enfrentam um dilema entre ser mais receptivas e mais restritivas a novas produtoras de conteúdo, de acordo com seus interesses e capacidades: existe uma contradição entre o potencial generativo e democratizador das plataformas e o potencial monopolista e controlador das infraestruturas digitais[17] – que frequentemente são ocultas para quem não domina os aspectos técnicos da infraestrutura da internet.[18]

Segundo Gillespie, a regulação privada dos comportamentos online é marcada pela falta de transparência:[19] os documentos que orientam essa regulação, como as diretrizes de comunidade e os termos de uso, não explicitam os valores que embasam suas normas ou usam termos vagos e imprecisos (sem definir conceitos ou referenciar leis, geralmente do contexto norte-americano). Essa questão foi analisada pelo Instituto de Referência em Internet e Sociedade (IRIS), que publicou o relatório "Transparência sobre moderação de conteúdo em políticas de comunidade",[20] no qual apontou que o YouTube tem critérios claros de análise contextual para determinar se um conteúdo é inadequado ou não, exceto para as violações de Direitos Autorais. O relatório também revelou que o YouTube tem uma grave lacuna de transparência quanto aos meios de detecção de conteúdo inadequado, conforme suas políticas de comunidade. Ficou evidente que a plataforma

---

16 SADOWSKI, Jathan. The Internet of Landlords: Digital Platforms and New Mechanisms of Rentier Capitalism. *Antipode*, vol. 52, pp. 562-580. Disponível em: <https://doi.org/10.1111/anti.12595>. Acesso em 25 jul. 2023, p. 4.

17 CONSTANTINIDES, Panos. HENFRIDSSON, Ola; e PARKER, Geoffrey G. Introduction: Platforms and infrastructures in the digital age. *Information Systems Research*, 29(2), pp. 381-400, 2018, p. 389.

18 POELL, Thomas; NIEBORG, David B.; DUFFY, Brooke Erin. *Platforms and Cultural Production*. Cambridge, UK: Polity Press, 2022, pp. 65-66.

19 GILLESPIE, Tarleton. Custodians of the internet: platforms, content moderation, and the hidden decisions that shape social media. New Haven: *Yale University Press*, 2018, pp. 71-72.

20 ***RODRIGUES, Gustavo; KURTZ, Lahis. Transparência sobre moderação de conteúdo em políticas de comunidade. Belo Horizonte: Instituto de Referência em Internet e Sociedade, 2020. Disponível em:*** <https://bit.ly/3nUbXYh>. Acesso em 25 jul. 2023.

faz uma detecção proativa sem esclarecer o método (automatizado ou não) e limita a capacidade de contestação da usuária. Além disso, o YouTube usa uma linguagem ambígua, com o verbo "poder" para especificar os conteúdos proibidos em sua plataforma, gerando insegurança à produtora de conteúdo e dificultando seu direito de contestação – pois a regra é tão abrangente que fica difícil demonstrar o porquê de certo conteúdo estar fora das categorias de conteúdos proibidos.

Veremos, portanto, como essa falta de transparência das plataformas, principalmente quando se trata dos Direitos Autorais das criadoras de conteúdo online, impactam na produção de conteúdo. Indo além, iremos estudar como o controle do Direito Autoral Brasileiro pelas plataformas pode impactar os direitos fundamentais das brasileiras.

2.1. O controle da produção de conteúdo via Direito Autoral nas plataformas

A moderação de conteúdo nas plataformas globais depende muito do Direito Autoral, que é o instrumento jurídico mais elementar nesse contexto. Segundo Baldwin,[21] a Propriedade Intelectual tem um grande valor econômico, mas é regulada de maneira diversa em cada região do mundo – o que se aplica também às plataformas e suas normas específicas. Além disso, Gillespie destaca que o Direito Autoral foi uma das primeiras questões a serem reguladas no início da internet comercial,[22] servindo como uma exceção à responsabilidade dos intermediários – o que ainda gera controvérsias hoje em dia. Sendo assim, é preciso aprofundar a análise do controle da produção de conteúdo por meio do Direito Autoral. Conforme Poell, Nieborg e Duffy,[23] a produção de obras é condicionada pela regulação das plataformas, pois as produtoras de conteúdo se adaptam às regras das plataformas, que são seus meios de produção, divulgação e remuneração.

Não se pode, nem se deve afirmar que as plataformas são ou procuram ser neutras em sua moderação de conteúdo. Elas fazem escolhas a partir de seus interesses mercadológicos e moldam como se dará a produção de conteúdo online, já que são atualmente os meios de produção, divulgação e remuneração da grande maioria das produtoras de conteúdo.

---

21 BALKIN, Jack M. Old School/New School Speech Regulation. Rochester, NY: *Social Science Research Network*, 2014.

22 GILLESPIE, Tarleton. Custodians of the internet: platforms, content moderation, and the hidden decisions that shape social media. New Haven: *Yale University Press*, 2018, pp. 27-28.

23 POELL, Thomas; NIEBORG, David B.; DUFFY, Brooke Erin. *Platforms and Cultural Production*. Cambridge, UK: Polity Press, 2022, p. 105.

A usuária confunde as plataformas com a própria internet e esquece-se de que há regras sendo constantemente e automaticamente aplicadas a cada atividade que exerce no ambiente digital. Essa confusão é por si só preocupante, mas, somada a diferença do poder de barganha entre produtores de conteúdo e as plataformas, resulta-se em uma relação muito desigual em que as plataformas mandam e desmandam sem se preocupar com os interesses das usuárias. Rietveld e coautores[24] explicitam que quanto mais dominante é uma plataforma, menos poder de barganha tem a produtora de conteúdo nesta relação.

Segundo Netanel,[25] há um paradoxo no Direito Autoral, que visa resguardar os interesses das autoras, mas também estimular a inovação e a criação de obras derivadas. Esse paradoxo se manifesta na regulação das plataformas digitais pelo Direito Autoral: muitas vezes elas desconsideram os interesses das produtoras de conteúdo, mas dependem delas para existir. O ciclo de vida de uma plataforma, conforme descrito por Poell, Nieborg e Duffy,[26] começa com uma alta participação das usuárias produtoras de conteúdo: as "*early adopters*" (as primeiras a aderir à plataforma) e as usuárias-influenciadoras são as principais responsáveis pela sobrevivência de uma plataforma no início de sua trajetória.

Além dessa relevância no começo do ciclo de vida das plataformas em geral, as plataformas de streaming, como o YouTube e a Twitch, que têm como principal conteúdo disponibilizado e consumido os UGC, são muito dependentes da produção de conteúdo de suas usuárias. O êxito desse tipo de plataforma ocorreu, em menos de duas décadas de existência, graças à, sobretudo, existência das chamadas "interfaces sem atrito" das plataformas digitais, que "automatizam as trocas de mercado e mediar a ação social", com custo muito baixo.[27] Os custos de transação reduziram drasticamente com a popularização da internet e de dispositivos eletrônicos, o que tornou mais barata não só a produção, mas também a divulgação, a oferta e o acesso.

---

24 RIETVELD, Joost; PLOOG, Joe N.; e NIEBORG, David B. The coevolution of platform dominance and governance strategies: Effects on complementor performance outcomes. Academy of Management Discoveries. *Academy of Management Discoveries*. Vol. 6, No. 3, 2020.

25 NETANEL, Neil Weinstock. Copyright's Paradox. Oxford, New York: *Oxford University Press*, 2008.

26 POELL, Thomas; NIEBORG, David B.; DUFFY, Brooke Erin. *Platforms and Cultural Production*. Cambridge, UK: Polity Press, 2022.

27 SADOWSKI, Jathan. The Internet of Landlords: Digital Platforms and New Mechanisms of Rentier Capitalism. *Antipode*, vol. 52, pp. 562-580. Disponível em: <https://doi.org/10.1111/anti.12595>. Acesso em 25 jul. 2023, p. 4.

As grandes empresas passaram a absorver o custo de divulgação, no entanto, o valor gerado por propagandas e outros, como serviços premium, não é revertido à autora da obra. De acordo com o Social Blade[28] (TAMEIRÃO, 2021), por exemplo, a cada 1000 visualizações em seu vídeo no YouTube, a produtora de conteúdo pode ganhar valores entre 0,25 e 4,50 dólares (no Brasil algo entre 1 e 19 reais). Há uma grande lacuna de valor ("*value gap*") entre o que se gera com a obra divulgada e o que a autora recebe por ela (FRANCISCO, MIZUKAMI e FREITAS, 2021, p. 42). Fruto da intermediação dos meios de produção, divulgação e remuneração concentrada em poucas plataformas, as produtoras de conteúdo passam a ter dificuldade em achar o equilíbrio entre ser dependente ou não de plataformas,[29] já que o nível de dependência depende da oferta de ferramentas de criação. Quanto mais fácil é produzir dentro da plataforma, mais as produtoras se tornam dependentes, principalmente na fase de criação do conteúdo.[30]

Dessa forma, como as plataformas se tornaram o centro de vários serviços, o Estado exerce pressão sobre esses atores para que regulem, do seu modo, o Direito Autoral na internet.[31] Há, assim, uma delegação a esses atores privados da função de *enforcement* ou aplicação da proteção autoral.

> Como a infraestrutura é mantida em grande parte em mãos privadas, torna-se crucial para os governos alistar partes privadas (voluntariamente ou não) em seus esforços para controlar e fiscalizar. Alguns buscam ativamente o controle, outros são pressionados com ameaças de responsabilidade ou promessas de imunidade.[32] (tradução livre)

Os Estados podem desejar que os intermediários identifiquem e removam conteúdos questionáveis, criem ou financiem tecnologias de filtragem, encerrem contas ou forneçam informações de usuárias específicas. Essas são coisas que o governo não pode fazer por conta própria, então ameaça ou

---

28 TAMEIRÃO, Nathália. Quanto ganha um Youtuber? Confira lucros de grandes YouTubers e entenda a monetização da plataforma. *SambaTech*, 2021. Disponível em <https://sambatech.com/blog/insights/quanto-ganha-um-youtuber/>. Acesso em 25 jul. 2023.

29 POELL, Thomas; NIEBORG, David B.; DUFFY, Brooke Erin. *Platforms and Cultural Production*. Cambridge, UK: Polity Press, 2022, pp. 47-48.

30 POELL, Thomas; NIEBORG, David B.; DUFFY, Brooke Erin. *Platforms and Cultural Production*. Cambridge, UK: Polity Press, 2022, pp. 70-71.

31 BALKIN, Jack M. Old School/New School Speech Regulation. Rochester, NY: *Social Science Research Network*, 2014.

32 BALKIN, Jack M. Old School/New School Speech Regulation. Rochester, NY: *Social Science Research Network*, 2014, p. 2305.

concede imunidade às plataformas para alcançar seus objetivos.[33] Os atores privados, portanto, com seus interesses comerciais de lucro e com receio das pressões governamentais, incorporam as regulações dos Estados. Em especial, as leis autorais são analógicas, restritivas e desatualizadas, o que, ao ser incorporado de modo automatizado pelas plataformas, gera diversos problemas.

Além dos perigos decorrentes da automatização da aplicação de normas analógicas ou, no mínimo, inadequadas para o contexto digital,[34] existe também a questão de qual norma se está aplicando. As plataformas devem obedecer às disposições legais das regiões geográficas onde atuam, o que as torna influentes sobre quais produtoras de conteúdo possuem a capacidade tecnológica, comercial e até social de se inserir e consolidar nos mercados e infraestruturas que controlam.[35]

Os autores demonstram[36] que há diferenças regulatórias entre países como China e países do Oriente Médio em relação aos Estados Unidos ou, ainda, Europa e América Latina. Os primeiros estabelecem uma responsabilidade de intermediários severa, exigindo que plataformas eliminem de forma proativa os conteúdos violadores de direitos. Já os Estados Unidos estabelecem um regime de liberdade condicionada a somente decisões de tribunais ou solicitações de autoridades estatais, regime similar ao europeu e latino-americano. Portanto, por haver grande diferença de exigência de protagonismo das plataformas, e por essas serem predominantemente estadunidenses, as plataformas tendem a estabelecer padrões globais, em vez de locais, no que se refere ao conteúdo, recusando-se frequentemente a atender solicitações de retirada de conteúdo feitas por governos com regimes de responsabilidade rigorosa.

O exercício desse controle coloca em risco os direitos fundamentais de quem usa e produz conteúdo online. As plataformas afirmam, em seus documentos normativos, defender a liberdade, mas impõem uma regulação mais rigorosa do que a exigida legalmente.[37] Balkin[38] destaca a importância

---

33 BALKIN, Jack M. Old School/New School Speech Regulation. Rochester, NY: *Social Science Research Network*, 2014, p. 2311.

34 LIGUORI FILHO, Carlos Augusto. Músicas do Elevador Virtual: Vaporwave, a Estética, a Comunidade e a Violação ao Direito Autoral. *LICERE - Revista do Programa de Pós-graduação Interdisciplinar em Estudos do Lazer*, v. 22, n. 4, p. 628–655, 2019.

35 POELL, Thomas; NIEBORG, David B.; DUFFY, Brooke Erin. *Platforms and Cultural Production*. Cambridge, UK: Polity Press, 2022, p. 80.

36 POELL, Thomas; NIEBORG, David B.; DUFFY, Brooke Erin. *Platforms and Cultural Production*. Cambridge, UK: Polity Press, 2022, p. 83.

37 POELL, Thomas; NIEBORG, David B.; DUFFY, Brooke Erin. *Platforms and Cultural Production*. Cambridge, UK: Polity Press, 2022, p. 85.

38 BALKIN, Jack M. Free Speech is a Triangle. Rochester, NY: *Social Science Research Network*, 2018, p. 2033.

de uma abordagem pluralista na salvaguarda da liberdade de expressão online: é preciso evitar censura colateral e novas formas de limitações prévias a esse direito e, também, é preciso proteger as pessoas de novos modos de vigilância e manipulação.

Assim, é relevante buscar um equilíbrio entre o controle de conteúdo, para prevenir violações como injúrias, ofensas, infrações a direitos autorais e outros, e a liberdade de expressão em razão dos direitos fundamentais envolvidos nessa questão. Há, conforme Mendes e Fernandes argumentam, um dever de proteção que transcende o âmbito jurídico e governamental, alcançando a atuação das plataformas, como centros concentrados de serviços e de expressão individual.[39] Os intermediários passam, então, a ter "poderes de julgamento e modelagem de garantias individuais relacionadas à privacidade e à liberdade de expressão, privacidade, censura, autodeterminação e acesso à informação", deslocando-se assim o *enforcement* dos direitos fundamentais da esfera pública para a esfera privada.[40]

As plataformas digitais interferem na jurisdição constitucional sobre os direitos ligados à liberdade de expressão, pois estabelecem suas próprias normas e condições para o exercício dessas liberdades. Elas também assumem o papel de arbitrar conflitos entre os direitos fundamentais das usuárias, tanto entre elas quanto com a própria plataforma, sem a intervenção do Estado. No entanto, essa moderação de conteúdo pelas plataformas é questionável, pois não garante a proteção integral dos direitos das usuárias e não revela os interesses econômicos que a orientam. Assim, é preciso indagar se os ambientes digitais das plataformas são realmente espaços privados ou se são áreas públicas controladas por agentes privados.[41]

Em especial sobre a temática autoral, percebe-se que a maioria das licenças previstas nos termos de uso das plataformas permitem que elas modifiquem e comercializem o conteúdo de suas usuárias e que criem

---

39 MENDES, Gilmar Ferreira; FERNANDES, Victor Oliveira. Eficácia dos direitos fundamentais nas relações privadas da internet: o dilema da moderação de conteúdo em redes sociais na perspectiva comparada Brasil-Alemanha. *Revista de Direito Civil Contemporâneo*, v. 31, p. 33–68, jun. 2022, pp. 35-37.

40 MENDES, Gilmar Ferreira; FERNANDES, Victor Oliveira. Eficácia dos direitos fundamentais nas relações privadas da internet: o dilema da moderação de conteúdo em redes sociais na perspectiva comparada Brasil-Alemanha. *Revista de Direito Civil Contemporâneo*, v. 31, p. 33–68, jun. 2022, p. 37.

41 MENDES, Gilmar Ferreira; FERNANDES, Victor Oliveira. Eficácia dos direitos fundamentais nas relações privadas da internet: o dilema da moderação de conteúdo em redes sociais na perspectiva comparada Brasil-Alemanha. *Revista de Direito Civil Contemporâneo*, v. 31, p. 33–68, jun. 2022.; POELL, Thomas; NIEBORG, David B.; DUFFY, Brooke Erin. *Platforms and Cultural Production*. Cambridge, UK: Polity Press, 2022. e GILLESPIE, Tarleton. Custodians of the internet: platforms, content moderation, and the hidden decisions that shape social media. New Haven: *Yale University Press*, 2018.

obras derivadas.[42] Em pesquisa robusta de análise sobre os interesses das usuárias produtoras de conteúdo online, pesquisadores perceberam que as políticas de licenciamento de muitas das principais plataformas aparecem sob a forma de "caldeiras" e são grosseiramente exageradas de maneira capaz de minar os objetivos da regulação autoral. Além disso, os dados obtidos pelos pesquisadores sugerem que uma percentagem considerável das criadoras de conteúdo não compreende quais direitos possuem sobre suas obras.

3. A Reforma do Direito Autoral frente os desafios da Moderação de Conteúdo por Plataformas

A história da internet foi marcada por um excesso de controle em relação aos direitos autorais em comparação a outras temáticas. Diversas plataformas implementaram técnicas de moderação de conteúdo no âmbito de sua autorregulação, ou seja, baseadas em regras e modelos particulares, e mais rigorosos, em relação às violações de direitos autorais do que aqueles que a lei exigia.[43] Mas, ao invés de os estados usarem de sua regulação para restringir os casos de abusos, os movimentos recentes parecem indicar um crescimento ainda maior desse controle, por meio da implementação de regimes de responsabilidade mais severos. Assim, aumenta-se a pressão – e, em alguns casos, torna-se até mesmo uma obrigação – pela mudança das plataformas, de seus códigos, regras e práticas em prol de moderações de conteúdo mais rígidas, como é o caso da moderação automatizada.

Essas tendências contemporâneas de implementação de "novos deveres de cuidado das plataformas em relação aos usuários"[44] no campo autoral, apontando para a proliferação de iniciativas de endurecimento legal e aumento nos níveis de controle sobre as atividades e conteúdos que circulam na rede, tem gerado alertas sobre os direitos digitais e potenciais riscos a eles. Além de não amenizarem as preocupações em torno da questão dos direitos autorais na internet e seus efeitos, ainda fizeram surgir diversas

42 HACOHEN, Uri Y.; ELAZARI, Amit; SCHWARTZ-MAOR, Talia. A Penny for Their Creations – Apprising Users' Value of Copyrights in Their Social Media Content. *Berkeley Technology Law Journal*, 36(1), pp. 511-616, 2021.

43 HARTMANN, I. A.; SILVA, L. A. DA. Inteligência artificial e moderação de conteúdo: o sistema CONTENT ID e a proteção dos direitos autorais na plataforma Youtube. *IUS GENTIUM*, v. 10, n. 3, p. 145-165, 2020, p. 148.

44 FROSIO, Giancarlo. *Regulatory Shift in State Intervention: From Intermediary Liability to Responsibility*. Hart Publishing, 2021, p. 12.

discussões, complexas e multifacetadas, no âmbito da regulação e atuação das plataformas nesse contexto: (i) a existência de diferentes regimes de responsabilidade de intermediários e como eles podem afetar a totalidade dos usuários das plataformas, incluindo os criadores de obras intelectuais e, portanto, detentores de direitos autorais; (ii) a multiplicidade de legislações e normativas sobre direitos autorais, que gera problemas de eficácia de normas e, no limite, de soberania, diante da submissão dos usuários a regras de direitos autorais que não são as dos seus países; (iii) as regras de direitos autorais que as plataformas afirmam adotar, geralmente adaptadas ao modelo norte-americano e às garantias à liberdade de expressão nele previstas, são desrespeitadas por elas mesmas, fazendo com que usos autorizados em lei (tanto as nacionais como as internacionais) acabem sendo objeto de moderação e remoção.

Tais questões, que revelam uma nova e problemática dinâmica entre Estados, detentores de Direitos Autorais, plataformas e sociedade civil, têm gerado efeitos variados e preocupantes sobre os direitos e a segurança dos atores envolvidos, em especial dos usuários. No âmbito da formulação das regras das plataformas, tem-se inseguranças advindas de políticas de comunidade confusas ou lacunosas, sem suficientes garantias de respeito a direitos, como mecanismos de transparência, *accountability* (prestação de contas) ou devido processo. Em relação ao funcionamento da moderação de conteúdo, aponta-se para quadros de funcionários mal treinados ou precarizados realizando essa atividade, além da falta de recursos alocados nessas tarefas. Destacam-se, sobretudo, as práticas de moderação automatizada incorporadas à própria arquitetura da rede, responsáveis por abrir um outro campo de discussão sobre os limites e riscos da atuação das plataformas.

Nesse campo, não é possível desconsiderar que a escala de usuários e de materiais a serem analisados apontam para a necessidade de ferramentas de inteligência artificial que deem conta do volume de dados hoje alcançado pela rede. Nem que o uso desses algoritmos para o bloqueio *ex ante* de determinados conteúdos, conhecido como *prior restraint*, pode se mostrar benéfico para a proteção de determinados direitos especialmente sensíveis, em risco diante da circulação massiva de informações nas redes.[45] Entretanto, sua aplicação deve levar em consideração cuidados e garantias de modo a evitar excessos e violações por parte dessas tecnologias. Sem isso, as medidas gerais de monitoramento e filtragem acabam por afetar

45 BALKIN, Jack M. *Free Speech is a Triangle*. Columbia Law Review, Nova York, v. 118, n. 7, p. 2011-2056, 2018.

profundamente o balanceamento entre direitos autorais e outros direitos fundamentais.[46]

No atual estado da arte dessas tecnologias, elas não são capazes de detectar adequadamente casos de conteúdos que estariam protegidos por limitações e exceções (no âmbito da Lei de Direitos Autorais), ou pela cláusula de *fair use* (prevista na legislação norte-americana).[47] Sua implementação nesse cenário é geradora de falhas e erros gravíssimos, em que conteúdos legítimos protegidos pela liberdade de expressão acabam removidos por barreiras de direitos autorais. É enorme a quantidade de casos reportados como problemáticos, evidenciando como remoções e bloqueios excessivos acabam se inserindo no cotidiano e fazendo com que as pessoas se acostumem a altos níveis de controle e censura. Somada a isso, a falta de transparência e de garantias de devido processo acentua os potenciais riscos aos direitos dos usuários, como liberdade de expressão, acesso à cultura e à informação.

Ao final, a tendência de aumento de obrigações imposta aos intermediários com o argumento de defender direitos autorais online pode acabar por restringir esses mesmos direitos. Não há espaço para autores e criadores em um ambiente privado de liberdade de expressão: obras autorais são formas de se manifestar, de criticar e expressar, e dependem de um ecossistema de acesso e trocas para serem produzidas. Mais ainda: com a internet, as fronteiras entre criadores e consumidores se borram continuamente, fazendo com que as dinâmicas atuais não alcancem aqueles que ela deveria proteger. Encontrar esse equilíbrio, respeitando obrigações e tendo em vista a complexidade dos atores e direitos envolvidos, é a única forma de começar a pensar um direito autoral da internet realista e efetivo.

Referências

ASCENSÃO, José Oliveira. *Direito autoral.* Rio de Janeiro: Forense, 1980.

BALKIN, Jack M. Old School/New School Speech Regulation. Rochester, NY: *Social Science Research Network*, 2014.

BALKIN, Jack M. Free Speech is a Triangle. Rochester, NY: *Social Science Research Network*, 2018.

46 FROSIO, Giancarlo; MENDIS, Sunimal. Monitoring and Filtering: European Reform or Global Trend? (July 12, 2019), p. 21. in: FROSIO, Giancarlo (org.). *The Oxford Handbook of Online Intermediary Liability*. Oxford: OUP, 2019.

47 HARTMANN, I. A.; SILVA, L. A. DA. Inteligência artificial e moderação de conteúdo: o sistema CONTENT ID e a proteção dos direitos autorais na plataforma Youtube. *IUS GENTIUM*, v. 10, n. 3, p. 145-165, 2020, p. 149.

BALKIN, Jack M. How to Regulate (and Not Regulate) Social Media. Rochester, NY: *Social Science Research Network*, 2019.

BARBOSA, Denis Borges. *Tratado da propriedade intelectual*. Tomo I. Rio de Janeiro: Lumen Juris, 2013.

BENKLER, Yochai. The wealth of networks: how social production transforms markets and freedom. New Haven [Conn.]: *Yale University Press*, 2006.

BITTAR, Carlos Alberto. *Direito de autor*. 3ª ed. Rio de Janeiro: Forense Universitária, 2000.

CONSTANTINIDES, Panos. HENFRIDSSON, Ola; e PARKER, Geoffrey G. Introduction: Platforms and infrastructures in the digital age. *Information Systems Research*, 29(2), pp. 381-400, 2018.

FROSIO, Giancarlo. Why Keep a Dog and Bark Yourself? From Intermediary Liability to Responsibility. Rochester, NY: *Social Science Research Network*, 2017.

FROSIO, Giancarlo. Algorithmic Enforcement Online. Rochester, NY: *Social Science Research Network*, 2019.

FROSIO, Giancarlo; HUSOVEC, Martin. Accountability and Responsibility of Online Intermediaries. Rochester, NY: *Social Science Research Network*, 2019.

GERVAIS, Daniel. The tangled web of UGC: Making Copyright Sense of User-generated content. *Vanderbilt Journal of Entertainment and Technology Law*, v. 11, 2009.

GILLESPIE, Tarleton. Custodians of the internet: platforms, content moderation, and the hidden decisions that shape social media. New Haven: *Yale University Press*, 2018.

GRAU-KUNTZ, Karin. Domínio público e direito de autor: do requisito da originalidade como contribuição reflexivo-transformadora. *Revista Eletrônica do IBPI*, n. 6, 2012. Disponível em: <https://ibpieuropa.org/book/revista-eletronica-do-ibpi-nr-6>. Acesso em 25 jul. 2023.

HACOHEN, Uri Y.; ELAZARI, Amit; SCHWARTZ-MAOR, Talia. A Penny for Their Creations – Apprising Users' Value of Copyrights in Their Social Media Content. *Berkeley Technology Law Journal*, 36(1), pp. 511-616, 2021.

HARPER, Emily. Music Mashups: Testing the Limits of Copyright Law as Remix Culture Takes Society by Storm. *Hofstra Law Review*, n. 39, 2010.

HARTMANN, I. A.; SILVA, L. A. DA. Inteligência artificial e moderação de conteúdo: o sistema CONTENT ID e a proteção dos direitos autorais na plataforma Youtube. *IUS GENTIUM*, v. 10, n. 3, p. 145-165, 2020.

LESSIG, Lawrence. *Free Culture*. Nova York: The Penguin Press, 2006.

LESSIG, Lawrence. *Remix: Making art and commerce thrive in the hybrid economy*. Londres: Bloomsbury, 2008.

LIGUORI FILHO, Carlos Augusto. Tente outra vez: O anteprojeto de reforma da lei de direitos autorais, sua compatibilidade. *Dissertação (mestrado) - Fundação Getulio Vargas, Escola de Direito de São Paulo,* 2016.

MENDES, Gilmar Ferreira; FERNANDES, Victor Oliveira. Eficácia dos direitos fundamentais nas relações privadas da internet: o dilema da moderação de conteúdo em redes sociais na perspectiva comparada Brasil-Alemanha. *Revista de Direito Civil Contemporâneo,* v. 31, p. 33–68, jun. 2022.

MORAES, Maria Celina Bodin de. A Caminho de um Direito Civil Constitucional. *Revista Estado, Direito e Sociedade,* vol. I, PUC-Rio, 1991. [versão eletrônica]. Disponível em: <http://www.grupoddp.com.br/resources/A%20Caminho%20do%20Direito%20CivilConstitucional%20-%20Maria%20Celina%20Bodin%20de%20Moraes.pdf>. Acesso em 25 jul. 2023.

NETANEL, Neil Weinstock. Copyright's Paradox. Oxford, New York: *Oxford University Press,* 2008.

POELL, Thomas; NIEBORG, David B.; DUFFY, Brooke Erin. *Platforms and Cultural Production*. Cambridge, UK: Polity Press, 2022.

REIS, Jorge Renato. PIRES, Eduardo. O Direito de Autor Funcionalizado. In SANTOS, Manoel J. Pereira dos. (org.) *Direito de Autor e Direitos Fundamentais.* São Paulo: Saraiva, 2011.

TAN, Corinne. *Regulating Content on Social Media: Copyright, Terms of Service and Technological Features.* London: UCL Press, 2018.

RIETVELD, Joost; PLOOG, Joe N.; e NIEBORG, David B. The coevolution of platform dominance and governance strategies: Effects on complementor performance outcomes. Academy of Management Discoveries. *Academy of Management Discoveries*. Vol. 6, No. 3, 2020.

RODRIGUES, Gustavo; KURTZ, Lahis. ***Transparência sobre moderação de conteúdo em políticas de comunidade***. Belo Horizonte: Instituto de Referência em Internet e Sociedade, 2020. Disponível em: <https://bit.ly/3nUbXYh>. Acesso em 25 jul. 2023.

SADOWSKI, Jathan. The Internet of Landlords: Digital Platforms and New Mechanisms of Rentier Capitalism. *Antipode,* vol. 52, pp. 562-580. Disponível em: <https://doi.org/10.1111/anti.12595>. Acesso em 25 jul. 2023.

TAMEIRÃO, Nathália. Quanto ganha um Youtuber? Confira lucros de grandes YouTubers e entenda a monetização da plataforma. *SambaTech,* 2021. Disponível em <https://sambatech.com/blog/insights/quanto-ganha-um-youtuber/>. Acesso em 25 jul. 2023.

16.

MODERAÇÃO DE CONTEÚDO E DESINFORMAÇÃO ONLINE

Diogo Rais
Rodrigo Ruf Martins

1. Desinformação é um problema jurídico?

Partindo da premissa que talvez não seja possível definir com precisão o que é desinformação, ao menos de modo universal, por não parecer possível defini-la perfeitamente para todos os contextos e expertises, propõe-se um ponto de partida com uma definição especificamente construída diante do ordenamento jurídico brasileiro.

Partindo da premissa que o Direito não se direciona à mentira em si, por ter como alvo a proteção dos bens jurídicos tende a se direcionar a tudo que seja capaz de produzir dano efetivo ou em potencial, portanto, parece que a mentira por si não é um problema jurídico, talvez uma questão ética, moral, filosófica ou até religiosa, mas, para o Direito, apenas a mentira qualificada pelo potencial lesivo é que deve deflagrar sua atuação.

Em outras palavras, não temos em nosso sistema jurídico, uma espécie genérica de "dever jurídico de verdade" exigível de todos universalmente e em qualquer contexto ou circunstância. Talvez este "dever de verdade" de modo genérico e descolado do potencial lesivo, seja um dever ético, moral, filosófico ou até religioso, mas não jurídico por si.

Assim, enquanto o dilema entre verdade e mentira pode ter maior aderência à ética, parece que o dilema entre a fraude e a licitude atrai, inevitavelmente, a atuação do Direito.[1]

---

1 RAIS, Diogo. *Fake News: a Conexão entre a Desinformação e o Direito*. São Paulo: Thomson Reuters Brasil, 2018.

2. O desafio da moderação de conteúdo

Um dos maiores desafios que a atividade de moderação de conteúdo tem enfrentado no Brasil e ao redor do mundo é a alegada falta de transparência, tanto no processo de elaboração quanto de aplicação das políticas de conteúdo das redes sociais.

Essa percepção de que os processos e decisões não são transparentes podem minar a confiança da sociedade e dos usuários na moderação exercida pelas redes sociais, além de ensejar críticas as mais variadas — desde que a falta de transparência leva a uma ineficácia da moderação (plataformas removem menos do que deveriam), até o seu contrário, no sentido de que há censura de discursos válidos (plataformas removem mais do que deveriam).

Embora se reconheça a evolução da complexidade e disponibilidade das políticas de conteúdo,[2] ainda se critica o fato de essas regras supostamente não contarem com a participação da sociedade civil no processo de elaboração. Embora os provedores das redes sociais indiquem que, pelo contrário, há diálogo e participação da sociedade civil nesse processo,[3] a crítica é persistente e enseja até iniciativas regulatórias neste sentido — como no Brasil, no Projeto de Lei n. 2630/2020[4] que ficou popularmente conhecido como PL das Fake News, embora sua redação entre a proposta e o momento atual[5] tenha se alterado tanto a ponto do apelido notório talvez não mais se justificar.

---

2 Relatório do Brennan Center for Justice indica que as regras de conteúdo inicialmente publicadas pelo Twitter tinham menos que 600 palavras, enquanto as regras do Youtube se limitavam a instruir os usuários a "não cruzarem a linha". Hoje, essas plataformas e outras como Facebook e Instagram publicam regras muito mais completas, com previsões específicas tratando de diversos tipos de conteúdo - DÍAZ, Ángel; HECHT-FELELLA, Laura. *Double Standards in Social Media Content Moderation*. Brennan Center for Justice at the New York University School of Law. 2021. P. 4. Disponível em: <https://www.brennancenter.org/sites/default/files/2021-08/Double_Standards_Content_Moderation.pdf>. acesso em 27 Set. 2022.

3 Como nesse post no blog do Youtube, em 2019: THE YOUTUBE TEAM. Our ongoing work to tackle hate. YouTube Official Blog, 05 jun. 2019. Disponível em: <https://blog.youtube/news-and-events/our-ongoing-work-to-tackle-hate/>. Acesso em 27 Set. 2022. No post, há uma menção à Christchurch Call, uma iniciativa que surgiu após o massacre transmitido ao vivo de um massacre ocorrido em duas mesquitas no dia 15 de março de 2019, na cidade de Christchurch, Nova Zelândia, para combater o terrorismo (e, no que tange às redes sociais, conteúdo desta natureza na internet). Link para a iniciativa: https://www.christchurchcall.com/about/, acesso em 27 Set. 2022.

4 Nesse sentido, há uma proposta no artigo 12 do texto original apresentado junto ao Senado Federal - https://www.camara.leg.br/proposicoesWeb/prop_mostrarintegra?codteor=1909983, acesso em 27 Set. 2022.

5 Junho de 2023.

Em relação à transparência no processo de tomada de decisão de moderação, duas iniciativas marcantes no plano regulatório internacional: o Digital Services Act da União Europeia, aprovado em 2022, e o Online Safety Bill, ainda[6] em discussão no parlamento do Reino Unido. Dentre outras disposições, os dois diplomas, uma vez aprovados, exigiriam a publicação de relatórios de transparência por parte das plataformas digitais. Órgãos específicos ficariam responsáveis pela análise e monitoramento destes relatórios: respectivamente o European Board for Digital Services e o Office of Communications (OFCOM).[7]

No Brasil, o já mencionado Projeto de Lei n. 2630/2020 também introduz semelhantes disposições, tornando os relatórios de transparência obrigatórios e estabelecendo periodicidade e granularidade mínima dos dados divulgados.[8] Há críticas à rigidez imposta na confecção e publicação dos relatórios, considerando também o caráter extensivo e desproporcional dos detalhes exigidos na proposta legislativa e o risco de se criar, por meio da busca de transparência, uma espécie de "mapa da mina" para agentes mal-intencionados, que poderiam se utilizar dessas informações para burlar indevidamente os sistemas de moderação.

Outra crítica frequente às redes sociais no âmbito da falta de transparência decorre da abordagem que os respectivos provedores tendem a ter sobre o conteúdo considerado como "noticioso"[9] ou de interesse público e sobre o conteúdo que é publicado por figuras públicas.

Relatório do Brennan Center for Justice de 2022[10] utiliza o caso de Trump como um exemplo desta abordagem opaca pois, embora ele tenha sido banido ou suspenso das redes sociais após o término de seu mandato presidencial, ele teria efetivamente violado diversas regras das redes anteriormente — e contado com a leniência e tratamento diferenciado pelas plataformas durante vários anos.

O relatório indica que Trump teria violado as regras ao incitar publicamente a violência em pelo menos três oportunidades antes da derradeira

---

6 Data de referência, junho de 2023.

7 BOTTINO, Celina, PERRONE, Christian e ARCHEGAS, João V. *Moderação de conteúdo em 2021: quem regula o moderador?*. Jota, 2022. Disponível em: <https://www.jota.info/opiniao-e-analise/artigos/moderacao-de-conteudo-2021-quem-regula-moderador-17012022>. Acesso em 17 set. 2022.

8 Conforme artigo 13 - https://www.camara.leg.br/proposicoesWeb/prop_mostrarintegra?codteor=1909983, acesso em 27 Set. 2022.

9 Tradução imprópria de "newsworthy", termo frequentemente usado na doutrina e na imprensa estrangeiras. O termo em geral identifica conteúdos que seriam "dignos de serem noticiados", ainda que de qualidade duvidosa ou potencialmente violadores de políticas de conteúdo.

10 DÍAZ, Ángel; HECHT-FELELLA, Laura. *Op cit*, p. 16.

violação ocorrida durante os eventos do dia 06 de janeiro de 2021, conhecidos como a Invasão do Capitólio.

Por exemplo, em Maio de 2020, enquanto protestos ocorreriam por todo o país em razão do assassinato de George Floyd (um homem negro, por um policial branco), Trump publicou comentários tidos como incendiários, pois descreviam como "CAPANGAS" as pessoas que protestavam contra o crime racial cometido, além de postar uma frase que justificaria o uso da força por civis diante de pessoas suspeitas de saques e outras violações ao patrimônio.[11]

Outro exemplo de conduta violadora apontada consistiria nas inúmeras ocasiões em que Trump se referiu ao vírus da covid-19 como "o vírus chinês", o que pode ter influenciado uma onda de violência contra populações asiáticas nos Estados Unidos da América.

O relatório aponta também que as redes sociais teriam sido lenientes com outros representantes do espectro político e ideológico representado por Trump. Aponta que conteúdos compartilhados pelos Senadores Ted Cruz e Josh Hawley, por exemplo, teriam fomentado as dúvidas sobre a lisura do processo eleitoral, amplificando a narrativa. O discurso dessas figuras públicas teria contribuído para as cerca de 800 menções ao tema na Fox News e outras emissoras nas duas semanas após a declaração do resultado final.

A opção colocada aos provedores das redes sociais não era fácil. Silenciar discursos não costuma ser a abordagem preferencial, tendo as principais plataformas sido fundadas sob a premissa de fomentar a liberdade de informar e de se informar.

Esse é, inclusive, o espírito das exceções presentes nas políticas das principais plataformas. Os Padrões da Comunidade do Facebook, por exemplo, esclarecem esse objetivo de possibilitar às pessoas "falar abertamente sobre os assuntos importantes para elas, ainda que sejam temas que geram controvérsias e objeções". Prosseguem dizendo que "[e]m casos raros, permitimos a publicação de conteúdo que pode violar os Padrões da Comunidade do Facebook ou as Diretrizes da Comunidade do Instagram caso ele seja interessante e de interesse público".[12]

De maneira semelhante, o Twitter reconhece que "pode ser de interesse público permitir que as pessoas vejam Tweets que normalmente seriam removidos". E considera "o conteúdo como sendo de interesse pú-

---

11 O termo "capangas" é uma tradução livre do termo "thugs" utilizado por Trump. E o adágio utilizado foi, no original "when the looting starts, the shooting starts".

12 NOSSA abordagem para conteúdo interessante. *Meta Transparency Center.* Disponível em: <https://transparency.fb.com/pt-br/features/approach-to-newsworthy-content/>. Acesso em 27 Set. 2022.

blico quando ele contribui diretamente para a compreensão ou discussão de um assunto de preocupação pública". De forma mais transparente, o Twitter indica que limita "as exceções a um tipo importante de conteúdo de interesse público — Tweets de representantes públicos eleitos e de governos — devido ao interesse público significativo de saber e poder discutir as ações e declarações deles".[13]

No contexto brasileiro, há um exemplo bastante notório: conteúdos publicados por Jair Bolsonaro, enquanto ocupava a presidência da República, teriam sido mantidos pelas redes sociais, apesar de, supostamente, violarem as respectivas políticas de conteúdo.[14] Inclusive, levantamento apontou que, nada obstante o presidente já tivesse tido trinta e seis vídeos removidos do YouTube, nenhuma consequência teria sido imposta ao canal, o que indicaria uma suposta leniência e falta de transparência na abordagem do provedor da rede.[15]

Em que pese a validade das críticas em sentido contrário, a abordagem das plataformas pela manutenção do conteúdo noticioso ou de interesse público é aquela que, em geral, equilibrará o interesse da sociedade. A retórica agressiva ou até mentirosa, utilizada por representantes democraticamente eleitos deve ser exposta, para que o público saiba e conheça as posições — e transgressões — daquele líder.

Isso não quer dizer que o conteúdo considerado noticioso deva estar isento de medidas de moderação. Se tal conteúdo ensejar risco iminente de dano físico às pessoas, ele deverá sim ser objeto de remoção, a qual deve ocorrer da forma mais rápida possível. Nesse sentido, talvez a crítica devesse se concentrar não na existência de uma exceção para o conteúdo dito noticioso, mas para os critérios ao seu enquadramento — o que poderia ter levado à exclusão dos conteúdos de Trump mencionados anteriormente, por exemplo.

De todo modo, é um equívoco pensar que a atividade de moderação se limita à remoção de conteúdo. Há toda uma gama de ações que podem ser

13 SOBRE as exceções devido ao interesse público no Twitter. *Central de Ajuda do Twitter.* Disponível em https://help.twitter.com/pt/rules-and-policies/public-interest, acesso em 27 Set. 2022.

14 SOPRANA, Paula. *Big techs mantêm brechas sobre golpismo de Bolsonaro e deixam TSE sem respaldo.* Folha de São Paulo, 25 Jun. 2022. Disponível em <https://www1.folha.uol.com.br/poder/2022/06/big-techs-mantem-brechas-sobre-golpismo-de-bolsonaro-e-deixam-tse-sem-respaldo.shtml>. Acesso em 27 Set. 2022. Contudo, há diversos outros exemplos de conteúdos publicados pelo presidente que foram removidos pelas redes sociais por violação às políticas de conteúdo.

15 COUTINHO, Dimítria. *YouTube demora em média 9 meses para punir vídeos de Bolsonaro.* Portal IG. Disponível em <https://tecnologia.ig.com.br/2022-07-22/youtube-demora-punir-videos-canal-bolsonaro-desinformacao.html>. Acesso em 27 Set. 2022.

adotadas pelas plataformas que, ao invés de apenas limitar o discurso, poderão reduzi-lo, esclarecê-lo ou contextualizá-lo.

3. Moderando sem remover

Ao tratar de moderação de conteúdo nas redes sociais, é bastante comum concentrar o objeto da discussão apenas na possível remoção de conteúdos e contas de usuários que violam as regras das plataformas. Contudo, há tempos, a remoção de conteúdo e o banimento de contas deixou de ser a única opção das redes sociais para aplicar as suas políticas de moderação.

De fato, remoção e banimento são as formas mais visíveis de moderação.[16] Mas, não são as únicas. Atualmente, as principais plataformas contam com todas — ou com a maioria — das seguintes formas de moderação: (1) desmonetização; (2) suspensão temporária de contas ou funcionalidades; (3) redução de visibilidade e de distribuição do conteúdo; (4) rotulagem com informação oficial, a partir de checagem de fatos ou inclusão de avisos prévios de conteúdo problemático; e (5) introdução de fricção ao compartilhamento do conteúdo.

Essas medidas podem ser consideradas como intermediárias à remoção de conteúdo e banimento de contas, as quais são, certamente, aquelas mais drásticas disponíveis aos provedores, podendo ser aplicadas de forma gradativa.[17]

Afinal, remover conteúdo que não viola claramente as regras das plataformas pode causar prejuízo ao direito de informação e à liberdade de expressão. Nesse sentido, as medidas intermediárias podem ser mais adequadas para lidar com conteúdo e comportamento limítrofes, ou seja, que não são tidos como violadores das políticas de conteúdo, mas se encontram numa zona bastante próxima.

---

16 GILLESPIE, Tarleton. *Do Not Recommend? Reduction as a Form of Content Moderation*. Social Media + Society, 2022. Disponível em: <https://journals.sagepub.com/doi/full/10.1177/20563051221117552>. Acesso em 17 Set. 2022.

17 Por exemplo, a Central de Ajuda do Twitter explica que as medidas de moderação contra a desinformação são aplicadas de forma gradativa: "[g]erenciamos o risco de dano público de várias formas. A combinação das ações que tomamos deve ser proporcional ao nível potencial de prejuízo da situação. Pessoas que violam repetidamente nossas políticas podem estar sujeitas a suspensões temporárias ou permanentes. Dependendo do potencial para danos no mundo físico, limitamos a amplificação do conteúdo enganoso ou *o removemos* do Twitter, caso as consequências offline tenham o potencial de ser imediatas e graves". Disponível em: https://help.twitter.com/pt/resources/addressing-misleading-info, acesso em 30 Set. 2022.

Incluem-se nessa categoria o conteúdo tido como indesejado, de baixa qualidade, potencialmente violador das políticas (*borderline*) e, também, o desinformativo.

As medidas intermediárias atuam em duas frentes. Na primeira delas, reduzindo os incentivos, inclusive financeiros, aos usuários que publicam conteúdo desta natureza. Estão nessa categoria a desmonetização, a suspensão temporária de contas ou funcionalidades e a redução de visibilidade e de distribuição do conteúdo. E, na segunda frente, atuam ao oferecer contexto e informações adicionais à comunidade de usuários, além de reduzir a viralização de conteúdos problemáticos. Rotulagem e fricções ao compartilhamento estão nessa categoria.

Especificamente, faz-se importante o uso das medidas intermediárias na abordagem à desinformação, um conceito difícil de se definir.[18] As políticas de conteúdo das redes sociais reconhecem essa dificuldade,[19] em especial quando se está diante de conteúdo que, embora desinformativo, não viola as políticas das plataformas.[20]

Para as eleições brasileiras de 2022, as redes sociais aplicam toda a gama de medidas intermediárias previstas em suas políticas para moderar conteúdos de natureza política e eleitoral. Destacam-se programas de verificação de fatos com agências parceiras, os quais geram a rotulagem de conteúdos como falsos ou imprecisos, além de fricções ao compartilhamento,[21] a suspensão da funcionalidade de transmissão ao vivo[22] e aviso de

---

18 DEL CAMPO, Agustina. *Disinformation Is Not Simply a Content Moderation Issue*. Carnegie Endowment for International Peace, 2021. Disponível em: <https://carnegieendowment.org/2021/10/19/disinformation-is-not-simply-content-moderation-issue-pub-85514>. Acesso em 17 set. 2022.

19 Por exemplo, vide Padrões da Comunidade do Facebook, "[a] desinformação é diferente de outros tipos de discurso abordados em nossos Padrões da Comunidade, pois não há uma maneira de formar uma lista abrangente de proibições." Por isso, "[u]ma política que simplesmente proíbe "desinformação" não forneceria um aviso útil às pessoas que usam nossos serviços e seria inexequível, já que não temos acesso impecável às informações". Disponível em: https://transparency.fb.com/pt-br/policies/community-standards/misinformation/, acesso em 30 Set. 2022.

20 Se um conteúdo for, além de desinformativo, violador de alguma outra política da plataforma, estaria sujeito à remoção. Nesse sentido: "No YouTube, não permitimos certos tipos de conteúdo enganoso que pode causar danos graves. Isso inclui desinformação que possa provocar riscos reais (como a promoção de medicamentos ou tratamentos nocivos), alguns tipos de conteúdo editado ou vídeos que interfiram em processos democráticos". Disponível em: https://support.google.com/youtube/answer/10834785?hl=pt-BR, acesso em 30 Set. 2022.

21 Caso da Meta, com o seu Programa de Verificação de Fatos Independente, informações disponíveis em https://www.facebook.com/formedia/mjp/programs/third-party-fact-checking?locale=pt_BR, acesso em 30 Set. 2022.

22 Caso do TikTok, conforme informações em https://www.tiktok.com/safety/en/election-integrity/, acessado em 01 Out. 2022.

aplicação de uma regra de interesse público ao conteúdo, com limitação às possibilidades de engajamento,[23]

Algumas redes sociais criaram, inclusive, medidas específicas para esse evento. É o caso do rótulo aposto pelo Facebook e pelo Instagram em todas as postagens que trataram do tema eleições, direcionando o usuário ao site do TSE para obter informações oficiais.[24] No YouTube, painéis informativos são exibidos aos usuários ao pesquisar determinadas palavras-chave, remetendo o usuário a conteúdos oficiais sobre integridade eleitoral, explicações sobre o processo de votação, resultados, segurança do sistema de votação e serviços eleitorais ao público.[25]

Em que pese a utilidade e o acerto de se adotar medidas alternativas à simples remoção do conteúdo ou banimento da conta, há críticas ao seu emprego pelas redes sociais. A depender do tipo de medida, a crítica pode ser relacionada a sua insuficiência, ou derivar para a sua inadequação.

Embora reconhecida como medida que melhor equilibra a preservação da liberdade de expressão com o combate a abusos, a rotulagem é criticada por ser insuficiente, por vezes em razão do uso de mensagens de alerta demasiadamente genéricas no lugar de mensagens de alerta mais incisivas que poderiam ter mais impacto sobre os usuários. Ainda, critica-se o uso dos rótulos como uma forma de se evitar decisões polêmicas de remoção de conteúdo de natureza política, servindo a medida intermediária como uma forma de proteção dos mais poderosos.[26]

A redução de visibilidade e da distribuição de conteúdo é também duramente criticada, defendendo-se, inclusive, que ela talvez seja mais perniciosa à liberdade de expressão do que a remoção de conteúdo, por se tratar de medida cuja aplicação não seria visível aos usuários que deixaram de consumir o conteúdo.[27] Nota-se, portanto, uma crítica mais voltada à au-

---

23 Caso do Twitter, conforme informações em https://help.twitter.com/pt/rules-and-policies/enforcement-options, acesso em 01 Out. 2022.

24 Conforme anunciado em 26/10/2021, no blog da Meta. Em atualização posterior, foi informado o impacto do rótulo: "o acesso à página inicial do site aumentou quase 10 vezes nos dois primeiros meses de 2022, para 1,4 milhão de visitas, em comparação ao período de outubro e novembro do ano passado, quando os rótulos ainda não estavam disponíveis nas plataformas da Meta". Disponível em: https://about.fb.com/br/news/2021/10/rotulos-eleicoes-no-brasil/, acesso em 30 Set. 2022.

25 Vide postagem disponível em https://blog.youtube/intl/pt-br/inside-youtube/eleicoes2022/, acesso em 30 Set. 2022.

26 Críticas apresentadas de forma contundente no relatório Double Standards in Social Media Content Moderation (DÍAZ, Ángel, *et al. Op. cit.*, p. 12).

27 COTTER, Kelley. *"Shadowbanning is not a thing": Black box gaslighting and the power to independently know and credibly critique algorithms*. Information, Communication & Society, 2021. Disponível em: <https://www.tandfonline.com/doi/full/10.1080/1369118X.2021.1994624>. Acesso em 17 Set. 2022.

sência de transparência em si do que às características da redução de visibilidade e da distribuição.

A crítica sobre a falta de transparência recai também sobre os sistemas automatizados utilizados para avaliar, classificar e, por fim, distribuir o conteúdo. Evidentemente, o uso da tecnologia em si não é objeto da crítica — afinal, seria impossível conceber o funcionamento de redes sociais baseadas em sistemas de recomendação de conteúdo para bilhões de usuários sem a utilização de recursos automatizados e imbuídos de inteligência artificial.

Para além da crítica quanto à opacidade dos algoritmos das plataformas, adverte-se quanto ao fato que a inteligência artificial se baseia no comportamento humano para aprender e melhorar — mas, o comportamento humano tende a favorecer conteúdo sensacionalista e inflamatório,[28] resultando em algoritmos que, no lugar de reduzir tais conteúdos, acabarão por impulsioná-los.

Contudo, mesmo diante das críticas apresentadas a algumas das medidas intermediárias de remoção de conteúdo, não se pode negar a sua importância e o seu caráter complementar à remoção de conteúdos e ao banimento de contas. Há mitigações às principais críticas deduzidas às medidas intermediárias, notadamente aquelas que apontam o uso inconsistente e pouco transparente dessas medidas.

Afinal, o uso das redes sociais tem se tornado cada vez mais amplo e complexo, a ensejar uma abordagem também mais complexa e que seja capaz de endereçar as nuances do comportamento humano nas plataformas. Além de simplesmente remover, reduzir o alcance de conteúdo problemático, sem eliminá-lo, somado a um melhor acesso do usuário à informação e ao contexto passa a ter um papel ainda mais importante no uso saudável e benéfico das redes sociais.

Referências

BOTTINO, Celina, PERRONE, Christian e ARCHEGAS, João V. *Moderação de conteúdo em 2021: quem regula o moderador?*. Jota, 2022. Disponível em: <https://www.jota.info/opiniao-e-analise/artigos/moderacao-de-conteudo-2021-quem-regula-moderador-17012022>. Acesso em 17 set. 2022.

COTTER, Kelley. *"Shadowbanning is not a thing": Black box gaslighting and the power to independently know and credibly critique algorithms*. Information, Communication & Society, 2021. Disponível em: <https://www.tand-

28 DÍAZ, Ángel, *et al*. *Op. cit.*, p. 12.

fonline.com/doi/full/10.1080/1369118X.2021.1994624>. Acesso em 17 Set. 2022.

COUTINHO, Dimítria. *YouTube demora em média 9 meses para punir vídeos de Bolsonaro.* Portal IG. Disponível em <https://tecnologia.ig.com.br/2022-07-22/youtube-demora-punir-videos-canal-bolsonaro-desinformacao.html>. Acesso em 27 Set. 2022.

DEL CAMPO, Agustina. *Disinformation Is Not Simply a Content Moderation Issue*. Carnegie Endowment for International Peace, 2021. Disponível em: <https://carnegieendowment.org/2021/10/19/disinformation-is-not-simply-content-moderation-issue-pub-85514>. Acesso em 17 set. 2022.

DÍAZ, Ángel; HECHT-FELELLA, Laura. *Double Standards in Social Media Content Moderation*. Brennan Center for Justice at the New York University School of Law. 2021. P. 4. Disponível em: <https://www.brennancenter.org/sites/default/files/2021-08/Double_Standards_Content_Moderation.pdf>. acesso em 27 Set. 2022.

GILLESPIE, Tarleton. *Do Not Recommend? Reduction as a Form of Content Moderation*. Social Media + Society, 2022. Disponível em: <https://journals.sagepub.com/doi/full/10.1177/20563051221117552>. Acesso em 17 Set. 2022.

NOSSA abordagem para conteúdo interessante. *Meta Transparency Center*. Disponível em: <https://transparency.fb.com/pt-br/features/approach-to-newsworthy-content/>. Acesso em 27 Set. 2022.

RAIS, Diogo. *Fake News: a Conexão entre a Desinformação e o Direito*. São Paulo: Thomson Reuters Brasil, 2018.

SOBRE as exceções devido ao interesse público no Twitter. *Central de Ajuda do Twitter*. Disponível em https://help.twitter.com/pt/rules-and-policies/public-interest, acesso em 27 Set. 2022.

SOPRANA, Paula. *Big techs mantêm brechas sobre golpismo de Bolsonaro e deixam TSE sem respaldo*. Folha de São Paulo, 25 Jun. 2022. Disponível em <https://www1.folha.uol.com.br/poder/2022/06/big-techs-mantem-brechas-sobre-golpismo-de-bolsonaro-e-deixam-tse-sem-respaldo.shtml>. Acesso em 27 Set. 2022.

THE YOUTUBE TEAM. Our ongoing work to tackle hate. Youtube Official Blog, 05 jun. 2019. Disponível em: <https://blog.youtube/news-and-events/our-ongoing-work-to-tackle-hate/>. Acesso em 27 Set. 2022.

17.

A AUSÊNCIA DA REGRA DE BAYES E A PRESENÇA DE VERDADES ILUSÓRIAS: RAZÕES PARA QUE A MODERAÇÃO DE CONTEÚDO INCLUA O USUÁRIO CONTAMINADO COM DESINFORMAÇÃO

Alexandre Pacheco da Silva

Nossos cérebros são preditivos, essa é a razão do 'porqu3 vo@ê consegu3 lre isso'. Porém, basta apenas uma ilusão ótica para revelar o quão fácil é enganar o seu cérebro para enxergar algo que não está lá, simplesmente porque você espera que esteja. Relevante aqui é que essas ilusões de ótica não são apenas entretenimento, na verdade elas nos auxiliam na compreensão de como a realidade é construída.[1]

1 Tradução nossa do original: "*Our brains are predictive, which is 'why yuo can raed this'. But is only takes one optical illusion to reveal how easy it is to trick your brain into seeing something that isn't there, simply because you expect to see it. Importantly, these optical illusions aren't just for fun, they actually help our understanding of how reality is constructed*". VAN DER LINDEN, Sander. *Foolproof: why misinformation infects our minds and how to build immunity.* New York: W.W. Norton & Company, 2023. p. 20.

1. Uma verdade inconveniente: plataformas digitais contribuem para a criação do efeito da verdade ilusória sobre seus usuários

Max Fisher, autor de *A máquina do caos: como as redes sociais reprogramaram nossa mente e nosso mundo*,2 propõe uma reflexão sobre a contribuição de redes sociais para a disseminação de desinformação[3] em diferentes partes do mundo, afirmando que há uma ideia amplamente aceita, porém equivocada, de que o fenômeno da desinformação é fruto do comportamento mal-intencionado de determinados indivíduos que se utilizam de forma imprópria de ferramentas digitais disponíveis em plataformas (e.g. redes sociais, aplicativos de mensageria etc.).

Nessa perspectiva, as plataformas digitais seriam "uma tubulação passiva por onde corriam os problemas já existentes na sociedade".[4] Contudo, essa percepção gerou dúvidas no autor, suscitando o projeto de seu livro. No âmbito de seus conhecimentos de jornalista, Max Fisher buscou entrevistar especialistas e funcionários de empresas de tecnologia, detentoras de plataformas digitais.

Entre as suas descobertas, um cenário peculiar foi apontado pelo jornalista: muitas empresas parecem intencionalmente subestimar o peso que seus algoritmos e o design de suas plataformas podem causar no comportamento de seus usuários, influenciando-os por meio de estímulos na organização e disponibilização de informação em suas plataformas. Nas palavras de Fisher:[5]

---

2 FISHER, Max. *A máquina do caos: como as redes sociais reprogramaram nossa mente e nosso mundo*. Tradução: Érico Assis. São Paulo: Todavia, 2023, p. 12.

3 A definição de desinformação é complexa e tem sido objeto de diversas abordagens. Entre as possíveis definições de desinformação, utilizaremos a definição de *disinformation* trazida pelo *EU High Level Group* como sinônimo de desinformação. Segundo o grupo, o conceito de *disinformation* pode ser definido como informação falsa, imprecisa ou enganosa que é construída, apresentada ou promovida intencionalmente para causar dano a sociedade ou para gerar lucro aos seus disseminadores. Essa definição não engloba o termo *misinformation*, também excluído do conceito de desinformação trazido neste ensaio, definido como informação imprecisa ou falsa sem a intenção de gerar prejuízos ao seu receptor. EUROPEAN COMMISSION. *A multi-dimensional approach to disinformation: report of the independent High level Group on fake news and online disinformation*. Bruxelas: European Commission, 2018, p. 10.

4 FISHER, Max. *A máquina do caos: como as redes sociais reprogramaram nossa mente e nosso mundo*. Tradução: Érico Assis. São Paulo: Todavia, 2023, p. 12.

5 FISHER, Max. *A máquina do caos: como as redes sociais reprogramaram nossa mente e nosso mundo*. Tradução: Érico Assis. São Paulo: Todavia, 2023, p. 17.

> Era como estar em uma fábrica de cigarros e seus executivos afirmarem que não entendiam por que as pessoas reclamavam dos impactos na saúde que as pequenas caixas de papelão que eles vendiam causavam.

Entre as explicações de seus entrevistados, o argumento principal é o de que quanto maior o alcance e o engajamento de indivíduos em processos de comunicação maior o risco de que alguns indivíduos passem dos limites socialmente aceitos, tendo de ser repreendidos *a posteriori*, sem comprometer as interações entre a maior parte dos usuários que estariam cada vez mais explorando ideias e novas formas de comunicação.[6]

Dessa forma, a desinformação, o discurso de ódio, teorias da conspiração, entre outras formas de comunicação objeto de contestação social (conteúdos nocivos) seriam resultantes do comportamento individual e não de um desenho preconcebido de captura e retenção da atenção de usuários no contexto de crescimento econômico de empresas detentoras de plataformas digitais. Nessa perspectiva, a disseminação de conteúdos nocivos seria a consequência não planejada e indesejável de uma tecnologia que traz diversos benefícios sociais.

Na página oficial da Meta, empresa detentora de plataformas digitais como o Facebook, Whatsapp e o Instagram, entre outras, reforça-se a ideia de que a disseminação de conteúdos desinformativos, associados ao ódio contra grupos vulneráveis ou até a disseminação de teorias da conspiração são fruto de ações individuais e não resultado de sua arquitetura tecnológica, guiada pelos objetivos de seu modelo de negócio. Nas palavras da empresa[7]:

> Nós estamos abertos a ouvir cada um com tolerância e respeito, todos nos beneficiaremos disso. Redes sociais permitiram com que mais vozes sejam ouvidas, porém, algumas pessoas usam isso para causar danos. É por isso que temos as regras da comunidade que especificam o

---

6 FISHER, Max. *A máquina do caos: como as redes sociais reprogramaram nossa mente e nosso mundo*. Tradução: Érico Assis. São Paulo: Todavia, 2023, p. 18.

7 Tradução nossa do original: *When we're open to hearing each other with tolerance and respect, we all benefit. Social media has enabled more voices to be heard, but some people use it to do harm. That's why we have Community Standards that specify what's allowed on our apps, and we remove anything that breaks these rules. For content that doesn't violate our rules but has been rated false by independent fact-checkers, we reduce its distribution to help prevent it from going viral. We also provide context about what you see so you can make your own decisions on what to read, trust and share.* Disponível em: <https://about.meta.com/actions/promoting-safety-and-expression/>. Acesso: 26 set.2023.

> que não é permitido em nossos apps, e nós removemos qualquer conteúdo que viole essas regras. Para conteúdos que não violem nossas regras, mas sejam classificados como falsos por checadores de fatos independentes, nós reduzimos a distribuição do conteúdo para auxiliar que ele se torne viral. Nós também oferecemos contexto sobre o que você vê, de modo que você possa tomar suas próprias decisões sobre o que ler, confiar e compartilhar (tradução nossa).

Note na passagem a construção do argumento, redes sociais trazem o benefício de incluir pessoas até então marginalizadas na sociedade ao custo de que alguns usuários abusam de seu direito de se expressar, fazendo com que a plataforma intervenha para conter o abuso de indivíduos. Mesmo que reconheçamos que a disseminação de desinformação e discurso de ódio são frutos de abuso de indivíduos em suas interações em rede social, não há como ignorar que há uma contribuição da forma como as plataformas são construídas para a disseminação e absorção desse tipo de conteúdo. A descrição da Meta nos parece reforçar a imagem de que as suas plataformas são "tubulações passivas" no sentido de que não contribuem para o fenômeno e que a desinformação e o discurso de ódio são problemas da sociedade, sem nenhuma contribuição de sua parte.

Contudo, hoje há um contingente de trabalhos acadêmicos,[8] jornalísticos[9] e ações de entidades da sociedade civil que contestam o argumento de responsabilidade estritamente individual. Cada vez mais, a arquitetura

---

8 Em um documento aberto com o título *Social Media and Political Dysfunction: A Collaborative Review*, organizado pelos pesquisadores Jonathan Haidt (NYU-Stern) e Chris Bail (Duke), propõe-se organizar os trabalhos acadêmicos sobre como a arquitetura de redes sociais pode contribuir para a disseminação e absorção de desinformação por usuários de plataformas digitais. No documento há trabalhos que discutem o conceito de *echo chambers* (câmaras de eco) e a ideia de ampliação de publicações emocionalmente inflamatórias. O documento é um repositório muito relevante sobre o debate atual sobre o tema e está em constante atualização, conforme novos trabalhos são publicados. Para mais informações, consulte em: <https://docs.google.com/document/d/1vVAtMCQnz8WVxtSNQev_e1cGmY9rnY96ecYuAj6C548/edit>. Acesso em: 02 out. 2023.

9 Uma das publicações jornalísticas mais destacadas sobre o papel das redes sociais na disseminação de discursos nocivos é o livro "A Máquina do Ódio: Notas de uma repórter sobre fake news e violência digital" da jornalista Patrícia Campos Mello. No livro, a autora discute como grupos políticos de extrema-direita têm construído estratégias bem-sucedidas de disseminação de discursos de ódio, sendo bem-sucedidos na captação de novos seguidores e nos ataques a reputação de personalidades públicas e meios de comunicação. A publicação se insere no contexto pessoal de Patrícia Campos Mello que também foi atacada pessoalmente por grupos de extrema-direita e sofreu perseguições de diferentes maneiras nas redes sociais. Confira em: MELLO, Patrícia Campos. *A Máquina do Ódio: notas de uma repórter sobre fake news e violência digital*. São Paulo: Companhia das Letras, 2020.

técnica de plataformas digitais, em especial de redes sociais, tem sido objeto de questionamentos, apontando-se que o desenho de plataformas pode exercer influência significativa em nossa cognição da realidade, alterando a forma como pensamos, nossos comportamentos e como nos relacionamos com os outros. Um efeito que tem sido amplificado ao ponto de autores[10] cogitarem transformações significativas na sociedade decorrentes da influência de plataformas digitais (e.g. polarização cultural, desconfiança da política etc.).

Entre as contestações apresentadas ao argumento da responsabilidade individual, podemos citar a estratégia de oferta de informação de qualidade para combater a desinformação como parte das ações de moderação de conteúdo[11] de plataformas digitais. Em princípio, parece razoável assumir que um bom remédio contra informações falsas ou intencionalmente distorcidas possa ser a disponibilização da informação contextualizada ou com uma explicação sobre o que está de equivocado com a informação. Porém, será que a oferta de informação de qualidade é uma ferramenta eficaz contra a desinformação?

Em 2015, Lisa Fazio, professora associada de psicologia cognitiva da universidade Vanderbilt nos Estados Unidos da América, coordenou um estudo[12] que testa a hipótese de que a repetição aumenta a crença em informações falsas, mesmo com conhecimento prévio da informação verdadeira. A pesquisa organizou grupos de pessoas com diferentes perfis e apresentou para cada um dos participantes a seguinte frase: "saris são saias que homens escoceses vestem". Nas interações com os participantes, os pesquisadores explicavam a história do traje, como ele se inseriu na história da Escócia e os usos atuais da vestimenta.

Após a exposição repetida da informação para o grupo, um pesquisador ao final do experimento informava aos participantes que havia uma confusão, que o termo correto não seria *sari*, mas sim *kilt*. No ato de esclarecimento do equívoco, os pesquisadores explicaram que *sari* é o traje usado

---

10 LAZER, David M. J. et. al. The Science of fake news. **Science**, vol. 359, issue nº 6380, 2018; VAN DER LINDEN, Sander. *Foolproof: why misinformation infects our minds and how to build immunity*. New York: W.W. Norton & Company, 2023.

11 Adotaremos para fins desse ensaio a definição de moderação de conteúdo apresentada por James Grimmelmann como os mecanismos de governança de uma plataforma que estruturam a participação de usuários em uma comunidade digital de modo a estimular a cooperação entre seus membros e prevenir o abuso. Nesse sentido, a moderação de conteúdo são as regras definidas por empresas detentoras de plataformas digitais e o conjunto de suas ações para estimular e desestimular comportamentos no ambiente em que controlam. GRIMMELMANN, James. The virtues of moderation. *Cornell Law Faculty Publications*, nº 1, abr. 2015, p. 47

12 FAZIO, Lisa K. et. al. Knowledge does not protect against illusory truth. *Journal of Experimental Psychology*: General, vol. 144, nº 5, 2015.

por mulheres na Índia segundo a tradição do país, caracterizado como uma peça de tecido com cerca de 6 metros de comprimento, envolvendo o corpo da mulher desde os ombros até a cintura. Porém, mesmo após os esclarecimentos tendo sido feitos muitos participantes continuavam a afirmar que era o *sari* e não o *kilt* a saia que homens vestiam na Escócia.

A persistência em acreditar na informação falsa (sari ser a saia que escoceses vestem na Escócia) foi chamada de efeito da verdade ilusória – *the illusory truth effect* – que ocorre quando nós, seres humanos, vemos ou ouvimos algo repetidamente e nosso cérebro ao buscar responder a estímulos responde com o que lhe soa mais familiar, não necessariamente com o que é verdadeiro. Isso é chamado pela psicologia como fluência – *fluency* – e o problema são os casos que nosso cérebro confundi a fluência com a verdade, criando uma ilusão de verdade.[13]

O efeito de verdade ilusória se amplia quando analisamos a disponibilização de conteúdo por relevância em redes sociais. Na posição de usuário, recebemos diversas recomendações de plataformas, quem devemos seguir, qual conteúdo teremos interesse em consumir e quais grupos talvez tenhamos interesse em integrar. Há, de acordo com as caraterísticas de nosso perfil comportamental, um processo de filtragem do que vemos por parte das plataformas, um recorte da realidade que pode, aos olhos do usuário, se confundir com a própria realidade. Se vemos muita desinformação, a desinformação se torna a regra, passa a ser compreendida por nosso cérebro como natural, passa a soar como verdade.

Nesse sentido, o problema da fluência ao criar o efeito da verdade ilusória é a sensação de que a desinformação pode ser sentida como verdade e, portanto, não será digna de constrangimento ou qualquer tipo de desconforto por parte de seu receptor. Isto porque, quando uma informação falsa é exposta frequentemente para um receptor, por exemplo um usuário de rede social, ela aumenta o seu valor de verdade para ele, reduzindo dilemas éticos relacionados ao compartilhamento da informação e as interações com outras pessoas.[14] Em síntese, se eu sinto como verdade, então deve ser verdade.

A questão se agrava quando se soma a busca por engajamento em plataformas digitais. No caso especificamente de redes sociais, há uma busca por engajamento, definido pela maximização da retenção da atenção do usuário por meio de incentivos criados para que interaja com os demais usuários na maior quantidade de tempo e postagens possíveis.

13 VAN DER LINDEN, Sander. *Foolproof: why misinformation infects our minds and how to build immunity*. New York: W.W. Norton & Company, 2023, p. 23.
14 VAN DER LINDEN, Sander. *Foolproof: why misinformation infects our minds and how to build immunity*. New York: W.W. Norton & Company, 2023, p. 23.

Quanto maior a presença de usuários engajados, maior a possibilidade de a plataforma explorar a sua atenção por meio de arranjos publicitários (e.g. veiculação de anúncios direcionados). Sob essa lógica econômica, é esperado que conteúdos que ampliem o engajamento sejam favorecidos em detrimento dos demais.[15]

Nesse sentido, nos cabe questionar: se plataformas digitais são capazes de identificar a presença do efeito de verdade ilusória nas informações que circulam em seu ambiente, quais seriam as consequências de elas explorarem economicamente esse efeito impulsionando desinformação de modo a gerar mais engajamento e, portanto, maior resultado econômico para si? Em nossa visão, a resposta é que o seu desenho contribui diretamente para um maior número de pessoas atribuírem valor de verdade para conteúdos desinformativos.

2. A regra de Bayes e o problema da cognição motivada para a moderação de conteúdo em plataformas digitais

> As pessoas quase sempre chegam às suas crenças não com base em evidências, mas com base no que acham atraente.[16]

Há uma passagem atribuída ao economista Paul Samuelson que quando questionado sobre a sua posição sobre um determinado assunto em um debate teria respondido "Quando os fatos mudam, eu mudo de ideia. O que

---

15 FISHER, Max. *A máquina do caos: como as redes sociais reprogramaram nossa mente e nosso mundo.* Tradução: Érico Assis. São Paulo: Todavia, 2023, pp. 26-27

16 Tradução nossa do original: *People almost invariably arrive at their beliefs not on the basis of proof but on the basis of what they find attractive.* A frase é citada por Sander Van Der Linden e atribuída ao matemático Blaise Pascal em sua obra *On the Art of Persuasion* publicada em 1658. A frase ilustra o argumento de Sander Van Der Linden de que tornar informações verdadeiras mais fluentes ao nosso cérebro é mais fácil de falar do que de fazer. Segundo o autor, mesmo há 400 anos atrás, pesquisadores como Blaise Pascal já eram capazes de observar que mesmo em contato com fatos verificados (informações verdadeiras) ainda existiam pessoas que preferiam não acreditar nos fatos e reforçar suas crenças baseadas em percepções equivocadas de mundo. VAN DER LINDEN, Sander. *Foolproof: why misinformation infects our minds and how to build immunity.* New York: W.W. Norton & Company, 2023, p. 28.

você faz, senhor?"[17] A passagem ilustra uma expectativa sobre como indivíduos deveriam se comportar quando defrontados com evidências. Para melhor compreender o argumento, Sander Van Der Linden[18] faz referência ao matemático inglês Thomas Bayes e o que ficou conhecido como a regra de Bayes.

Segundo o autor, a regra pode ser compreendida como uma fórmula que exige do agente a atualização de suas probabilidades sobre eventos em vida toda a vez que certas hipóteses sobre o mundo se mostram como uma verdade, dado o conjunto de evidências disponíveis. Em outras palavras, a regra de Bayes estabelece que se alguém lhe mostra evidências críveis de que uma ideia sua está equivocada, espera-se que você mude de ideia e comportamento.

De início, um indivíduo pode ter dúvidas sobre um evento (e.g. vacinas são perigosas porque estão associadas ao desenvolvimento de autismo), porém, quando apresentado a uma evidência crível – como dados estatísticos, conjunto de estudos etc. – que contradizem fortemente sua opinião (e.g. conjunto amplo de estudos acadêmicos refutando a associação da vacina com o desenvolvimento de autismo), o indivíduo irá atualizar a sua opinião, assumindo uma nova (e.g. vacinas não são perigosas).

Nesse sentido, se a regra de Bayes funcionasse, bastaria oferecer informação de qualidade para os usuários de plataformas digitais que os conteúdos nocivos (e.g. desinformativos, de ódio, conspiratórios etc.) iriam se dissipar, reduzindo o seu impacto sobre processos de tomada de decisão de usuários de diferentes redes.

Contudo, o que se nota na realidade é que uma parcela da sociedade não se comporta de acordo com a regra de Bayes, sendo fortemente influenciada por efeitos de verdade ilusória, ou como o economista Pau Samuelson sugere, com base em informações que são mais atraentes do que as que são baseadas em evidências. Ao invés de atualizar a sua posição diante de evidências, indivíduos buscam adaptar as informações disponíveis para

17 Tradução nossa do original: *When the facts change, I change my mind. What do you do, sir?*. O trecho é frequentemente atribuído ao economista John Maynard Keynes, contudo, é de autoria de outro economista, Paul Samuelson. Segundo Gray e Kumareswaran, independentemente de quem proferiu as palavras do trecho, ele evidencia uma postura relevante em relação a como lidamos com informação na sociedade, se iremos assumir um compromisso com o que chamamos de fatos ou se iremos nos organizar em sociedade apenas com base em crenças pessoais. KUMARESWARAN, Dinesh; GRAY, Stephen. When the facts change, I change my mind. What do you do? *Frontier Economics: Bulletins*, 2020.

18 VAN DER LINDEN, Sander. *Foolproof: why misinformation infects our minds and how to build immunity*. New York: W.W. Norton & Company, 2023, p. 30

que elas reforcem a sua visão de mundo e não a modifique, um processo chamado de cognição motivada.[19]

Um bom exemplo de cognição motivada ocorreu no Brasil em 2022. No início de novembro, um fenômeno peculiar começou a se disseminar pelo país, a formação de acampamentos de apoiadores do então presidente Jair Messias Bolsonaro na frente de quartéis das forças armadas brasileiras.[20]

Os acampamentos serviriam como ato de protesto em relação ao resultado das eleições, em que muitos dos acampados (se não a totalidade) apontavam para a existência de fraudes no processo eleitoral, mesmo com evidências abundantes de que o processo havia transcorrido em sua plena regularidade. Além dos protestos contra fraudes nas eleições os acampados também pediam a intervenção das forças armadas na democracia brasileira, tendo como resultado a manutenção de Jair Messias Bolsonaro na presidência da república, mesmo após a sua derrota nas urnas.

Os protestos atingiram o seu clímax em 08 de janeiro de 2023,[21] quando um grupo de manifestantes saiu de um acampamento no Quartel General do Exército em Brasília rumo a Esplanada dos Ministérios, resultando em uma invasão de prédios públicos em Brasília e na destruição das instalações do Congresso Nacional, do Supremo Tribunal Federal e Palácio do Planalto. No fim do dia, a invasão foi contida e diversos manifestantes presos.

Entre os manifestantes presos em Brasília estava o vendedor de automóveis de 47 anos de idade, Armando Valentin Settin Lopes de Andrade. Ele foi um dos manifestantes presos convocados a depor na Comissão Parlamentar de Inquérito (CPI) dos Atos Antidemocráticos na Câmara Legislativa do Distrito Federal. Em seu depoimento, entre diversas passagens contraditórias entre si, Armando menciona o seu medo de que tivesse a sua casa tomada, citando o governo Dilma Roussef, mas ampliando o seu temor para governos comandados pelo Partido dos Trabalhadores (PT). Nas palavras de Armando:

---

19 VAN DER LINDEN, Sander. *Foolproof: why misinformation infects our minds and how to build immunity*. New York: W.W. Norton & Company, 2023, p. 32.

20 Não foram poucos os relatos da imprensa sobre o período em que brasileiros inconformados com os resultados das eleições presidenciais de 2022, decidiram acampar na frente de quartéis das forças armadas do Brasil. Um dos relatos mais interessantes do período pode ser lido na reportagem do portal Metrópoles sobre um dos brasileiros que passou 70 dias em frente a um quartel. Confira em: <https://www.bbc.com/portuguese/brasil-64205793>. Acesso em: 02 out. 2023.

21 Entre os relatos sobre o 08 de janeiro de 2023, destacamos o resumo feito pelo jornal Folha de São Paulo sobre o evento. Além de descrever o ataque aos prédios públicos na data a partir de números, a reportagem também apresenta os desdobramentos dos atos violentos, descrevendo o número de presos e o patrimônio avariado pelos invasores. Confira na íntegra: <https://www1.folha.uol.com.br/poder/2023/02/entenda-os-ataques-golpistas-de-8-de-janeiro-e-seus-desdobramentos.shtml>. Acesso em: 02 out. 2023.

> Quando a Dilma tinha saído (do governo após o impeachment), me recordo de uma ocasião, de quem tinha uma casa com três ou quatro quartos, e (se) alguém que estivesse na rua e não tivesse casa, eu teria de ceder um dos quartos. Eu fiquei traumatizado. Isso me chocou, senhor. A televisão faz isso (...) (Mas) Nenhuma casa foi tomada.[22]

Diante da fala do depoente, o presidente da CPI, o deputado distrital Chico Vigilante do Partido dos Trabalhadores questionou se ele havia tido contato ou presenciado algum fato nesse sentido, fazendo referência a obrigatoriedade de cessão de quartos de uma residência, e o depoente respondeu que não tinha conhecimento ou notícia do fato. A resposta gerou risos nos membros da CPI, sendo percebida na ocasião como um devaneio de uma pessoa influenciada por informações falsas a respeito de um inexistente plano do PT de socialização da propriedade privada residencial.

Durante os acampamentos não foram poucas as manifestações excêntricas de acampados, merecendo destaque para o episódio de manifestantes catarem o hino nacional para um pneu[23] no contexto de um bloqueio da BR-376, em Irati no Paraná, merecendo também menção os diversos vídeos de marchas de manifestantes com a bandeira do Brasil, até o momento peculiar de súplica de manifestantes para extraterrestes,[24] em que apoiadores

---

22 O trecho do depoimento de Armando Valentin Settin Lopes de Andrade foi retirado de reportagem do jornal Correio Braziliense de 31.08.2023, assinada pelos jornalistas Carlos Silva e Pablo Giovanni. A reportagem descreve as contradições de Armando em seus depoimentos na Polícia Civil do Distrito Federal e na CPI dos Atos Antidemocráticos na Câmara Legislativa do Distrito Federal. Para mais informações, consulte: <https://www.correiobraziliense.com.br/cidades-df/2023/08/5121553-cpi-patriota-diz-que-tinha-medo-de-o-pt-forca-lo-a-abrigar-morador.html>. Acesso em: 05 set. 2023.

23 O vídeo de manifestantes bloqueando uma estrada no estado do Paraná e entoando o hino nacional para um pneu, servindo como um símbolo de uma potencial paralização de caminhoneiros no país está disponível em: <https://www.uol.com.br/eleicoes/videos/?id=bolsonaristas-cantam-hino-nacional-em-bloqueio-na-rodovia-castello-branco-04020E183562C4897326>. Acesso em: 25 ago. 2023.

24 O Ex-comandante de Operações da Polícia Militar do Distrito Federal, o coronel Jorge Eduardo Naime, em depoimento à Comissão Parlamentar de Inquérito (CPI) dos Atos Antidemocráticos, afirmou que manifestantes acampados em frente à quartéis em Brasília, frequentemente mencionavam a possibilidade de extraterrestes ajudarem as forças armadas a realizarem uma intervenção contra o governo federal. Confira em: <https://www.estadao.com.br/politica/bolsonarista-disse-que-extraterrestres-ajudariam-exercito-em-golpe-relata-coronel-a-cpi/>. Acesso em: 25 ago. 2023. Outro episódio curioso, ocorreu em Porto Alegre no Rio Grande do Sul em novembro de 2022, em que manifestantes acampados fizeram um ritual de luzes pedindo auxílio dos céus para que ocorresse uma intervenção militar contra o futuro governo do Brasil. Confira em: < https://g1.globo.com/rs/rio-grande-do-sul/noticia/2022/11/21/grupo-de-bolsonaristas-faz-circulo-com-luzes-em-porto-alegre-e-pede-para-que-general-olhe-por-eles.ghtml >. Acesso em: 25 ago. 2023.

do presidente Jair Messias Bolsonaro utilizaram as luzes dos seus aparelhos celulares para sinalizar ao céu e clamar por uma ajuda extraterrena. Todos esses momentos compartilham um cenário de ampla disseminação de informações falsas ampla capacidade de influenciar comportamentos.

Um traço em comum entre as diversas manifestações em favor de uma intervenção foi a presença de informações falsas que constantemente mobilizavam acampados a renovar suas esperanças de que seus desejos iriam se concretizar a qualquer momento, exigindo apenas um pouco de paciência de cada um dos manifestantes. Uma frase que ficou famosa no período foi "só mais 72 horas",[25] em alusão a uma redação inexistente do art. 142 da Constituição Federal do Brasil, em que o presidente em exercício após as eleições deve se manter em silêncio por 72 horas após as eleições para tomar qualquer atitude contra fraudes eleitorais.

Mesmo com diversos esclarecimentos feitos por plataformas digitais, apontando para o fato de que a informação seria falsa, com remoções de conteúdo sendo feitas no âmbito de ações de moderação por parte das plataformas, mesmo assim a mobilização em torno do prazo de 72 horas permaneceu por algumas semanas em frente aos quartéis pelo Brasil. A disseminação de informações associadas ao prazo criou uma fluência entre os acampados, sendo reforçada pela arquitetura de engajamento de plataformas, de modo a criar uma cognição motivada de grupos de pessoas, tornando-as insensíveis a novas informações que pudessem lhes convencer do contrário.

Pensar a moderação de conteúdo apenas na perspectiva de punição aos usuários que publicaram conteúdos que infringem as regras estabelecidas por uma plataforma digital é ignorar uma dimensão cada vez mais importante do fenômeno, qual o grau de vulnerabilidade de usuários receptores de informação de baixa qualidade frente a exposições construídas pela arquitetura tecnológica de plataforma digitais?[26]

O psicólogo Sander van der Linden, em seu livro *Foolproof: why misinformation infects our minds and how to build immunity,27* defende que disseminação de informações falsas com o intuito de manipular comportamentos

---

25 Sobre a informação falsa que versava sobre o prazo de 72 horas presente no art. 142 da Constituição Federal do Brasil, o portal de checagem de notícias falsas "Aos Fatos" esclareceu que a expressão não está presente no texto constitucional. Contudo, a informação atingiu 37,9 mil interações no TikTok, 6.900 curtidas no Instagram e 6.700 tuítes no Twitter. Confira em: <https://www.aosfatos.org/noticias/e-falso-que-artigo-142-preve-que-presidente-deve-ficar-em-silencio-por-72-horas-apos-eleicoes/>. Acesso em: 02 out. 2023.

26 LAZER, David M. J. et. al. The Science of fake news. *Science*, vol. 359, issue n.º 6380, 2018, p. 1094

27 VAN DER LINDEN, Sander. *Foolproof: why misinformation infects our minds and how to build immunity.* New York: W.W. Norton & Company, 2023

de indivíduos – *disinformation* – deve ser classificada como uma doença, um mal acomete nossos cérebros e reduz a nossa capacidade de cognição da realidade. Para o autor, a desinformação como *misinformation* deve ser encarada como um vírus que nos inocula com informações de baixa qualidade e faz de seu receptor um hospedeiro.

Segundo o autor,[28] precisamos discutir em sociedade como podemos tratar pessoas contaminadas com desinformação, em que é possível reconhecer que a oferta de informação de qualidade ou a sua exposição ao diálogo já não mais gera qualquer efeito sobre suas opiniões ou seu comportamento. Compreender a desinformação como uma doença no contexto da sociedade da informação nos auxilia compreender quem é o afetado, como seu juízo pode ser afetado e quais são remédios com maior ou menor eficácia contra a contaminação pela desinformação.

3. Uma proposta para debate: estruturação de uma moderação de conteúdo que inclua a proteção do usuário contaminado pela desinformação

> Mulder, a verdade está lá fora, mas também há mentiras.[29]

Essa reflexão nasce de um incômodo, a ideia de que plataformas digitais seriam apenas "tubulações passivas" de trânsito de informações, em que alguns usuários desatentos ou mal-intencionados abusariam de seu direito de se expressar para publicar informações de baixa qualidade, cabendo a ela moderar, esclarecendo quando informações estão incorretas e punindo (e.g. remoção de conteúdo, suspensão de contas etc.) usuários que a dispo-

---

28 VAN DER LINDEN, Sander. *Foolproof: why misinformation infects our minds and how to build immunity*. New York: W.W. Norton & Company, 2023, p. 8

29 A frase foi proferida pela agente Scully no seriado Arquivo X. O seriado retratava uma série de casos investigados pelos agentes do FBI Mulder e Scully sobre incidentes que poderiam apontar para a visita de extraterrestes nos Estados Unidos da América. Entre diversas conspirações tratadas pela séria, uma delas seria o acobertamento de contatos com extraterrestes pelo governo dos Estados Unidos da América. A frase é uma síntese dos perfis dos personagens, Mulder como aquele que deseja acreditar que as conspirações são verdadeiras e Scully como a cética, que busca por evidências para poder acreditar. Confira em: < https://www.youtube.com/playlist?list=PLDQ45hujDIQ2rvARfCh3uW41uU1oRjBE1>. Acesso em: 02 out. 2023.

nibilizaram. Em nossa visão, plataformas não são "tubulações passivas", a desinformação não é fruto apenas do comportamento de usuários e a moderação pode incluir mecanismos de identificação de situações de vulnerabilidade de usuários na plataforma.

Plataformas não devem ser consideradas como "tubulações passivas" pois organizam o conteúdo visível de seus usuários a partir de uma lógica de engajamento de seus usuários em conteúdos que aumentem a sua permanência e interações dentro da plataforma, filtrando o que será recebido por seus usuários. Sendo assim, plataformas deveriam ser tratadas como "tubulações ativas" orientadas pelo engajamento de seus usuários.

A desinformação não deve ser encarada como fruto do comportamento individual de usuários desatentos ou mal-intencionados apenas, deve ser encarada como uma consequência também das características da arquitetura de plataformas digitais. Uma das evidências disso é a presença do efeito de verdade ilusória em usuários que em razão da exposição e repetição de conteúdos desinformativos passam a atribuir fluência para esse tipo de informação. Como consequência da fluência, usuários passam a adquirir o que a psicologia chama de cognição motivada, uma forma de enxergar a realidade a partir das vontades do indivíduo, não das evidências a sua disposição.

Nesse sentido, o ambiente importa para a reflexão sobre desinformação. A arquitetura de plataformas digitais pode contribuir para a amplificação da desinformação, como também na absorção da desinformação por parte de usuários, influenciando concepções de realidade e comportamentos. Incorporar a arquitetura de plataformas digitais no rol dos culpados pelos efeitos da desinformação na sociedade é uma forma de construir soluções que passem por detalhes de seu funcionamento, incluindo obrigações que também incluam mudanças em sua arquitetura.

Uma delas é a inclusão de preocupações com o usuário contaminado com a desinformação, já insensível à regra de Bayes, em que nenhum esclarecimento sobre a informação recebida poderá fazer efeito sobre suas ideias ou comportamento. Aqui o ponto de partida é discutir como plataformas digitais podem contribuir para a identificação dessas pessoas e como podem também reduzir o fluxo de informações de baixa qualidade em sua direção.

Um segundo ponto importante e ainda muito complexo é como podemos tratar os usuários contaminados com conteúdos nocivos, como a desinformação. Não há um caminho claro aqui, contudo, há a necessidade de que a moderação realizada por plataformas inclua o tópico na pauta sobre o que deve ser feito. Uma possibilidade é não aplicação da estratégia de engajamento na veiculação de conteúdos para indivíduos identificados como contaminados. Porém, um debate mais amplo e com ampla participação da sociedade é fundamental para evoluirmos no assunto.

Por fim, nossa reflexão se encerra na frase da agente Dana Katherine Scully da série de televisão "Arquivo X" para o agente Fox Mulder, em que Scully se abre para a possibilidade de encontrarem a verdade, advertindo Mulder sobre a presença de mentiras no percurso da descoberta. A advertência de Scully nos é útil para que possamos compreender a importância de visões críticas da sociedade, mesmo que minoritárias, contudo, não as confundindo com as informações que já foram objeto de escrutínio da sociedade, demonstrando-se falsas, com críticas sociais relevantes para o aprimoramento da sociedade. Por menos verdades ilusórias e mais aplicações da regra de Bayes.

Referências

EUROPEAN COMMISSION. *A multi-dimensional approach to disinformation: report of the independent High level Group on fake news and online disinformation.* Bruxelas: European Commission, 2018. Disponível em: <https://digital-strategy.ec.europa.eu/en/library/final-report-high-level-expert-group-fake-news-and-online-disinformation>. Acesso em: 22 set. 2023.

FAZIO, Lisa K. et. al. Knowledge does not protect against illusory truth. *Journal of Experimental Psychology*: General, vol. 144, nº 5, 2015, pp. 993-1002.

FISHER, Max. *A máquina do caos: como as redes sociais reprogramaram nossa mente e nosso mundo.* Tradução: Érico Assis. São Paulo: Todavia, 2023.

GRIMMELMANN, James. The virtues of moderation. *Cornell Law Faculty Publications*, nº 1, abr. 2015.

KUMARESWARAN, Dinesh; GRAY, Stephen. When the facts change, I change my mind. What do you do? *Frontier Economics: Bulletins*, 2020. Disponível em: <https://www.frontier-economics.com.au/documents/2020/12/real-options-analysis-bulletin.pdf/>. Acesso em: 27 set. 2023.

LAZER, David M. J. et. al. The Science of fake news. *Science*, vol. 359, issue n.º 6380, 2018, pp. 1094-096.

MASSARANI, Luísa Medeiros *et. al.* Infodemia, desinformação e vacinas: a circulação de conteúdos em redes sociais antes e depois da COVID-19. *LIINC em Revista*, Rio de Janeiro, v. 17, n.º 1, maio de 2021.

MELLO, Patrícia Campos. *A Máquina do Ódio: notas de uma repórter sobre fake news e violência digital*. São Paulo: Companhia das Letras, 2020.

VAN DER LINDEN, Sander. *Foolproof: why misinformation infects our minds and how to build immunity.* New York: W.W. Norton & Company, 2023.